基于CGE模型的
碳关税对农产品贸易影响研究

郭晴 著

中国财经出版传媒集团
中国财政经济出版社

图书在版编目（CIP）数据

基于 CGE 模型的碳关税对农产品贸易影响研究 / 郭晴著. -- 北京：中国财政经济出版社，2022.4

ISBN 978 - 7 - 5223 - 1236 - 1

Ⅰ. ①基… Ⅱ. ①郭… Ⅲ. ①二氧化碳 - 排气 - 关税 - 影响 - 农产品贸易 - 国际贸易 - 研究 - 中国 Ⅳ. ①F752.652

中国版本图书馆 CIP 数据核字（2022）第 039751 号

责任编辑：吕小军　　　　责任校对：徐艳丽
封面设计：思梵星尚　　　　责任印制：党　辉

基于 CGE 模型的碳关税对农产品贸易影响研究
JIYU CGE MOXING DE TANGUANSHUI DUI NONGCHANPIN MAOYI YINGXIANG YANJIU

中国财政经济出版社 出版

URL：http：//www. cfeph. cn
E - mail：cfeph@ cfeph. cn

社址：北京市海淀区阜成路甲 28 号　邮政编码：100142
营销中心电话：010 - 88191522
天猫网店：中国财政经济出版社旗舰店
网址：https：//zgczjjcbs. tmall. com
北京财经印刷厂印刷　各地新华书店经销
成品尺寸：170mm × 240mm　16 开　15.75 印张　219 000 字
2022 年 4 月第 1 版　2022 年 4 月北京第 1 次印刷
定价：62.00 元
ISBN 978 - 7 - 5223 - 1236 - 1
（图书出现印装问题，本社负责调换，电话：010 - 88190548）
本社质量投诉电话：010 - 88190744
打击盗版举报热线：010 - 88191661　QQ：2242791300

本书特别感谢国家社科基金项目（21CJL007）、广东省自然科学基金项目（2020A1515010629）、广州市基础与应用基础研究项目（202102021185）、广州城市舆情治理与国际形象传播研究中心专项课题（2021－YB－01）、广外粤港澳大湾区会计与经济发展研究中心项目（YGA002）、广州国际商贸中心研究基地专项课题（JDZB202104）、广外太平洋岛国战略研究中心课题（2021PIC003）、广外非洲研究院课题（HX－FZ2022－2）、广外语师生共研项目（20SS14）、国家级大学生创新创业训练计划课题（202111846002）、广外环境与贸易治理研究中心课题的资助。

序

气候变化是人类面临的重大挑战。中国政府历来十分重视应对环境气候变化的问题，以一个负责的大国姿态主动承担减排责任，积极参与全球气候治理。为应对气候变化和控制碳排放，中国政府采取了各项有利于减少碳排放的经济政策，加速节能和提高能效。

2007 年，中国政府制定了《中国应对气候变化国家方案》，明确到 2010 年应对气候变化的具体目标、基本原则、重点领域及政策措施，要求 2010 年单位 GDP 能耗比 2005 年下降 20%。2009 年在哥本哈根全球气候峰会上，中国承诺到 2020 年中国将实现单位 GDP 产生的二氧化碳排放在 2005 年的基础上下降 40%—45% 的目标。进一步，在 2015 年的巴黎全球气候大会上，中国主动提出减排目标，到 2030 年实现单位 GDP 所产生的二氧化碳在 2005 年的基础上下降 60%—65%。2020 年 9 月，在第七十五届联合国大会上中国提出要力争于 2030 年前实现“碳达峰”，争取 2060 年前实现“碳中和”。同时，2021 年全国“两会”上，“碳达峰”“碳中和”被首次写入政府工作报告。

“双碳目标”的提出是中国在经历百年未有之大变局，审时度势、高瞻远瞩提出的重大战略目标。对未来中国的经济发展将产生重大的影响。然而，一些发达经济体却以应对气候变化为由，正酝酿征收不合理非公平性的碳税和碳关税，以期达到减少碳排放的目的。如美国众议院通过的一项征收进口产品“边界调节税”法案，实质就是从 2020 年起开始实施“碳关税”——对进口的排放密集型产品，征收特别的二氧化碳排放关税。2021 年 3 月，欧盟议会通过了提出建立“碳边境调整机制”（Carbon Border Adjustment Mechanism，CBAM）的决议，计划于 2023 年起对进口的部分商品征收碳关税等；日本政府宣称将探讨美、欧、日三方就包括边境调整机制在内的贸易体系采取联合行动的可行性。不久的将来，美、日、欧等发达国家共同实施碳关税的概率大大提高。

中国是一个有着 5 亿多农村人口的农业大国。“民以食为天”，农业兴则国家兴，农业强则国家强，“确保国家粮食安全，把中国人的饭碗牢牢端在自己手中”。对我们这样一个有着 14 亿人口的大国来说，农业基础地位是任何时候都不能忽视和削弱的，“手中有粮、心中不慌”在任何时候都是真理。碳关税的征收将会对中国农产品贸易和宏观经济产生较大影响，尤其是在当前中国开启“双碳目标”的征程上，采用精准的计量模型，提前预测碳关税对农产品贸易和宏观经济将产生的影响，未雨绸缪，做好政策应对，显得格外重要。

当前，中国正处在一个大变革、大发展的时代，各项新的政策、新的举措如雨后春笋般拔地而出，为我们广大社会科学工作者的研究提供了广泛的素材。面向社会重大现实问题，面向经济主战场，是时代向我们提出的要求。把科研的根扎在泥土里，中国“把论文写在祖国的大地上”，是我们义不容辞的责任。

郭　晴

2022 年 4 月于白云山脚下

前　言

随着2015年11月29日联合国气候变化巴黎大会的召开，保护环境、节能减排、发展低碳经济再次成为国际社会关注的焦点。面对气候变化、全球变暖的问题，欧美等发达国家提出了开征碳关税的建议。美国已经通过气候法案定于2020年开始对中国、印度等未实施减排义务的国家的高碳产品征收附加碳关税。现代农业的发展，大量农药、化肥和农业机械的使用使得中国农业逐步成为“高排放、高污染、高能耗、高物耗”的高碳产业之一。所以，美、日、欧等发达经济体一旦征收碳关税可能会彻底改变全球和中国农产品贸易的已有格局。

全球变暖压力下的碳关税一旦推行，必将对未来全球农产品贸易格局产生重要而深远的影响。那么，碳关税对农产品贸易产生影响的机制是什么？总体而言，碳关税将给农产品贸易环境带来哪些影响、碳关税将对宏观经济贸易背景下的中观农业部门的农产品贸易产生多大影响，政府和企业又应该采取何种措施来应对这些影响，这些都是必须解决的问题。

本书在文献综述、农产品贸易发展现状分析和全球减排背景下碳关税对农产品贸易影响的理论探析基础上，重点采用CGE模型就碳关税对世界和中国农产品贸易产生的影响进行定量模拟研究。全书共分为八章。

第1章，绪论。这部分内容主要包括全书的研究背景、研究意义与研究目标、研究内容与结构，以及研究方法与技术路线。基于对国内外碳关税征收发展情况和研究现状的系统性归纳和总结，确定本书研究的主题和方向。

第2章，国内外研究现状综述。这部分主要系统梳理和综述以下几方面的国内外研究文献：一是碳关税在国际上实施的合法性和可行性的研究文献；二是碳关税对经济贸易影响的研究文献；三是碳关税对碳减排影响的研究文献；四是运用 CGE 模型研究碳关税的相关文献。通过文献分析发现，碳关税对农产品贸易影响的理论研究尚不够深入，碳关税对农产品贸易影响的定量模拟研究几乎尚未开展。

第 3 章，农产品贸易发展现状分析。本章主要目的在于从多角度盘点全球和中国农产品贸易的相关情况，重点阐述中国农产品贸易发展现状，对全球农产品贸易的发展趋势进行分析，对中国农产品贸易的发展趋势、市场结构、区域结构和产品结构进行分析。在对农产品贸易现状进行描述性统计分析的基础上，引入显性比较优势指数（RCA），对中国农产品出口的形势与成因进行实证分析。

第 4 章，全球碳减排背景下碳关税对农产品贸易影响的理论探析。本章主要目的在于就全球减排背景下碳关税征收对农产品贸易产生的影响进行理论推演：首先，界定了在全球减排的大背景下碳关税的新内涵；其次，对比较优势理论模型及其发展进行介绍，发现国内外有很多学者根据具体研究背景和研究对象，对国际贸易比较优势理论进行过不同程度的拓展；再次，运用理论推演和对比分析的方法，分别对加入碳要素的农产品贸易比较优势理论模型和加入碳要素的农产品贸易要素禀赋理论模型进行分析；最后，结合我国的具体实际情况，就考虑碳要素将对我国农产品比较优势产生的实际影响进行分析。

第 5 章，GTAP 模型介绍和数据处理及情景设定。首先，对 GTAP 模型的发展情况、内部结构进行了介绍说明；其次，对最新版的 GTAP 8.0 数据库的数据进行了地区和部门划分，对碳关税可能带来的冲击进行了定量测算；最后，对碳关税征收的四种情景进行了设定。

第 6 章，碳关税对全球农产品贸易的影响。农产品贸易受宏观经济贸易发展环境的影响显著。首先，运用 GTAP 模型从宏观背景上就碳关税将导致农产品贸易环境的变化进行定量模拟分析。定量模拟分析的主要内容包括：碳关税对全球 GDP 的影响、碳关税对全球价格指数的影响、碳关税对全球贸易平衡的影响以及碳关税将导致的全球贸易条件的变化。其次，在对宏观经济贸易环境潜在变化的把握前提下，基于美国、日本、欧盟单独和同时征税的四种情景，就碳关税可能导致的全球农产品出口市场结构的变化进行了定量模拟分析。

第7章，碳关税对中国农产品贸易的影响。本章开展了碳关税对中国农产品贸易影响的定量模拟分析。首先，就碳关税对中国农产品进口额的影响进行定量模拟分析；其次，就碳关税对中国农产品产量的影响进行定量模拟分析；再次，就碳关税对中国农产品出口额的影响进行定量模拟分析；最后，基于美国、日本、欧盟单独和同时征税的四种情景，就碳关税对农产品出口市场结构的影响进行重点分析。

第8章，结论与展望。本章主要归纳全书的研究结论和创新点，提出相关政策建议，并指出研究不足和未来研究方向。

本书就碳关税对农产品贸易的影响进行理论探析，并基于情景分析和定量模拟测算美、日、欧单独征收和同时征收碳关税对世界和中国农产品贸易的影响。得出以下研究结论和政策建议。

研究结论：①征收碳关税后，原来农产品贸易李嘉图理论模型内涵将发生改变；②征收碳关税后，原来农产品贸易H－O理论模型下不同国家比较优势将发生逆转；③全球减排背景下，农产品贸易比较优势理论模型也应进行动态调整；④碳关税的征收对全球农产品贸易环境产生巨大影响，征税国受益，中国、东盟等发展中国家受损；⑤碳关税征收将使全球农产品出口额小幅下降，美、日、欧同时征收碳关税对世界农产品出口额负面影响大；⑥碳关税将使征税国全球农产品出口份额下降，发展中国家的农产品出口份额反而增加，对改善全球农产品贸易结构具有积极作用；⑦碳关税将使中国农产品进口额下降，产量和出口额反而小幅增加；⑧碳关税对中国农产品出口的市场结构将产生重大影响，中国农产品在碳关税征收国的市场份额下降，转而更多地流向非征税国家和地区。

本书政策建议：①全面改善我国的农产品贸易环境；②积极扩大内需减少我国农产品的外贸依存度；③加强新兴市场开发以实现我国农产品贸易战略多元化；④重点推进对国内农产品出口企业开征碳税；⑤大力调整我国农产品贸易的产品结构。

全书创新点在于：

①探析并构建了全球碳减排背景下碳关税对农产品贸易影响的理论模

型。本书基于经典国际贸易比较优势理论和 H－O 理论模型，采用理论推演和对比分析相结合的方法，全面分析了加入碳要素后的李嘉图理论模型和 H－O 理论模型；与时俱进，拓展了传统的李嘉图理论模型和 H－O 理论模型，丰富和发展了农产品国际贸易的比较优势理论。

②开展了中国农产品贸易比较优势的变化趋势及其原因的实证分析。本书运用显性比较优势 RCA 指数分析法，首先依据对农产品比较优势 RCA 指数的公式，对我国农产品贸易比较优势发展趋势进行了分析；其次，将 RCA 指数的变化从结构效应方面进行分解，分析农产品贸易比较优势变化的原因；最后，将 RCA 的变化从竞争效应方面进行分解，分析我国农产品贸易比较优势变化的原因。

③基于 GTAP 模型定量模拟测算了碳关税征收对全球和中国农产品贸易的影响。采用最新版的 GTAP 8.0 数据库，根据当前世界的基本经济格局，并考虑到研究需要，将世界划分为 8 个区域，为了突出本书关注的焦点，对于非农产品部门进行归并，最终将各国的经济划分为六大部门。根据碳关税税率与碳排放量的关系构建了碳关税对农产品贸易影响的计算模型。采用情景分析的办法，分别测算了在 20 美元每吨二氧化碳的碳关税税率条件下，美国、日本、欧盟单独征收碳关税和同时征收碳关税对全球和中国农产品贸易的影响。

Preface

With the climate change summit of the United Nations held on November 29th, 2015 in Paris, environmental protection, energy conservation and low – carbon economy has become the focus of the international attention once again. Facing with the problems of the climate change and global warming, the EU and the USA as well as other developed countries propose to levy carbon tariffs. The USA has passed a climate bill which will impose additional carbon tariffs on high carbon emission products of the countries that fail to implement reduction obligations from the year 2020. The development of modern agriculture has gradually made the Chinese agriculture an industry with high emissions, high pollution, high energy consumption and high materials consumption. Therefore, the world agricultural trade pattern may be completely changed if carbon tariffs are imposed by the USA, the EU, Japan and other developed countries.

Once carbon tariffs are implemented under the pressure of global warming, they will produce an important and far – reaching impact on the global carbon emissions reduction and the world agricultural trade patterns in the future. So, what is the impact mechanism of carbon tariffs on agricultural trade; What is the impact of carbon tariffs on the global macro – economy and trade; What is the effect of carbon tariffs on agricultural sector under the macroeconomic background; What are the measures to be taken to address these impacts by the government and enterprises.

Based on the literature review and the analyses of the current situation of the world's and China's agricultural trade, this paper conducted a research on the theoretical model of the impacts of carbon tariffs on agricultural trade, by using quantitative simulation in scenario analysis and the GTAP model. The full text of this paper consists of eight chapters.

Chapter 1: Introduction. The main content of this chapter includes the research background, research significance and research objectives, research contents and structure of the paper, as well as research methodologies and technical route. Based on the current development of carbon tariffs at home and abroad, we identify the theme and research direction of the book.

Chapter 2: Literature Review. The main contents include: the literature reviews of the legality and feasibility of carbon tariffs implementation, the influence of carbon tariffs implementation on economics and trade, the effect of carbon tariffs implementation on carbon reduction, and the effect of carbon tariffs by using GTAP model. From the analysis of the literature the author found that: the theoretical model of the impacts of carbon tariff barriers on agricultural trade needs further study. The effect of carbon tariffs on agricultural trade is still in lack of a quantitative simulation analysis.

Chapter 3: An analysis of current situation of China's agricultural trade. The main aim of this chapter is to analyze relevant circumstances of China's agricultural trade from different perspectives. The main contents include: an analysis of the development trend of China's agricultural trade; that of the market structure of China's agricultural trade; that of the product structure of China's agricultural trade. Based on the descriptive statistics analysis, the paper pulls in the revealed comparative advantage index to analyze the situation and causes of China's agricultural trade.

Chapter 4: The theoretical analyses of the impacts of carbon tariffs on agricultural trade based on the background of the global carbon emissions reduction. The main aim of this chapter is to find the theoretical support for the notion that carbon tariffs will change agricultural trade from the classic theory of international trade. Firstly, a new connotation of carbon tariff under the background of global emissions reduction is defined. Secondly, through literature review of comparative advantage theoretical models, the author found that many scholars at home and abroad had expanded the theory of comparative advantage based on the research background and the object. At last, by using theoretical deduction and comparative analysis respectively, this chapter analyzed a new model when adding the carbon element into the Ricardian theory model in international agricultural trade; a new model when adding the carbon element into the H – O theory model of trade; and analyzed the actual impacts of comparative advantage in international agricultural products trade when adding the carbon element.

Chapter 5: GTAP model introduction, Data processing, and scene setting. Firstly, we introduce the development of GTAP model, the inner structure; then regional and sector of GTAP 8.0 database are divided, the impact of carbon tariffs are calculated; finally, the four scene of quantitative simulation analysis are set.

Chapter 6: Carbon tariffs on global agricultural products trade. Agricultural products trade is significantly influenced by the environment of macroeconomic trade development. So, firstly using GTAP model simulation calculates the change extent from macro background. The contents includes: calculating the influence of carbon tariffs on the global GDP; calculating the effect of carbon tariffs on the global price index; calculating the effect of carbon tariffs on the global trade balance; calculating the changes of carbon tariffs on the global trade conditions; calculating the impacts of the changes of carbon tariffs on the world agricultural export market structure.

Chapter 7: Carbon tariffs on agricultural trade. The main purpose of this chapter is the quantitative simulation analysison the impact of carbon tariffs on agricultural trade. The contents include: calculating the impacts of the changes of import and export volume of carbon tariffs on China's agricultural products; calculating the output change of carbon tariffs on China's agricultural products; calculating the impacts of the changes of carbon tariffs on China's agricultural export market structure.

Chapter 8: Conclusions and outlook. The main aim of this chapter is to summarize the research conclusions and induct innovation points of the paper, put forward relevant policy suggestions, and point out the limitations and future research directions.

This book constructed a theoretical model of the effect of carbon tariffs on agricultural trade, and simulated the effects of carbon tariffs on the world economy and agri – trade when the EU, the US and Japan imposed carbon tariffs independently and simultaneously, with the following conclusions and policy recommendations:

The main conclusions: 1) Ricardian theory model will change after adding the carbon element. 2) The H – O theoretical model will be reversed after adding the carbon element. 3) The comparative advantage theory model should also be readjusted dynamically under the background of the global emissions reduction. 4) Carbon tariffs will pose a huge impact on environment of Chinese agricultural products trade, the developed countries will benefit while the developing countries will lose. 5) Carbon tariffs will make total world exports of agricultural products decline slightly. There is a most negative effect in "All_20" scenario. 6) Carbon tariffs will make the share of total world exports of agricultural products decline, but to increase the share of the developing countries, which improve the structure of world trade of agricultural products with a positive effect. 7) Carbon tariffs will increase agricultural production and exports of China and slightly reduce imports. 8) Carbon tariff impact on China's exports of agricultural market structure. The market share of Chinese agricultural products will decline, flowing into the non – taxing countries and regions.

The main policy recommendations of this book include: 1) Improving the overall agricultural trade environment. 2) Expanding actively the domestic demand to reduce dependence on foreign trade in agricultural trade. 3) Enhancing the development of the emerging markets, achieve diversified agricultural trade strategies. 4) Promoting carbon tariffs on domestic enterprises actively. 5) Readjusting vigorously the agricultural trade structure.

The main innovations of this book:

1) Explored and built a theoretical model of the impacts of carbon tariffs on agricultural trade under the background of the global carbon emissions. In this book, based on the classical Ricardian theory and H – O theory model, we use the methods of theoretical deduction and comparative analysis to analyze and build the new Ricardian model and the new H – O theory model when adding the carbon element. Expanding the traditional Ricardian model and H – O theoretical model, the theory of comparative advantage is enriched and developed.

2) Analyzed the trend of China's agricultural trade and the root causes of change by empirical analysis. Firstly, based on comparative advantage RCA index formula, the overall trend of the comparative advantage of China's agricultural trade is analyzed. Further, the changes in the RCA index are decomposed regarding structural effects, in order to analyze the reasons for changes in comparative advantage of agricultural trade. Finally, the change from RCA competitive effects of decomposition can be decomposed with respect to the effect of changes in the international market competitiveness, to analyze the causes of changes in comparative advantage of trade in agricultural products.

3) By using the GTAP model, this book quantitatively estimated the impact of carbon tariffs on the global and China's agricultural trade. According to the basic structure of current world economy, we used the latest version of GTAP 8. 0 database and divided the whole world into eight regions in consideration of research need. In order to highlight the focus of this book, we merged non – agricultural sectors so that every country economic sectors were divided into 6 sectors. Calculation model of impacts of carbon tariff on agricultural trade was constructed based on the relationship between carbon tariffs and carbon emissions. Using scenario analysis approach, this research estimated that under the condition of imposing carbon tariffs at the level of 20 dollar/t · CO_2 (carbon dioxide per tonne) by the United States, Japan, the European Union, or by all these countries (districts), what would happen to the trade of agricultural products.

目　录

图清单

表清单

第 1 章

绪　论

1.1 研究背景

气候变化是关系人类生存和各国经济可持续发展的重大问题。全球温室气体（GHG）排放总量中约有13%来自农业，加上森林采伐和农产品贸易，这一比例高达30%—40%[1]。1990—2014年，农业碳排放量增加了23%，而这一时期的农产品贸易额增长了140%[2]。随着人口的逐步增加和饮食习惯的改变，尤其是肉类消费比例的提高，世界农产品生产和贸易将会持续增长。由此，碳排放也会随之增加，据统计，农产品贸易每增加1%，将导致农业碳排放增长0.69%[3]。

与此同时，由化石燃料的大量消耗和二氧化碳（CO_2）排放的大量增加而引起的资源耗竭、环境污染和全球气候变暖等环境问题日益受到各国的广泛关注，积极发展低碳经济、循环经济，努力降低二氧化碳排放，已经逐渐成为世界各国的强国之道和改善本国发展环境的根本出路。低碳技术的研究、开发与应用为支撑的低碳经济已经成为全球聚焦的政策和经济议题，被誉为人类历史上的“第四次工业革命”。2009年的《哥本哈根协议》对发达国家的强制减排与发展中国家自主减排问题做出了具体安排，中国也在哥本哈根气象峰会上承诺，到2020年实现单位国内生产总值（GDP）产生的二氧化碳排放在2005年基础上下降40%—45%的减排目标[4]，但就当前我国经济发展面临的严峻形势而言，减少温室气体排放，降低碳排放强度仍然任重而道远。

为了积极应对全球气候变化和减少温室气体排放，世界上许多国家相继推出一系列政策措施。最值得我们关注的议题是，美国众议院在2009年6月26日由民主党主导的投票中，《清洁能源安全法案》得以通过。一石激起千层浪，这一法案的通过在国际上引起了强烈反响。国际社会对这一法案的评价或褒或贬，意见截然相反。这一法案规定：美国将会在2020年开始对主要发展中国家（主要是中国、巴西、印度等发展中的大国）没有在《哥本哈根协议》中担负起强制性减排责任的国家出口到美国的产品征收碳关税[5]。消息一出，主要发展中国家纷纷表示反对，法国、日本、丹麦等发达国家却对此法案极力支持和大加赞赏。实际上，近几年美国、欧盟、日本也均提出了未来将会通过征收“碳关税”，让包括中国在内的广大发展中国家为全球的二氧化碳排放来埋单。

回过头来看，我国当前的情况，据官方权威机构——国际能源署（IEA）的数据，依据个体国家或地区为基本单元，截至2007年，我国已然成为全球二氧化碳排放最多的国家。另外，我们从出口的角度来分析，中国在2009年就已经开始全面反超德国而获得全球最大出口国的地位。《联合国气候变化框架公约》明确提出发展中国家可以不担负减少二氧化碳的具体量化任务，美国的《清洁能源安全法案》明显有悖于这一公约的内容。当今世界主要发达国家处于主导地位，主要发达国家拥有话语权，广大的发展中国家处于服从的地位。我国当前的出口方向主要是美、日、欧三个主要的发达经济体。由于技术方面的因素和过去对环保方面的不够重视，中国对外出口的产品中普遍存在较高的二氧化碳排放，如果征收碳关税，中国出口的产品无疑首当其冲，将处于非常不利的地位。此外，还有专门研究机构就全面征收碳关税进行了具体研究，世界银行（WB）2014年的研究报告特别指出，如果开始征收碳关税，中国出口的产品将会被额外征收高达26%的关税。届时，中国的对外出口将会减少21%，会减少近2000万个工作岗位，毫无疑问，中国将遭受沉重打击[6]。

面对异常严峻的国际国内形势，习近平总书记在2015年的巴黎世界气候大会上宣布，中国将继续积极关注生态文明建设问题，把生态文明建设作为一项重要任务常抓不懈，并主动提出中国的减排目标，即到2030年实现单位国内生产总值所产生的二氧化碳在2005年的基础上下降60%—65%，中国在减少二氧化碳排放问题上，主动实现自主减排，不附加任何条件。中国主动承担国际责任，参与全球气候治理[7]。在此之前，党的十八届五中全会也提出了绿色发展理念，这些措施都充分彰显了中国向绿色、低碳、气候适应型经济转型的伟大决心。中国作为一个负责任的大国，中国决心、中国行动得到国际社会普遍高度的赞赏。

从农产品国际贸易的角度来看，改革开放以来，农业机械化的快速普及和农业技术的提高使我国的农业得到飞速发展，农产品贸易额显著提高。2014 年，我国农产品出口额已达 713.4 亿美元（见图 1 - 1），是第五大农产品出口国。呼之欲出的碳关税很可能成为未来世界农产品贸易新型的关税壁垒和非关税壁垒，统称为“碳壁垒”。全球变暖压力下碳关税一旦实行，必将对未来全球二氧化碳减排和世界农产品贸易格局产生重要而深远的影响。那么，碳关税对农产品贸易产生影响的理论基础如何？碳关税将对全球和中国的农产品贸易产生多大的影响？政府和企业又应采取何种措施来应对这种影响？以上现实的问题需要进行深入的研究才能够科学地回答出来。

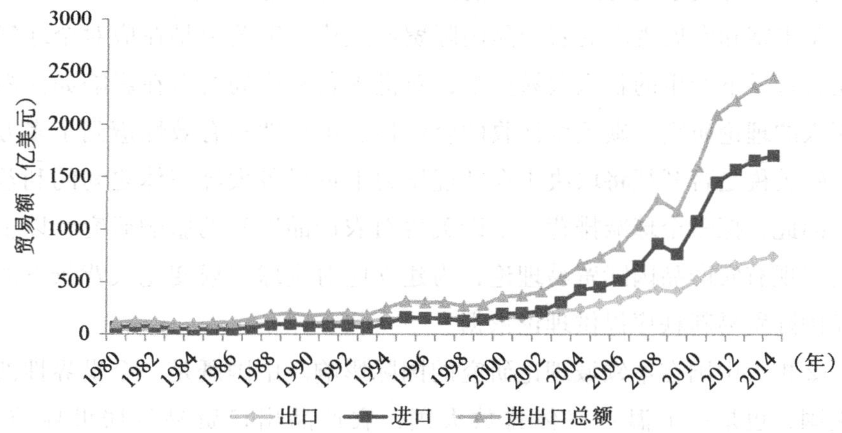

图 1 - 1 1980—2014 年中国农产品贸易的发展情况

Figure 1 - 1 The development of China's agricultural trade from 1980 to 2014

1.2 研究意义和研究目标

1.2.1 研究意义

进行“碳关税对农产品贸易影响”的科学研究，具有理论层面与实践层面的双重意义。

（1）理论意义

本项研究属于贸易经济学的前沿领域。其理论意义在于：

①丰富和发展现有的农产品国际贸易理论。碳关税是在应对全球气候变化大背景下产生的新型贸易壁垒，对世界贸易格局的潜在影响如何尚缺乏深入的理论研究。碳关税征收的合法性、可行性和有效性遭到了多方质疑。碳关税是否开征将取决于在环境压力下世界各大经济体之间的利益博弈。因此，探索全球减排背景下碳关税对农产品贸易的影响研究，以丰富和发展现有农产品国际贸易理论，为建立应对全球气候变化大背景下的农产品国际贸易新秩序提供理论依据。

②扩大中国在本领域理论研究的国际影响。中国既是一个世界性的贸易大国，也是一个温室气体排放大国，农产品出口贸易位居世界前列。2014年，中国农产品进出口总额已达1928.2亿美元，是世界第三大农产品进口国和第五大农产品出口国。近些年来，中国农产品贸易的快速增长和二氧化碳减排所取得的实际成效令世人瞩目。然而，查阅文献过程中发现，国际期刊上中国学者相关研究文献却寥寥无几。这与中国世界贸易大国的地位不相适应。因此，加强这一领域的科学研究，在国际期刊、国际学术会议等平台上争得应有的一席之地，促进这一领域理论研究的国际交流与合作，必将为扩大中国在本领域的国际影响起到积极作用。

（2）实践意义

随着人类对全球气候变化的日益关注，贸易政策与温室气体（GHG）

排放关系的研究已成为新的研究热点。因此，开展碳关税对农产品贸易影响的定量模拟研究，对于改善我国农产品对外贸易状况、减少碳关税征收对我国造成的负面影响提供对策建议具有非常积极的意义，主要表现在以下两个方面：

①为中国政府制定相关政策和策略提供理论依据。本书追踪国际研究前沿，探索碳关税对农产品贸易的影响，为我国政府制定相关政策和在应对碳关税的国际谈判中未雨绸缪、采取相应策略以争得应有的话语权提供理论依据。

②为中国政府提供政策选择和应对策略。基于理论分析和定量模拟研究结论，本书将提出相应的对策建议，为我国政府有关部门制定相关政策和应对策略提供决策参考。这些对策建议，必将为在全球气候变化背景下和新的世界贸易格局中提高我国农产品的国际竞争力，引导低碳消费从而减少温室气体排放起到积极作用。因而，本研究具有理论上的前瞻性和十分重要的现实意义。

1.2.2 研究目标

本书将聚焦国际学术研究前沿领域，采用当前国际最先进和最流行的研究工具和研究方法，开展碳关税对农产品贸易影响的定性和定量模拟研究，为丰富和发展该领域的理论成果，增强中国在国际舞台的话语权，扩大中国在国际上的影响力做出贡献。

（1）理论目标

通过基于碳要素流动假设的国际农产品贸易理论分析，丰富和发展现有农产品国际贸易理论，构建全球减排背景下的碳关税对农产品贸易影响的理论模型。分析全球和中国农产品贸易发展趋势、市场结构、区域结构、产品结构及比较优势，总结全球和中国农产品贸易的相关情况，为全球减排背景下世界和中国农产品贸易发展提供借鉴。

（2）应用目标

通过 GTAP 模型，对美国、欧盟、日本等经济体单独征收和同时征收碳关税将对全球和中国农产品贸易产生的影响进行定量分析和模拟测算，预测碳关税对全球和中国农产品贸易带来的潜在影响。为中国政府提出未雨绸缪的前瞻性的政策建议和对策是本书的重要研究目标。

1.3 研究内容与本书结构

1.3.1 研究内容

本书将综合采用理论分析和定量模拟预测研究结合的路径，重点探析“碳关税对农产品贸易的影响”，目的在于为我国政府和有关企业应对碳关税提供策略和建议。本书主要研究内容包括以下几个方面。

本书的基本假设和推论：①在全球气候变化的大背景下，“碳关税”的出现是大势所趋，它必将改变未来全球贸易格局，一旦征收碳关税，全球范围内农产品贸易的比较优势和资源禀赋将会面临“重新洗牌”。②碳关税的推行，必将改变当今世界包括农产品贸易在内的比较优势格局，隐含碳低的产品出口量会增加，反之亦然。

基于以上基本假设和推论，碳关税对农产品贸易影响的研究内容包括理论探索和定量模拟两大部分。

（1）理论探索

文献回顾显示，国内外在这一领域的理论研究文献较少，在碳关税对农产品贸易的影响方面理论研究相对不足。因此，这一部分的研究，试图探索基于碳要素流动假设的农产品国际贸易新理论模型，建立新的碳要素对农产品贸易影响的理论分析框架。

基于碳要素流动假设的碳关税对农产品国际贸易影响的理论分析，传统意义上的农产品贸易理论主要内容是，不同国家之间进行双边贸易的原因主要是由于价格差异造成的，而引起价格差异的主要原因是由于不同国家所具有的不同的要素禀赋。两个国家进行对外贸易后，都会出口那些使用本国充裕要素生产的产品，进口本国要素不足的产品。这就是国际农产品贸易中的赫克歇尔·俄林（H－O）理论，被誉为“国际贸易理论中不可动摇的基石”。

当前，全球性的环境压力不断加大，在发展低碳经济、减少碳排放的大背景下，传统生产要素成本的比较优势理论已显过时。分析探讨碳要素流动和碳要素成本内部化对农产品国际贸易的影响已势在必行。因此，本书把农产品贸易中的隐含碳作为一种可以流动的要素（碳要素），纳入H－O理论分析，对H－O理论进行拓展和延伸，以探索在碳要素流动假设条件下，基于各国碳利益和碳责任的农产品国际贸易比较优势的新理论框架。

（2）定量模拟

本书的研究过程中将综合采用美国普渡大学开发的多区域一般均衡（CGE）的“全球贸易分析模型（GTAP）”及其2012年7月在其网站上公开发布的GTAP 8.0版本的数据库，在美、日、欧等发达经济体分别征收或者同时征收碳关税情形下，对全球和中国的农产品贸易产生的影响进行定量模拟研究。具体而言，在GTAP模型的设置方面，本书将全球从经济发达程度和地理位置角度划分为8个主要区域，其中包括美国、日本、欧盟、中国、东盟、“金砖”国家、非洲国家和世界其他地区，并且将这8大区域中的经济部门划分为6大部门，其中主要包括农业与矿业采掘、轻工业、重工业、电力、其他服务业等5个非农业部门。其中，对碳关税税率及其单位的选取方面，本书根据现有文献和当前主要发达国家征收碳关税的实际情况综合考虑，选取了20美元每吨二氧化碳（20USD/t·CO_2）作为各国碳关税的征税标准。与此同时，本书根据研究需要和当前的实际情况，设置了美、日、欧单独征收或者同时征收等四种情境，进行了GTAP模型的定量模拟预测。

最后，基于上述理论探索和定量模拟研究结论，本书提出了中国政府和企业应对碳关税国际环境的政策选择和对策建议。

1.3.2 本书结构

全书共分为8章：

第1章，绪论。本章的主要内容包括全书的研究背景、研究意义和目标、研究内容和结构，以及全书的研究方法与技术路线等。在对国内外碳关税征收发展和研究的现状进行归纳总结的基础之上，确定本书研究的主题和方向。

第2章，国内外研究现状综述。这部分主要包括，就碳关税实施的合法性和可行性进行文献综述，就碳关税对经济和贸易影响进行文献综述，就碳关税对碳减排的影响进行文献梳理，就运用GTAP模型来研究碳关税的文献进行综述，通过文献分析发现：碳关税壁垒对农产品贸易影响的理论尚需进一步研究，碳关税对农产品贸易的影响尚缺乏定量研究。

第3章，农产品贸易发展现状分析。本章从多个角度来盘点全球和中国农产品贸易的现状，重点探讨中国农产品贸易的发展情况，从而为碳关税对农产品贸易的影响模拟奠定现实基础。具体而言，本章分别分析了全球农产品贸易的发展趋势，中国农产品贸易的发展趋势、市场结构、区域结构、产品结构。在描述统计分析的基础上，本书引入显示性比较优势指数（RCA）对中国农产品贸易比较优势的现状与成因进行探析。

第4章，全球碳减排背景下碳关税对农产品贸易影响的理论探析。本章主要从经典的国际贸易理论层面就碳关税对农产品的潜在影响进行剖析，从而为后续实证分析奠定理论基础。具体而言，本章首先分析了全球减排背景下碳关税的新内涵；然后分别运用理论推演和对比分析的方法，对加入碳要素的农产品贸易比较优势理论模型，以及加入碳要素的农产品贸易H－O理论模型进行分析，同时结合实际，探析考虑碳要素对我国农产品比较优势的具体影响。

第5章，GTAP模型介绍和数据处理及情景设定。本章主要目的在于为后文进行碳关税对农产品贸易的影响定量研究做好铺垫和材料准备。首先，对GTAP模型进行了说明，介绍了GTAP模型的发展情况、内部结构；

其次，对 GTAP 8.0 数据库里面的数据进行了处理，对模型的地区和部门分别进行了划分，对碳关税冲击进行了核算；最后，对定量模拟研究情景进行了设定。

第6章，碳关税对全球农产品贸易的影响。本章主要目的是运用 GTAP 模型对碳关税将导致的全球农产品贸易的变化进行定量测算。为了达到这一目标，首先，有必要就碳关税对全球农产品贸易环境的影响进行分析，为对测算中观的农业部门做铺垫。然后，就美、日、欧单独和同时征收碳关税等四种情境下，碳关税对全球农产品贸易出口市场结构的影响进行测算。

第7章，碳关税对中国农产品贸易的影响。主要内容包括：就碳关税对中国农产品进口额的影响进行定量模拟分析；就碳关税征收不同情境下，将对中国农产品产量产生的不同影响，进行定量模拟研究；就碳关税征收将会对中国农产品出口额产生的影响进行定量模拟研究；就美、日、欧单独征收和同时征收碳关税等四种情境下，碳关税对中国农产品贸易出口市场结构的影响进行定量模拟分析。

第8章，结论与展望。主要内容包括全书的研究结论、政策建议、主要创新点、研究局限与展望。

1.4　研究方法与技术路线

1.4.1　研究方法

本书将综合运用国际通行的研究方法和软件工具进行研究。具体研究方法包括：

(1) 文献回顾

采用文献回顾方法，对本书的国内外研究现状进行文献查阅和梳理，重点厘清"碳关税的合法性和可行性""碳关税对经济贸易的影响""碳关税对碳减排的影响"，以及"运用 GTAP 模型对碳关税的研究"等 4 个主要方向的研究成果进行文献综述，从中吸取经验，总结现有关文献研究中存在的问题和不足，并且挖掘出本书将要研究的主要方向，得出相关的研究结论，为相同方向的其他学者提供经验借鉴。

另外，对国际上常用的研究方法和软件工具进行分析和比较，以便改进本研究的研究方法。

（2）情景分析

情景分析主要是指对未来的情况不完全确定，但有一些资料是目前可以获得的，通过假定未来可能会出现的各种情况一一进行模拟预测分析，得出未来将会出现的结果，以便于提前采取相关措施来进行趋利避害。本书将会采取情景模拟实验的方式，模拟美国、日本、欧盟单独或者同时征收碳关税的情境，以模拟实验的形式观察其对全球和中国农产品贸易的影响。

（3）理论推演

主要进行四次重要的理论推演，建立碳关税对农产品贸易影响的理论模型。具体情况为：①考虑碳要素成本的李嘉图模型。首先将传统的李嘉图模型的国际分工和交换过程进行了一次推演，在这个过程中分析了每一步的理论依据，进而结合当前全球减排的大背景，依据传统的李嘉图模型，在不改变原有条件的前提下，仅将原来考虑劳动要素成本改变为考虑碳要素的成本，对李嘉图模型里面进行国际分工和交换的变化过程进行推演，运用抽象的思维去还原每一个细节。②加入碳要素后的 H－O 理论模型。首先对传统的 H－O 理论模型进行一次推演，用理论来推导国与国进行生产和交易的每一个过程。然后，在原有条件不发生变化的前提下，加入碳要素，又一次对这个过程中国与国进行生产和交易过程进行推演，得到加入碳要素后产生的结果。

（4）比较研究

比较研究方法在全书中有两个章节采用。

第一，对农产品贸易发展现状的分析章节，主要是进行纵横两个方向的比较。①纵向比较分析主要包括对2005—2014年全球和中国农产品贸易的进口额、出口额、进出口总额和贸易顺差进行的分析；②横向比较主要包括对中国农产品出口贸易市场结构、区域结构、产品结构进行的分析。

第二，全球减排背景下碳关税对农产品贸易影响的理论探析章节，比较分析主要包括：①将考虑碳要素成本的李嘉图模型与传统的李嘉图模型进行比较，得出考虑碳要素以后，原有的农产品国际贸易比较优势格局被打破，原有的农产品贸易方向发生逆转，过去在某种农产品生产上具有比较优势的国家变成了具有比较劣势的国家的结论。②将加入碳要素后的H－O理论模型与原有的H－O理论模型进行比较，得出在原有的要素禀赋保持不变的情况下，考虑碳要素以后，原有的农产品国际贸易比较优势将发生逆转的结论，从理论分析层面证明了碳关税的征收将会对农产品贸易产生影响。

（5）显性比较优势（RCA）指数

运用显性比较优势（RCA）指数分析法对中国农产品贸易比较优势的变动趋势及原因进行定量分析。首先对农产品贸易比较优势RCA指数变化的总体趋势进行分析；进而将农产品贸易比较优势RCA指数的变化从结构效应方面进行分解，表现为国内出口结构变动和国际出口结构变动两部分，从结构效应方面统计分析中国农产品贸易比较优势变动的原因；最后，将RCA的变化从竞争效应方面进行分解，表现为一国某种商品在国际市场上的竞争变动和一国的出口贸易在国际市场上的地位变动两个部分，从竞争效应方面统计分析中国农产品贸易比较优势变动的原因。

（6）GTAP模型计量分析

可计算的一般均衡（Computable General Equilibrium，CGE）模型，发源于20世纪60—70年代。由于CGE模型能够以经济主体在成本最小化和效用最大化条件下的行为模式为基础进行定量分析，模拟和预测未来宏观经济运行的表现，目前已被广泛应用于宏观经济、区域经济、国际贸易、财政税收、能源与资源环境政策、就业与收入分配等方面的经济分析和政策模拟，本书将采用改进的全球经济多区域动态可计算一般均衡（CGE）模型——美国普渡大学开发的GTAP模型，整合GTAP 8.0贸易数据库。拟采取的研究方法是：在 GTAP 建模的基础上，对全球和中国农产品贸易影响的程度进行定量模拟和预测。假设美国、欧盟、日本开征碳关税，分为每个国家单独开征、所有国家同时开征等多种情形，本书将综合学术文献研究和当前各国实际情况，选取了 20 美元每吨二氧化碳（20USD/t · CO_2）作为各国碳关税的征税标准。进行 GTAP 模型的模拟和预测研究。

1.4.2 技术路线

由选题“基于 GTAP 模型的碳关税对农产品贸易的影响研究”可知，本书属于多学科交叉的前沿课题。从应用经济学角度，我们通过学术文献分析软件对“碳关税”“农产品贸易”“GTAP 模型”在该领域与其相关的重点话题进行分析（见图 1-2），可以看到，碳关税在应用经济学领域与其相关的重点话题为碳排放、出口贸易、贸易壁垒、低碳经济等；农产品贸易在应用经济学领域与其相关的重点话题为比较优势、国际贸易、国际市场、绿色壁垒等；GTAP 模型在应用经济学与其相关的重点话题为 CGE、可计算一般均衡、贸易、FTA、贸易自由化等。由此，本书根据研究的内容确定了重点关注的研究内容，即：对碳关税的研究重点关注对出口贸易的影响研究；对农产品贸易的研究重点关注农产品的比较优势、农产品的国际贸易；采用 GTAP 分析模型重点采用可计算一般均衡（CGE）模型。

根据文献分析的结果，结合本书的研究实际情况得出了本书的研究框架和技术路线。本书由理论探索和定量模拟分析两大部分构成，且两者相互关联和交互验证。具体步骤是：第一，查阅国内外相关文献，设计本书的整体研究方案。第二，对国内外研究碳关税的文章进行文献综述。第三，进行农产品贸易发展的现状分析。第四，开展基于全球减排背景下的碳关税对农产品贸易影响的理论探析。第五，GTAP 模型介绍和数据处理及情景设定。第六，运用 GTAP 模型进行定量模拟预测碳关税对全球农产品贸易的影响。第七，运用 GTAP 模型进行定量模拟预测碳关税对中国农产品贸易的影响。最后，根据理论分析结果和定量研究结论，提出相关的政策建议。以实现本书的全部研究目标。本书的研究框架和技术路线如图1-3所示。

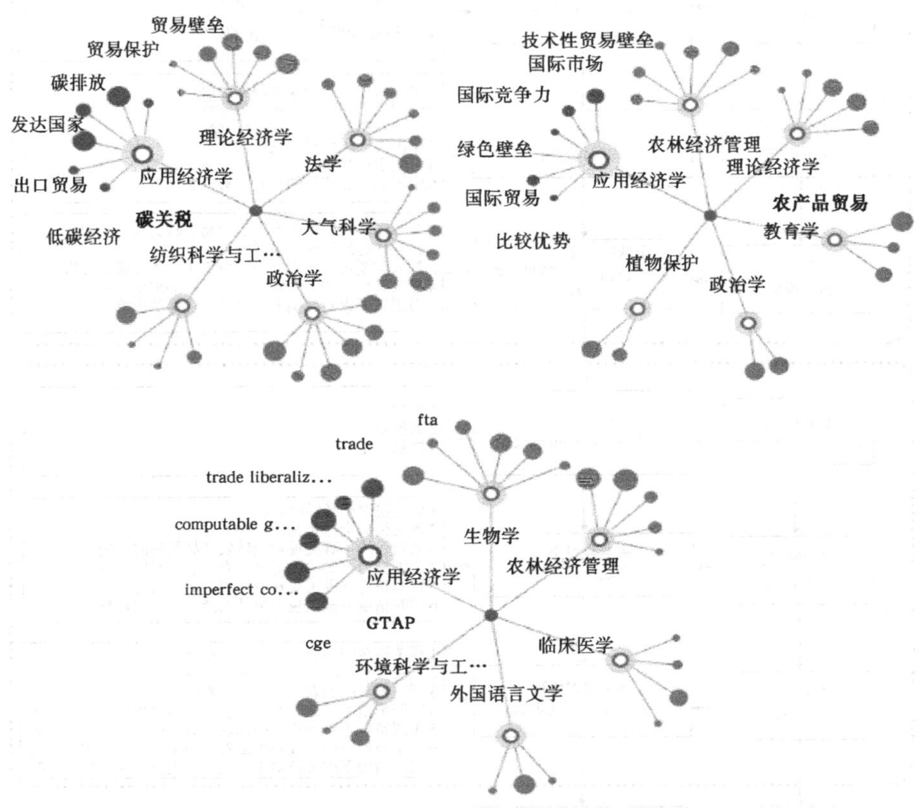

图1-2 学术文献分析软件得出与本书选题相关的重点话题

Figure 1-2 The key topic connect with this paper by academic literature analysis software

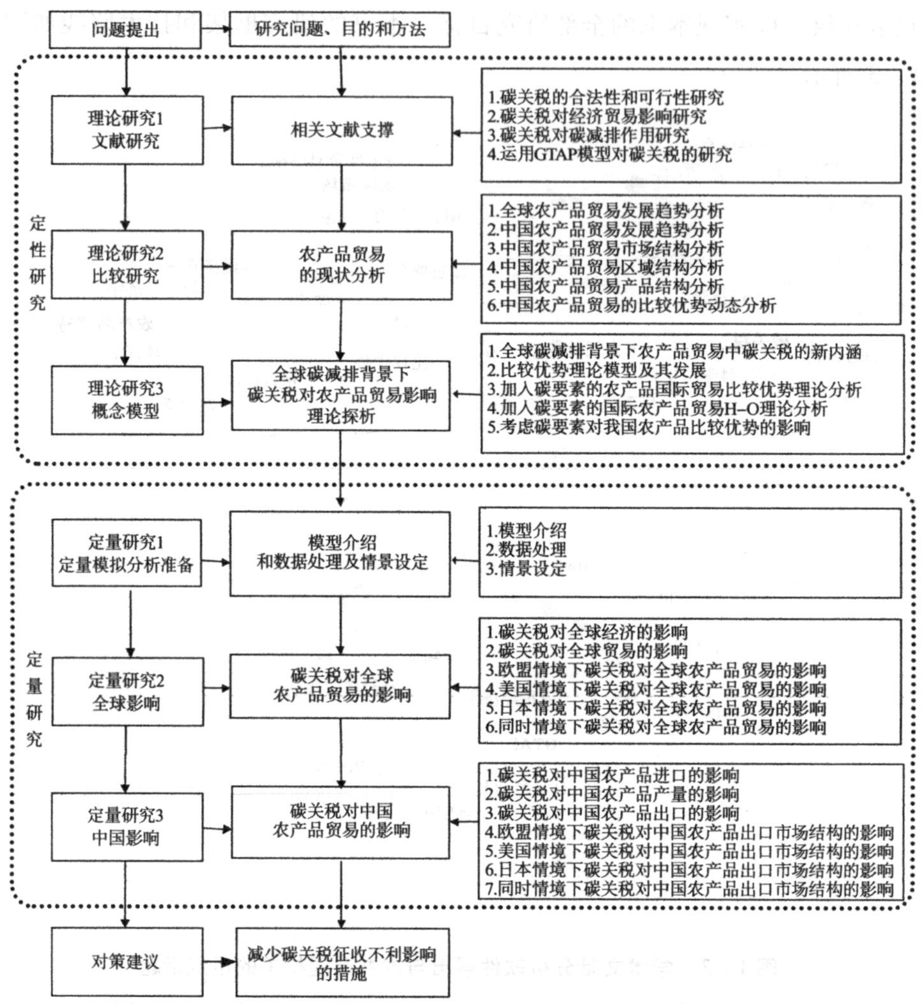

图 1－3　本书的技术路线

Figure 1－3　Technical road map

第 2 章

国内外研究现状综述

本章在关于“碳关税的合法性与可行性”“碳关税对经济贸易的影响”“碳关税对碳减排的影响”和“基于 GTAP 模型的碳关税分析”四类研究问题进行文献回顾和评述的基础上，指出研究碳关税对农产品贸易的影响是学术界对于碳关税问题研究的发展趋势和必经之路。

2.1 国内外关于碳关税的研究方向

碳关税（Carbon Tariff）起源于边境调节税（Border Tax Adjustments, BTAs），是对外贸易中的一种普遍做法，可以追溯到 18 世纪，所以有许多学者认为，碳关税的征收不过是披着绿色清洁外衣的贸易壁垒，征收碳关税不过是“绿瓶装旧酒”[8]。碳关税由时任法国总统希拉克在 2007 年最先提出，主要目的是对于那些没有遵守《京都议定书》的国家出口到欧盟的商品征收惩罚性关税，期望通过此措施减少欧盟碳排放交易机制运行后，欧盟各国将会遭到的不公平待遇。

笔者自 2011 年就开始积极关注碳关税研究问题，至 2015 年又查阅了大量的国际期刊文献，硕博期间学习了大量与碳关税相关的文献。对碳关税的相关研究，在国内覆盖面较广的文献数据库——中国知网（CNKI），以“碳关税”为关键词在主题中进行精确检索，共计可获取文献 174 篇中文文献，发表时间均分布在 2009 年至 2015 年。同样，在国外覆盖面较广的文献数据库——谷歌学术（Google Scholar），以“碳关税（Carbon Tariff）”或者“边境调节税（Border Tax Adjustments, BTAs）”为关键词在主题中进行精确检索，共计获取 65 篇英文文献。其中，2004 年以前的文献研究内容与本书的研究不太相关。2007 年至 2015 年的文献多数属于经济管理领域的相关研究，共计获取文献 58 篇。

由此可见，国外对碳关税的研究兴起于 2007 年，国内对碳关税的研究兴起于 2009 年，碳关税问题现阶段正是国内外学界的热点研究主题。尤其是随着举世瞩目的 2015 年 11 月 29 日联合国气候变化巴黎大会的召开，

2020 年美国征收碳关税的时间即将来临，可以预见在未来一段时间内，国际、国内学术界对碳关税问题的研究还将会持续升温，成为热点问题中的重点问题。

筛选与综览中国知网和谷歌学术检索到的 232 篇相关文献，不难发现，现有的研究大体可以划分为四大方向（见图 2－1），即：①碳关税合法性和可行性研究；②碳关税对经济和贸易的影响研究；③碳关税对碳减排的影响研究；④运用 GTAP 模型对碳关税问题的研究。本章重点关注碳关税合法性和可行性问题、碳关税对经济和贸易的影响研究、碳关税对减排的影响研究以及基于 GTAP 模型对碳关税进行的相关研究。

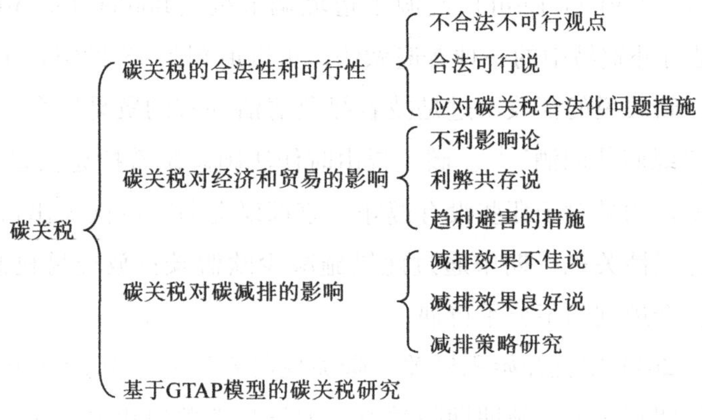

图 2－1　碳关税相关文献研究主题

Figure 2－1　Carbon tariff related research topics

2.2　碳关税合法性和可行性研究综述

碳关税是伴随着气候变化问题的日益严重、经济发展与环境保护之间的冲突加剧而产生和发展的。美国提出征收碳关税引起了国际社会的高度关注，碳关税的出现对于全球政治和经济产生了较为复杂的影响，而学术界对其评价褒贬不一，碳关税本身的合法性及可行性也引起了国内外学者的广泛争议。

2.2.1 征收碳关税是不合法不可行的

一些学者认为征收碳关税是不合法，因而也是不可行的，他们的主要依据是碳关税政策违背了世界贸易组织（WTO）规则和关贸总协定（GATT）条款。这包括以下学者的研究文献：

沈可挺（2010）认为，碳关税政策违背《联合国气候变化框架公约》（UNFCCC）的基本原则和WTO的国民待遇原则[9]。朱鹏飞（2012）指出，美国拟推出的碳关税制度违反了WTO的最惠国待遇原则、国民待遇原则及约束关税制度，在WTO视野中不具有合法性[10]。王俊（2011）研究发现，美国国内不具备碳关税成为贸易政策的现实条件，碳关税欲借一般例外条款谋求合法地位也面临许多挑战[11]。王鑫和陈迎（2010）指出，碳关税由于存在合法性、合理性和技术上的诸多障碍，短期内实施的可能性很小[12]。俞海山和郑凌燕（2011）认为，碳关税不符合WTO多边贸易规则和《京都议定书》多边环境规则；无论是从历史的角度看还是从技术的角度看，无论是单边征收还是全球统一征收，碳关税都是不公平和缺乏合理性的[13]。

张秀娥和杜青春（2013）进一步指出，一些发达国家为了维护本国的政治经济利益，制定了包含碳关税条款的法案。违反了WTO的基本原则及《联合国气候变化框架公约》基本原则，极大地损害了全球贸易体系[14]。叶波（2011）则认为，为了减少温室气体排放，美国制定了立法案试图对外国产品征收碳关税，很可能违反最惠国待遇原则[15]。同样，王祥修（2011）也认为，碳关税的本质是一种边境调节措施，并不涵盖在WTO边境税调整范围内。碳关税的征收既违反了WTO的基本原则，也不符合GATT第20条的“一般例外”[16]。周跃雪（2011）分析碳关税与WTO环境规则的关系，说明其不符合WTO相关规定[17]。刘天姿和陈彬（2011）提出，“碳关税”措施不符合GATT第20条（b）款与（g）款的规定[18]。

沈木珠（2011）指出了美国征收碳关税从某种意义上来说，其实是违反了“国民待遇”和“最惠国待遇”原则的[19]。苑路佳（2010）认为，碳关税是10年来美国单边主义与WTO多边主义交锋的续演。该条款与WTO原则相违背，美国难以依据GATT 1994年的例外条款进行有效抗辩[20]。王祥修（2011）认为，2009年美国众议院通过的《清洁能源与安全法案》开征碳关税的决议违背了世界贸易组织所确立的相关原则，也不符合WTO的相关条款[21]。

何代欣（2010）研究发现，目前的测量技术尚不具备开征碳关税的客观条件，还存在一系列的矛盾，无法做到真正合理地征收碳关税[22]。王慧（2010）基于国际贸易法与国际环境法之间的关系以及国际贸易规则的适用和解释的论证，发现美国气候安全法中的碳关税条款是违反世界贸易组织规则的[23]。张昕宇（2011）围绕WTO宗旨的多重理念对碳关税与WTO宗旨的相符性进行了分析，得出碳关税可能构成对WTO宗旨其他理念的一种减损结论[24]。在另一篇文章中，张昕宇（2012）也认为，碳关税的基础理论尚缺乏足够的信服力，单纯从经济学角度无法阐释现有碳关税规则的合理性[25]。

王志华（2010）也指出，碳关税的征收同《世界环境公约》在气候变化和环境保护领域里面树立的一些基本原则和思想严重相悖；同时也难以通过WTO相关规则的审核[26]。李威（2009）指出，从法理的角度而言，碳关税的征收其实是明显违背了多边环境协定机制与世界贸易组织的国际法规则[27]。Seymore等（2012）使用传统的H－O理论的方法表明，政策制定者不应该采用边境调节税以减轻环境税的反竞争效果[28]。Monjon和Quirion（2006）指出，发展中国家出口到发达国家的商品排放的二氧化碳测算十分困难，将会使碳关税的执行遭遇瓶颈[29]。

2.2.2 征收碳关税是合法可行的

另外一些学者认为征收碳关税是合法可行的，他们同样依据WTO规则和GATT条款进行了具体分析。

马翠萍与刘小和（2012）认为，碳关税征收满足GATT第20条豁免条款，折射出WTO争端解决机制对可耗竭自然资源保护措施的态度由承认其重要性、到肯定再到鼓励，都增加了碳关税征收的合理性[30]。彭光明（2010）认为，随着低碳理念在全球的深入，通过征收碳关税来改善环境使得碳关税作为一种边境调节税有被纳入多边贸易体制的可能性[31]。周亚越和俞海山（2012）指出，鉴于发达国家在国际经济秩序中的主导地位，掌控着话语权，而发展中国家之间对碳关税缺乏统一协调的立场，发达国家未来单方面实施碳关税政策的可能性很大[32]。

韩利琳（2010）指出，碳关税是实现低碳经济目标的一种重要手段，征收碳关税在一定程度上可以起到保护环境的作用，具有合理性，同时，外部性经济原则也为其合理性提供了理论依据[33]。杨飞龙（2011）认为，碳关税虽然还存有争议，但随着国际社会对环境保护和低碳经济发展的重视，最终被WTO认可的可能性大[34]。曹明德和王慧（2010）指出，从GATT/WTO争端解决机制对GATT第20条的解释来看，碳关税在国际贸易规则中的合法性地位越来越获得WTO成员方的认同[35]。朱鹏飞（2011）认为，碳关税制度符合GATT第20条（b）款和（g）款而与国际贸易法相协调[36]。朱振民（2014）研究发现，碳关税本身是符合GATT第20条之（b）项和（g）项的[37]。黄文旭（2010）指出，碳关税在本质上是一种与碳排放有关的进口环节边境调节税。GATT 1994年第20条可能成为碳关税合法的依据[38]。邬展霞等（2011）认为，欧美国家在2020年前后实施“碳关税”政策的可能性变得越来越大[39]。詹艳（2010）通过对碳关税进行分析，发现碳关税还是有实施的基础的[40]。赵玉焕和郭付强（2013）指出，由于气候变化问题越来越受到全球范围的广泛关注，欧美等西方发达国家开征碳关税的措施，最终有可能会以GATT第20条的例外条款而最终得到WTO的认可而具有合法性[41]。

Lockwood和Whalley（2008）认为，碳关税的提出是由于欧盟、美国和其他经合组织国家为了实现其减排承诺而又不使其本国企业出现竞争劣势的一种补救措施，这种措施在应对全球环境问题和维护国内产业的竞争力方面是合理的[42]。Veel（2009）探讨了碳关税在WTO框架内的合法性问题，认为碳关税是合法可行的[43]。Irfanoglu等（2015）做了一个美国对中国征收碳关税的假设评估，结果表明，惩罚性碳关税能够支持更严格的环保目标[44]。Biermann 和 Brohm（2005）指出，尽管在《关税与贸易总协定》和《补贴与反补贴措施协定》这两个法律规定和相关判例法中存在一些歧义，但边境调节税在某些情况下与国际贸易法相兼容[45]。Weber（2015）认为，边境调节税可能会与国民待遇原则和补贴原则发生冲突，如果在世界贸易组织框架下以环境可持续发展被提出来，就有可能会克服这种冲突[46]。

2.2.3 应对碳关税合法合理性问题的策略

还有一些学者认为，简单地分析碳关税的合法性和可行性已经没有太大的实际意义，因为当今世界经济的发展是由发达国家主导，广大发展中国家没有太多话语权。应该把更多的目光聚焦于一旦发达国家征收碳关税，发展中国家应该采取什么样的措施应对。

贾利军和仝晓婷（2014）通过运用演化博弈模型分析得出，在国际碳关税政策博弈中，发达国家掌握了绝对主导权，发展中国家只能在接受和抵制之中做出抉择。应对碳关税问题，中国必须审时度势地做到“有节”应对，步骤灵活地调整应对策略[47]。陈红彦（2013）认为，中国应运用世界贸易组织现有的规定，积极对抗西方国家任何利用以碳税和碳交易为主要特征的碳关税这一新型贸易壁垒的企图，同时加紧制度建设，以求从根本上消除来自西方国家的碳关税威胁[48]。谢来辉和陈迎（2010）认为，作为西方国家碳关税建议矛头的主要对象，在后哥本哈根国际气候谈判过程中，中国应该积极参与碳关税相关问题的谈判[49]。

梁咏（2010）提出，就我国目前所处的现状而言，与其做一些口头上的声明，倒不如研究实际条款，以有效地维护自身合法权益来得更实在[50]。魏圣香（2011）认为，为了维护中国的贸易利益，中国可以采取适当的政治策略来应对征收碳关税所造成的贸易壁垒问题。就政治策略而言，我国应该广泛地联合其他发展中国家对拟定征收碳关税的发达国家施加必要的国际压力[51]。蔡高强和胡斌（2010）认为，发展中国家应该充分利用自由贸易区机制、联合国框架和低碳国际标准的制定来突破碳关税对贸易的限制[52]。

张学博（2013）指出，在环境问题全球化的背景下，中国应准确定位自身，积极参与到碳关税法律规则的制定过程中来，并提出符合自身利益以及广大中低发展中国家利益的后 2012 年环境气候保护框架[53]。韩利琳（2010）进一步指出，中国应该在建立健全法律制度、规范交易规则等几个方面提出应对碳关税征收的措施以消除其负面影响[54]。马其家（2010）认为，我国在反对欧美征收碳关税的前提下，十分有必要就碳关税对中国可能会带来的负面影响进行评估，并研究出切实有效的应对办法[55]。王谋（2014）认为，需要构建公平合理的国际气候制度和与之相关的贸易制度。碳关税是在全球气候治理进程中产生的问题，必然需要在气候制度设计中进行规范并寻求解决途径[56]。

张曙霄和郭沛（2010）认为，中国要减少二氧化碳排放、努力发展低碳经济，积极承担国际责任，树立良好的国际形象，为全球减排贡献力量[57]。刘勇和朱瑜（2010）指出，为避免碳关税等单边措施的发生，国际社会应采取适当措施建立统一的碳排放交易市场[58]。高凛（2013）指出，要有效地避免碳关税阻碍和影响国际经济和贸易的发展，关键在于构建合理的国际碳关税多边运行机制[59]。王燕（2012）提出，作为气候贸易措施，碳关税应符合 WTO 涵盖协定及气候公约“共同但有区别责任”原则，从而减少多边贸易治理和气候治理的分歧，维护南北国家在贸易体制下的权利义务平衡[60]。Webera 和 Petersb（2009）认为，当全球性的合作已经刻不容缓的时候，提出碳关税可能会适得其反。世界各国应该加强合作和技术共享才能够在短期内提高工作效率[61]。

综上，各国学者对碳关税征收的合理性和合法性问题的研究表明：

①学术界对碳关税征收的合理性和合法性尚未达成一致意见。主要原因是站在不同角度对 WTO 规则和 GATT 条款内容的解读。

②发展中国家在碳关税的征收问题上不占主导地位，没有话语权。

③发达国家主导的碳关税征收可能性非常大，广大发展中国家应该未雨绸缪地采取应对措施。

2.3 碳关税对经济贸易影响的研究综述

碳关税作为众多关税中的一种，具有和一般进口关税相同的属性，主要是按照出口国家的出口产品的含碳量来强制征收。其一经提出便成为学术界所关注的热点话题，有大量研究人员从碳关税对经济贸易的影响方面进行研究，得出了很有价值的研究结论。

2.3.1 碳关税对经济贸易的不利影响研究

一些文献研究结果表明，碳关税对经济和贸易的影响是不利的。沈可挺和李钢（2010）就碳关税将会对我国工业、出口和就业造成的负面影响进行了定量模拟分析。结果显示，每吨二氧化碳征收 30 美元或 60 美元的碳关税将会使得我国工业总产量下降 0.62% 以上，使得出口下降 3.53% 以上，使就业岗位减少 1.22% 以上，碳关税征收的负面影响极大[62]。鲍勤等（2010）基于 CGE 模型测算了美国征收碳关税对我国外贸、环境和经济方面的不利影响，结果显示，征收碳关税将会给我国外贸带来巨大损失，由此延伸到整体经济，也将产生较大负面影响[63]。朱永彬和王铮（2010）利用可计算一般均衡模型（CGE），对其他国家针对我国征收的碳关税进行了测算。结果显示，碳关税的征收会使得我国国内生产总值（GDP）、社会总产出、国内供给以及进出口总量都不同程度地下降[64]。

袁嫣（2013）利用 CGE 模型进行定量模拟，研究表明，碳关税是一种保护本国经济、阻碍中国经济发展的贸易壁垒[65]。于玲玲（2012）基于欧盟和美国现有的碳关税法案的模拟分析表明，碳关税对我国出口贸易的负面影响较大，欧美联合征收的危害大于两国单独征收[66]。王有鑫（2013）构建了 CGE 模型，研究结果显示，碳关税的征收将直接导致我国外贸出口的价格下跌，出口的规模缩小[67]。

叶莉和翟静霞（2012）基于经济学视角，综合分析了征收碳关税会给中国对外贸易带来的负面影响，研究结果显示，碳关税的征收将直接导致我国高碳产品出口价格优势丧失、数量减少、贸易条件恶化[68]。丘兆逸（2014）采用混合面板数据模型的实证研究表明，若欧美等国对每吨碳排放征收30美元或60美元的碳关税，中国产品内贸易的进出口总规模将分别下降10.42%和24.31%[69]。徐斌等（2015）通过大量的分析研究表明，征收碳关税将会减少中国GDP能源的强度，进一步导致中国生产量被限制，最终使得能源的成本大量增加，能源的需求迅速减少，消费结构产生较大变化[70]。鲍勤等（2013）设定了7种征收碳关税的情景，并进行了定量模拟研究，结果显示，美国征收碳关税将会直接导致我国对美国出口所获得的利润减少，大量降低中国对美国的出口量，进而间接地对我国总体经济产生负面影响[71]。

马翠萍等（2014）通过实证研究发现，当美国、欧盟等主要发达国家征收碳关税时，将会对中国经济发展产生较为严重的负面影响[72]。夏晓华等（2013）通过研究发现，碳关税一旦开始征收，将对我国的纺织品出口造成严重打击[73]。马晓微等（2014）就欧盟对我国出口产品征收碳关税将会对我国出口造成的影响进行了实证研究，结果显示，欧盟征收碳关税将会对我国的出口造成非常严重的负面影响，碳关税征收将直接影响相关出口企业的生存[74]。

从晓男等（2014）基于程序语言开发出了多国CGE政策模拟器，并探讨了美欧对其他国家征收碳关税将会导致的影响。结果表明：碳关税将会对发展中国家造成不利影响，对中国的负面影响最大[75]。在另一篇文章中，马翠萍（2012）的研究表明，对高能耗产品征收碳关税最终会通过产业间的关联性波及各个部门，进而对我国各个产业经济的健康发展产生负面影响[76]。魏纪林和刘国龙（2013）认为，碳关税出台与实施，无疑将对包括我国在内的广大发展中国家的对外贸易与国内经济增长产生巨大负面影响[77]。邵建春（2011）基于碳关税征收的不同后果进行了研究，结果表明，主要发达国家征收碳关税将会对自身更为有利，但是会给发展中国家的出口带来负面影响[78]。尹希果和孙惠（2010）的研究结果表明，美国对中国征收碳关税短期内会使得中国的外贸出口减少，长期将会使得中国出口贸易条件恶化[79]。李祝平等（2015）通过对 2004—2013 年湖南省 29 种主要出口产品的出口额数据进行回归分析，结果显示，碳关税税率越高，其影响程度越大，一些非碳排放密集型的产品所受的冲击反而更大[80]。

Moore（2011）认为，征收碳关税是无效的，一些国家的政府可能会对从没有实施与自己国家同样严格政策国家的产品增收进口关税，这样的边境税肯定会使得这些国家国内企业为自己的碳排放付出更多成本，给经济发展带来损失[81]。Cosbey（2008）指出，向发展中国家征收碳关税无法实现提高发达国家本国工业产品竞争力的目标[82]。Kasterine 等（2010）对欧盟征收碳关税对农产品进口国的影响分析表明，若欧盟征收 100 美元/吨的碳关税，发展中国家的农业出口损失达 14. 14 亿美元[83]。McKibbin 和 Wilcoxen（2009）的研究显示，边境调节税对“碳渗漏”的效果有限，不足以抵消对恶化国际贸易环境的影响[84]。Ghosh 等（2012）使用多区域多部门可计算一般均衡模型来比较作为单边气候政策一部分的边境调节税，对提高效率、减少碳泄漏的贡献，模拟结果显示，碳关税将带来较低的效率和不利的分配结果。对印度和中国这样大量使用化石能源的国家将带来不利影响，对以温室气体排放为基础的巴西农业更是雪上加霜[85]。

Bruvoll 和 Larsen（2004）采用一般均衡模型模拟研究碳税（carbon taxes）的具体效果，发现由于降低能源强度，改变能源结构，减少过程排放，在此期间单位国内生产总值显著降低，碳关税对减少碳排放的贡献不大，仅为 2%[86]。Liang 等（2015）基于可计算的一般均衡模型研究了在中国征收碳关税对国际竞争力的影响。结果表明，碳关税将对国内市场股票和几乎所有的出口贸易行业产生负面冲击，国内减税政策能够减轻这种负面影响，但是对宏观经济和行业利润产生不利影响[87]。Hoel（1996）认为，碳关税在不同部门不宜存在经济差异，这样就不会使贸易商品关税阻碍国家之间的合作。然而，信息或政治因素制约可能导致碳关税在不同部门有所不同[88]。McKibbin 和 Wilcoxen（2008）通过研究发现，西方发达国家对发展中国家征收碳关税获得的利益较小，对保护环境起到的效果不大，而且会导致外贸出口减少[89]。

2.3.2 碳关税对经济贸易影响利弊共存研究

相反，也有一些学者通过研究发现，碳关税对经济贸易的发展尽管有弊端，但从长远发展来看，是有一定促进作用的，碳关税是一柄“双刃剑”。

李继峰和张亚雄（2012）利用动态可计算一般均衡模型（SIC－GE）定量测算了各方面经济影响。结果表明，碳关税对高耗能产品出口抑制作用明显，而对高附加值产品出口影响很小，甚至会有刺激作用[90]。潘辉（2012）认为，就短期来说，碳关税征收会促使我国产品成本上升，出口产品竞争力下降。长期来看，将有利于我国市场结构、产业结构和出口结构的改善[91]。

张沛（2011）指出，碳关税征收短期内会导致中国外贸出口成本增加，出口额减少，长期征收将有利于我国产业结构的调整和升级[92]。陈松洲（2013）研究发现，碳关税对我国外贸出口的影响具有双重性，它既存在导致我国相关产品出口下降、贸易环境恶化的消极影响，也存在促进产业结构升级和促进绿色环保新兴产业发展的积极效应[93]。邱嘉锋和梁宵（2012）指出，征收碳关税是一把双刃剑，一方面导致我国外贸出口下降，另一方面促进我国产业结构升级。也促使我国出口产业加快结构调整步伐[94]。郭而郛和鞠美庭（2013）指出，碳关税政策将迫使中国继续加快实施经济增长方式的转变，创新适应目前复杂国际背景的新型工业化道路[95]。周长荣（2013）研究发现，碳关税的征收除了起到防止碳泄漏和避免碳转移的作用外，还将对中国工业品出口贸易造成严重冲击[96]。张国军（2013）指出，就积极影响而言，碳关税促使高碳排放企业进行产业升级和技术升级。就消极影响而言，碳关税使高碳排放企业出现贸易环境恶化，出口规模缩小[97]。余进（2011）利用 MATLAB 软件估计了实施不同碳关税规则下我国相关部门的商品价格情况，结果表明，碳关税征收长期来看有利于我国企业的转型升级和更新换代[98]。余玲（2011）指出，碳关税实施有利于我国当前国际收支“双顺差”的调节[99]。詹晶（2011）通过研究发现，征收碳关税会在短期内减少我国的对外出口，导致贸易环境恶化；但从长期来看，征收碳关税会形成倒逼机制，促进农产品外贸出口[100]。王厚双和于玲玲（2011）指出，欧美发达国家对能源密集型进口产品征收碳关税，一方面将导致我国出口产品成本增加，出口规模大幅缩减和贸易条件恶化；另一方面将加速我国外贸可持续发展战略的推进[101]。宋建新和崔连标（2015）研究了征收碳关税对中国实际影响情况，结果显示，征收碳关税对中国经济的负面影响不大，甚至在一定情况下，某些指标出现方向性改变[102]。

Springmanna（2013）采用边际减排成本曲线和全球能源经济评估模型来模拟碳关税的影响，结果表明，碳关税可能为清洁发展融资35亿—245亿美元，可减少发展中国家的5%—15%的碳排放量。然而，对发展中国家的国内生产总值的净负面影响将依然存在[103]。Mathiesen 和 Maestad（2004）采用局部均衡模型对钢铁行业进行了研究，结果显示，征收碳关税将会使全球钢铁行业碳排放量大幅度下降。碳关税有利于工业化国家减少温室气体排放和实现国内钢铁行业重组[104]。Dissou 和 Terry（2011）在可计算一般均衡模型的基础上，认为碳关税征收对加拿大工业竞争力提高有显著功效[105]。Keena 和 Kotsogiannis（2014）探讨了气候政策作为全球贸易工具的作用，分析表明，帕累托最优效率确实需要边境调节税[106]。

2.3.3 趋利避害的措施研究

针对碳关税可能带来的不利影响，不少学者进行了更为深入的研究，提出了一些趋利避害的政策建议。

蓝庆新（2010）认为，广大发展中国家特别是新兴经济体国家有必要加强合作，并从国际、国内两个层面采取应对措施[107]。魏文轩（2011）建议我国企业要顺应低碳经济发展趋势，加快研究和发展低碳经济[108]。牛君（2012）提出，我国对外贸易的大力发展必须依靠自主创新，政府和企业必须采取一系列对策应对“碳关税”这一新的贸易壁垒[109]。朱阿丽（2011）认为，我国应从国际与国内多个层面积极应对，一方面对自我进行合理约束；另一方面要对发达国家的贸易保护主义予以坚决回应和抵制[110]。王磊（2010）提出，中国应该在多边贸易组织的框架下对美国将实行的碳关税政策进行限制约束，及时调整国内产业结构[111]。帅传敏和张钰坤（2013）基于情景分析和蒙特卡洛模拟的结果，提出了全球碳关税背景下中国应该采取的最优策略，包括向发达国家征收报复性碳关税、对内征收碳税以及开发低碳农业技术等；在发达国家征收碳关税的情景下，中国的最优策略是对内征收碳税[112]。

詹政（2015）以发达国家征收碳关税为现实背景，建立了一个三阶段博弈模型，结果表明，出口补贴能够提高本国出口企业的国际竞争力，而且最优出口补贴率随着发达国家碳关税的增加而增加[113]。黄晓凤和鲁志坚（2010）指出，中国政府和企业应主动采取优化结构、发展低碳经济、实施知识产权发展战略和加强汇率政策国际协调等措施“拆壁破垒”[114]。王静和张西征（2012）认为，中国对碳关税一方面要反对以推迟其实施，为本国经济发展赢得时间和空间；另一方面积极应对，可以采用较为直接的贸易报复手段[115]。胡晓红（2012）认为，我国应重视从国家立法层面对退牧还草和三江源生态补偿机制推进制度化建设，以降低碳关税征收给工业品出口所造成的损失[116]。

俞海山（2012）指出，我国应对碳关税，需要政府、企业两个主体共同努力[117]。余玲（2011）认为，为了避免碳关税对出口和 FDI 的过度冲击，我国政府应大力推动贸易部门生产方式的“绿色化”转型；同时应实现碳关税向国内碳税的转变，并通过免费配额、出口补贴等政策措施，降低碳税对我国出口竞争力的影响[118]。刘歌与和李迎旭（2011）认为，中国出口企业应坚决反对碳关税庇护下的贸易保护主义，转变发展观念，倡导发展绿色贸易，同时加大对低碳技术的开发和利用，以适应低碳经济的要求和保证企业的持续发展[119]。卢晓晴（2010）指出，在新的国际经济形势下，大力发展低碳产业，积极转变出口产品能源使用结构，是中国发展对外贸易的必由之路[120]。李平等（2010）提出，中国等发展中国家应通过技术创新、调整产业结构、开发新能源等措施加速国内经济向低碳化深入发展[121]。

综上所述，国内外学者就碳关税对经济贸易的影响做了大量研究，归纳起来主要体现为如下几点：

①由主要发达国家主导的碳关税征收对发展中国家就短期而言无疑将会产生消极影响；长期而言，如果广大发展中国家采取的措施得力将可能带来一定的积极作用。

②大量学者采用可计算一般均衡（CGE）模型来研究碳关税对经济贸易的影响，但未发现有学者就事关国民生计的农业部门进行过专门研究。

③研究碳关税对经济贸易影响的国内学者很多，但少有学者在国际期刊发表论文。

2.4 碳关税对碳减排的影响研究综述

碳关税的本质是一种边境调节税，是对从发展中国家进口的产品 CO_2 排放超过本国部分征收的一种关税，以防止碳泄漏产生。

那么，碳关税对减少碳排放，防止碳泄漏的效果如何呢？不少学者也对此进行了研究。主要可以分为三类：一些学者认为碳关税对碳减排效果不佳；一些学者认为碳关税有利于减少碳泄漏；还有一些学者就碳关税减少碳泄漏的措施进行了研究。

2.4.1 碳关税对碳减排的效果不佳

温丹辉（2012）构建可计算一般均衡模型，计算美国碳关税对中国环境的冲击，其研究表明，碳关税没有显著的减排效果[122]。崔连标等（2013）运用环境版全球贸易分析模型研究结果表明，碳关税不是一个有效的减排政策，其促进减少碳排放和防止碳泄漏的作用非常有限[123]。林伯强和李爱军（2012）采用多国 CGE 模型进行分析，结果表明，碳关税会导致较高的碳减排成本，较高的碳泄漏率，对世界二氧化碳减排的贡献相对较小[124]。王军（2010）认为，碳关税的征收不仅不能降低碳排放量，减少全球气候变暖，相反，碳关税的实施有可能加剧发展中国家的负担[125]。林伯强和李爱军（2010）基于可计算一般均衡模型研究了碳关税对发展中国家的负面影响，研究表明，碳关税会造成产品生产的跨国移动，产业结构上面的大调整，最终出现碳泄漏[126]。温丹辉（2013）基于可计算一般均衡，在欧盟征收碳关税的前提下，比较了不同算法中碳关税对经济贸易的负面影响。研究表明，碳关税对中国无明显减排效应[127]。

Dong 和 Whalley（2010）分析了碳排放的边境调节税对减少温室气体排放的潜在影响，认为碳关税对减排效果十分有限[128]。在另一篇文章中，Dong 和 Whalley（2009）开发了基于多区域的可计算的一般均衡模型，模拟了 2006—2036 年能源使用的一般情景，研究结果表明，碳关税的征收对减少全球温室气体排放效果非常小[129]。Winchesterl（2011）等通过评估碳关税，发现到 2025 年，通过碳关税对碳减排的效果十分有限，结论是碳关税是一种十分昂贵的减少碳泄漏的方法[130]。Li（2013）通过调查认为，边境调节税减排效果十分有限，远小于碳泄漏预期减少的数量[131]。Zhou 等（2013）采用多区域可计算一般均衡模型（CGE）模拟了边境税政策调整对日本的影响，结果表明，在日本单方面实施的碳税政策，可以减少国内的排放量，但同时导致全球排放量的碳泄漏增加。无论对国内的缓解效应和碳泄漏效果都是非常小的[132]。Veenendaal 和 Manders（2008）通过研究发现，西方发达国家对发展中国家征收碳关税带来的经济利益无法补偿出口退税造成的大量损失，征收碳关税并不能有效减少西方发达国家碳排放[133]。Bordoff（2008）通过大量的分析和论证，结果表明，美国对发展中国家征收碳关税对于美国自己保护国内企业的竞争力和减少碳泄漏的作用非常有限，并且会造成碳壁垒的形成[134]。Frankel（2005）指出，碳关税征收得不偿失，带来的效益极小，而征收的成本却很大[135]。

Lockwood 和 Whalley（2010）通过大量研究来证明碳关税与增值税在欧盟地区的差异性，认为碳关税其实还是一种关税，不能够提高外贸的优势[136]。Kuik 和 Hofkes（2010）在多区域 CGE 模型的基础上，认为美欧对发展中国家征收碳关税对环境改善的作用十分不明显[137]。Weitzel 等（2012）通过大量研究发现，征收碳关税可以优化贸易条件，但是对碳排放减少所起到的实际作用十分有限[138]。Hubler（2012）通过估计一个地区隐含二氧化碳的商品出口的总排放量，发现工业化国家是 -15%，发展中国家和地区为12%，中国则为24%。采用 CGE 模型研究发现，中国对本国出口产品增收碳关税相比不征收更为有利，这一结果对其他发展中国家不能适用，碳关税对碳减排的影响很小[139]。

2.4.2 碳关税有利于减少碳泄漏

牛玉静等（2012）在多区域 CGE 模型的基础上，分析了征收碳关税对减少碳泄漏的作用，结果显示，美国征收碳关税可以明显减少碳泄漏，碳关税对碳泄漏有减缓作用；采用指标“有效减排量”比“碳泄漏率”能更有效地评估减排行动[140]。赵春明和陈开军（2012）认为，碳关税征收后会缩减我国出口贸易和经济规模，导致产业结构向清洁方向调整，一定程度上促进技术进步，减少二氧化碳的排放[141]。Demailly 和 Quirion（2006）利用空间国际贸易模型，假定《京都议定书》国家都征收每吨 15 欧元的碳关税，这个政策使得这些国家碳减排在 20% 左右。当对边境调节税进行调整，不仅可以使《京都议定书》中的那些国家没有碳泄漏，连世界上其他国家也降低了碳排放[142]。

Eyland 和 Zaccour（2014）运用非合作博弈的古诺模型来研究边境调节税对碳减排的效果，结果表明，边境调节税可被用作一种威胁手段来实现碳减排[143]。Demailly 和 Quirion（2005）基于对全球47 个主要国家水泥产业碳泄漏问题的定量研究表明，碳关税可以有效减少水泥行业产生的碳泄漏，也可以成功减低碳排放[144]。Grubb 和 Neuhoff（2006）通过研究发现，在 2012 年以后，发达国家可以利用征收碳关税来减少碳泄漏，还可以提高本国产品的竞争力[145]。Ismer 和 Neuhoff（2007）基于局部均衡模型，通过实证研究发现，征收碳关税有利于减少二氧化碳排放，有利于减少全球气候变暖，有利于降低碳泄漏[146]。Naghavi（2007）通过大量研究发现，征收碳关税有利于进行减少二氧化碳方面技术的研发，增加科研投入，实现生产产品达到国际标准的目标[147]。

Courchene 和 Allan（2008）通过定量分析发现，碳关税有利于减少全球气候变暖和碳排放，但会使得广大的发展中国家增加更多的压力[148]。Vlassis（2011）在可计算一般均衡（CGE）模型的基础上进行分析，指出碳关税可以达到帕累托最优[149]。Fischer 和 Fox（2009）重点分析了碳关税对降低碳泄漏的作用，认为碳关税可以起到保护征税国竞争力和减少碳泄漏的双重效果[150]。Ian 和 Steve（2012）认为，边境调节税的征收将导致国内行业竞争力得到维护和碳泄漏减少的作用[151]。Manders 和 Veenendaal（2008）认为，边境调整措施可以减少碳泄漏和保护本国产品竞争力[152]。Helm 等（2012）认为，向发展中国家征收碳关税，能够起到调整气候博弈效果的作用[153]。Alexeeva（2008）基于欧盟征收碳关税前提下的可计算一般均衡分析证实，碳关税的实施将有利于保护国内产品竞争力，同时减少碳泄漏[154]。

2.4.3　减少碳泄漏的策略研究

杨仕辉和翁蔚哲（2013）通过研究发现，就全球碳减排效应而言，碳减排合作政策是最优的，碳关税政策次之，单边碳关税政策最差[155]。张茉楠（2011）通过大量实证研究发现，各国的收支平衡问题、汇率问题都是与征收碳关税紧密相连的，中国要尽快实现转型，积极对待碳关税的问题[156]。黄永明和游海燕（2011）指出，协商与谈判仍是提供温室气体减排这一全球公共物品的解决之道。强调“共同而有区别的责任的原则”“能力支付原则”“可持续发展原则”应是气候性全球公共物品提供中我国的应对策略[157]。袁海勇（2010）认为，中国作为世界排放大国必须切实减排。为此，一方面需加强减排国际合作，认真履行国际义务和减排承诺；另一方面应依法合理地推动发达国家履行减排义务，共促减排目标实现[158]。杨仕辉和熊竞邦（2015）通过 Matlab 数值模拟找到了特定情形下使产量最大化的碳关税概率，结论认为，破坏成本和生产成本高的国家，倾向于选用较大的碳关税概率征收碳关税来减少碳泄漏[159]。Böhringer（2012）基于多区域可计算一般均衡模型重点分析了征收碳关税对全球福利的影响，分析结果显示对隐含碳征收进口关税将产生更少的碳泄漏和更有效率[160]。Antimiania 等（2013）采用改进了的可计算一般均衡模型评估碳关税政策措施对减少碳泄漏和降低碳排放的影响，评估环境和竞争力的结果共同证明，全球协作解决方案用于降低碳泄漏将是最有效的[161]。Chang（2013）设计了一种基于共同责任分摊二氧化碳排放的计算框架，认为应该以碳关税税率作为分摊责任的基础，共同责任的原则将显著减少中国二氧化碳减排的责任[162]。

综上，各国学者就碳关税对碳减排的影响做了大量研究，对已有的研究分析表明：

①碳关税的征收一定程度上有利于减轻碳排放，但是将会对行业发展造成很大不利影响，得不偿失。

②大量学者采用可计算一般均衡（CGE）模型来研究碳关税对碳减排的影响，但是少有人采用基于改进后的一般均衡模型（GTAP）来进行定量模拟。

③大量国外学者在国际期刊上撰文研究碳关税征收与碳减排的影响，该领域研究已经趋于成熟。

2.5 运用 GTAP 模型对碳关税的研究综述

GTAP 模型在研究碳关税问题上的运用是近 5 年才开始的，有少量学者进行了尝试。

栾昊和杨军（2014）基于全球贸易分析—能源模型（GTAP－E），采用递归动态方法，研究了 2020 年美国对我国征收碳关税的负面影响，结果表明，将会对我国宏观经济造成较显著冲击，将导致中国产品贸易流向、贸易结构和生产结构出现显著调整[180]。黄庆波等（2014）利用 GTAP 模型，模拟美国、欧盟等发达经济体在四种情境下征收碳关税的情况，全面分析了碳关税征收对我国各个行业对外出口的影响效果。大量的实证研究结果表明：美国征收碳关税会导致我国制造业产品出口市场价格下降，出口量减小；我国开征国内碳税会导致制造业产品出口市场价格上升，出口量减小，但出口减少幅度低于美国对我国制造业征收碳关税时的出口减少幅度；美、欧等发达国家征收碳关税将导致我国化工橡胶制品行业、石油煤炭加工工业以及造纸业等能源密集型行业的出口减少，其中受到冲击最严重的行业为造纸业，出口降幅在 1.79%—6.05%，而其他非能源密集型的制造行业出口增加；我国制造业出口结构在一定程度上得到优化；我国整体福利水平下降，下降水平为 21.34 亿—83.47 亿美元[181]。

黄凌云和李星（2010）利用 GTAP 6.0 对我国经济可能会受到的冲击与影响进行了定量模拟。研究结果表明，碳关税政策将会使我国经济状况持续恶化，征收碳关税将会恶化我国当前的经济情况，导致企业生产成本上升，竞争力持续下降，国内生产总值减少[182]。杨立强和马曼（2011）利用 GTAP 模型定量模拟了碳关税对中国外贸出口的影响，研究显示，主要发达国家对中国出口产品征收碳关税将会冲击我国出口贸易，损失大小由税率大小来决定[183]。

栾昊等（2014）基于全球贸易分析—能源模型（GTAP - E），利用递归动态方法，在考虑短期工资刚性，经济处在非完全均衡状态（即存在失业）下，分析预测美国在 2020 年实施碳关税对中国碳排放与经济的影响。研究结果表明，相比于已有研究普遍采用的充分就业假设，美国对中国征收碳关税将导致较大的负面效果，使得出现较严重的失业问题。隐含碳含量较高的部门及其上属关联部门的产出下降幅度更显著，而隐含碳含量较低的部门产出增幅减缓，贸易平衡将显著低于充分就业闭合下的情景。此外，美国征收碳关税的减排效果也将进一步降低[184]。

Dong 和 Whalley（2008）基于 GTAP 6.0 数据库建立了全球可计算一般均衡模型，研究了碳关税征收对二氧化碳排放的影响。他认为，碳关税可以部分地减少碳泄漏，但其效果不是很明显[185]。Giles（2011）采用 GTAP 7.0 对贸易产品中的“虚拟碳”进行了定量模拟分析指出，如果每吨二氧化碳征税 50 美元的话，中国、印度和南非的平均关税税率将分别为 10%、8% 和 12%[186]。

综上所述，国内外学者采用 GTAP 模型对碳关税进行了研究，目前采用 GTAP 模型分析碳关税的文献不多，仅有 7 篇，最早是在 2008 年被 Dong 和 Whalley 采用，且采用的是 GTAP 6.0 版本。

2.6 文献评述

碳关税属于一个新鲜事物，是伴随着最近几年国际社会对气候变化、全球变暖以及环境破坏的高度关注相伴而生的。国内外在碳关税对贸易和减排影响方面的研究，也是近几年才开始的。这一研究属于应用经济学的前沿领域。尽管研究时间不长，但是也涌现了大量高水平的论文在国际、国内重要期刊上发表，为碳关税的研究奠定了基础和指明了今后研究的方向，前人的研究价值归结起来有以下几点：

①研究内容上主要分为前述四大研究领域，在经济领域主要探讨了碳关税对宏观经济和贸易的影响，这为后面继续深挖研究指明了方向。

②研究方法上定量分析多采用可计算一般均衡（CGE）模型。这为方法上面的创新奠定了基础。

尽管如此，纵观上述国内外研究现状，仍有以下研究不足：

①缺乏碳关税对农产品贸易影响的理论探析。众多学者之所以对碳关税征收的合法性争论不休，其原因之一就是尚没有建立在全球气候变化背景下支撑农产品国际贸易新秩序的理论模型基础。

②缺乏碳关税对农产品贸易影响的定量模拟。国内外关于碳关税对贸易和减排影响的实证研究文献，都是从国家层面和全贸易口径开展研究，从行业层面的研究尤其是农产品贸易的研究文献极为罕见。目前，尚没用专门针对碳关税对农产品贸易影响的定量模拟研究成果。

③鲜见采用 GTAP 模型和 GTAP 8.0 数据库就碳关税对经济贸易影响开展研究。国内外就碳关税对经济贸易影响的研究采用 CGE 模型的比较多见，但是采用改进的多区域一般均衡模型 GTAP 模型，尤其是采用最新版

的 GTAP 8.0 数据库来分析的比较少。

因此，针对上述研究不足，本书拟在以下方面开展进一步理论和实证研究：

①基于碳要素流动假设，分析和探索农产品国际贸易新的理论基础，构建碳关税作用于农产品贸易的理论模型框架。

②开展碳关税对农产品贸易影响的 GTAP 模型定量模拟研究，预测碳关税对世界和中国农产品贸易的潜在影响程度。

第 3 章

农产品贸易发展现状分析

2005—2014年的10年来，全球农产品贸易得到了巨大的发展，贸易额在节节攀升。[①] 但是一旦西方发达国家开始征收碳关税就会使得各国的农产品贸易保护加强，碳关税壁垒将会增多，会使全球和中国的农产品贸易发生巨大的变化。为了进一步弄清全球和我国的农产品贸易的实际情况，本章从以下几个方面进行重点分析。

3.1　全球农产品贸易发展趋势分析

研究碳关税对农产品出口贸易的影响，首先需厘清全球农产品贸易的总体情况。根据与后续定量研究相一致的原则，将全球分为八大区域，分别为美国、日本、欧盟（欧盟27国）、中国、“金砖”国家（除中国以外的“金砖”国家，为俄罗斯、印度、巴西、南非）、东盟（印度尼西亚、马来西亚、菲律宾、新加坡、泰国、越南）、非洲国家（除南非以外的非洲国家）、世界其他地区。近10年来，全球农产品贸易发展迅速，自2005年以来，农产品进出口额整体上呈现增长趋势。

3.1.1　美、日、欧农产品贸易发展趋势分析

（1）美国农产品贸易发展趋势分析

农产品进口方面。2005—2014年的10年间，美国农产品进口额由2005年的958.03亿美元增加到2014年的1214.8亿美元，增加到1.64倍。除了由于受到2009年世界性金融危机的影响导致进口少量减少外，其他年份每年的进口额都在增加。

农产品出口方面。2005—2014年的10年间，美国农产品出口额由2005年的829.26亿美元增加到2014年的1822.35亿美元，增加到2.20

---

① 本书数据截至2014年，后文中“近几年”“最近几年”等概指2010—2014年。

倍。2009 年的世界性金融危机对出口额有少量负面影响，其他年份每年的进口额都在增加。

进出口总额方面。2005—2014 年的 10 年间，美国农产品进出口总额由 2005 年的 1787.28 亿美元增加到 2014 年的 3391.20 亿美元，增加到 1.90 倍。2009 年的世界性金融危机对美国进出口总额有少量负面影响，其他年份每年的进出口总额都在增加。

贸易顺差方面。2005—2014 年的 10 年间，除了 2005 年、2006 年连续两年为贸易逆差以外，其他年份均为贸易顺差，呈倒“U”形态势。2011 年达到峰值，2012 年后的两年有所下滑。

表 3-1　2005—2014 年美国农产品贸易数据

Table 3-1　The agricultural trade data of USA from 2005 to 2014（单位：亿美元）

年份	进口额	出口额	进出口总额	贸易顺差
2005	958.03	829.26	1787.28	-128.77
2006	1036.48	926.44	1962.92	-110.04
2007	1095.72	1136.97	2232.69	41.25
2008	1159.08	1399.67	2558.75	240.59
2009	1007.45	1195.85	2203.30	188.40
2010	1164.48	1425.73	2590.21	261.25
2011	1371.57	1682.72	3054.29	311.16
2012	1418.49	1721.12	3139.61	302.63
2013	1464.82	1756.77	3221.59	291.95
2014	1568.85	1822.35	3391.20	253.50

资料来源：WTO 数据库，http://stat.wto.org/StatisticalProgram/WSDBStatProgramHome.aspx?Language=E。

（2）日本农产品贸易发展趋势分析

农产品进口方面。2005—2014 年的 10 年间，日本农产品进口额由 2005 年的 659.39 亿美元增加到 2014 年的 818.68 亿美元，增加到 1.24 倍。2009 年世界性金融危机对日本农产品进口影响很大，农产品进口额比上一年减少了 16%，2011 年、2012 年农产品进口额达到顶峰，2012 年后的两年农产品进口额小幅下降。

农产品出口方面。2005—2014 年以来，日本农产品出口额由 2005 年的 59. 65 亿美元增加到 2014 年的 105. 90 亿美元，增加到 1. 76 倍。2009 年的世界性金融危机对出口额有少量负面影响，近几年农产品出口额小幅下滑。总体看来，由于受国土面积等自然因素的影响，与其他国家相比，日本的农产品出口量还是较少的。

农产品进出口总额方面。2005—2014 年的 10 年间，日本农产品进出口总额由 2005 年的 719. 04 亿美元增加到 2014 年的 924. 58 亿美元，增加到 1. 29 倍。2009 年的世界性金融危机对日本进出口总额有少量负面影响，与美国不同，日本农产品进出口总额小幅下降。

农产品贸易顺差方面。2005—2014 年的 10 年间，日本农产品一直保持着较大的逆差状态，这由于农产品进口量很大，出口量很少导致的。2011 年、2012 年连续两年农产品贸易逆差最大，2012 年后的两年农产品贸易逆差小幅下降。

表 3 - 2　　2005—2014 年日本农产品贸易数据

Table 3 - 2　The agricultural trade data of Japan from 2005 to 2014（单位：亿美元）

年份	进口额	出口额	进出口总额	贸易顺差
2005	659. 39	59. 65	719. 04	- 599. 74
2006	655. 94	64. 69	720. 63	- 591. 25
2007	688. 17	75. 65	763. 82	- 612. 52
2008	805. 72	83. 14	888. 86	- 722. 58
2009	678. 88	78. 66	757. 54	- 600. 22
2010	775. 59	101. 66	877. 26	- 673. 93
2011	959. 81	109. 25	1069. 06	- 850. 56
2012	937. 24	108. 59	1045. 83	- 828. 65
2013	859. 94	107. 69	967. 63	- 752. 24
2014	818. 68	105. 90	924. 58	- 712. 79

资料来源：WTO 数据库，http：//stat. wto. org/StatisticalProgram/WSDBStatProgramHome. aspx? Language = E。

（3）欧盟农产品贸易发展趋势分析

农产品进口方面。2005—2014 年的 10 年间，欧盟农产品进口额由

2005年的4077.15亿美元增加到2014年的6754.69亿美元，增加到1.66倍。除了2009年世界性金融危机对欧盟农产品进口有少量负面影响外，其他年份农产品进口额均为上升状态，2014年农产品进口额最大。

农产品出口方面。2005—2014的10年间，欧盟农产品出口额由2005年的3767.73亿美元增加到2014年的6704.17亿美元，增加到1.78倍。除2009年的世界性金融危机对出口额有少量负面影响外，其他年份农产品出口额均上升，2012年后的两年增加幅度不大。

农产品进出口总额方面。2005—2014年的10年间，欧盟农产品进出口总额由2005年的7844.88亿美元增加到2014年的13458.86亿美元，增加到1.72倍。2009年的世界性金融危机对日本进出口总额有少量负面影响，与日本不同，欧盟农产品进出口额都比较多，使得进出口总额比较大。

农产品贸易顺差方面。2005—2014年的10年间，欧盟农产品一直保持为逆差状态。近几年，农产品贸易逆差有较大幅度的缩小，已经快实现贸易平衡的目标了。

表3-3　　2005—2014年欧盟农产品贸易数据

Table 3-3　The agricultural trade data of EU from 2005 to 2014（单位：亿美元）

年份	进口额	出口额	进出口总额	贸易顺差
2005	4077.15	3767.73	7844.88	-309.43
2006	4437.13	4129.73	8566.86	-307.40
2007	5353.59	4935.62	10289.21	-417.97
2008	6181.87	5706.54	11888.42	-475.33
2009	5293.03	4981.81	10274.84	-311.22
2010	5601.94	5344.42	10946.36	-257.53
2011	6568.05	6278.76	12846.81	-289.29
2012	6251.37	6136.43	12387.80	-114.94
2013	6653.09	6625.33	13278.42	-27.77
2014	6754.69	6704.17	13458.86	-50.52

资料来源：WTO数据库，http：//stat.wto.org/StatisticalProgram/WSDBStatProgramHome.aspx?Language=E。

3.1.2　东盟和“金砖”国家农产品贸易发展趋势分析

（1）东盟国家农产品贸易发展趋势分析

农产品进口方面。2005—2014 年的 10 年间，东盟国家农产品进口额由 2005 年的 355.97 亿美元增加到 2014 年的 991.56 亿美元，增加到 2.79 倍，增幅比较显著。2009 年世界性金融危机对欧盟农产品进口有少量负面影响，使得农产品进口额减少。其他年份农产品进口额均呈上升趋势，2014 年达到最大值。

农产品出口方面：2005—2014 年的 10 年间，东盟国家农产品出口额由 2005 年的 600.69 亿美元增加到 2014 年的 1593.45 亿美元，增加到 2.65 倍。2009 年的世界性金融危机对出口额有少量负面影响。2011 年农产品出口额达到最大值，近 3 年农产品出口规模基本保持稳定，略微波动。

农产品进出口总额方面。2005—2014 年的 10 年间，东盟国家农产品进出口总额由 2005 年的 956.66 亿美元增加到 2014 年的 2585.01 亿美元，增加到 2.70 倍。除 2009 年的世界性金融危机对东盟国家进出口总额有少量负面影响，其他年份均上升。

农产品贸易顺差方面。2005—2014 年的 10 年间，东盟国家农产品一直保持较大的贸易顺差状态，2011 年达到最大值。近几年，东盟国家农产品贸易顺差有小幅波动。

（2）“金砖”国家农产品贸易发展趋势分析

农产品进口方面。2005—2014 年的 10 年间，“金砖”国家农产品进口额由 2005 年的 317.77 亿美元增加到 2014 年的 892.07 亿美元，增加到 2.80 倍，增幅比较大。2009 年世界性金融危机对“金砖”国家农产品进口有少量负面影响，使得农产品进口额减少。近几年农产品进口额基本保持稳定，有小幅波动。

农产品出口方面。2005—2014 年的 10 年间，“金砖”国家农产品出口额由 2005 年的 650.49 亿美元增加到 2014 年的 1736.07 亿美元，增加到 2.67 倍。2009 年的世界性金融危机对出口额有少量负面影响。2013 年农产品出口额达到最大值，2014 年略有下降。

表 3 - 4　　2005—2014 年东盟国家农产品贸易数据

Table 3 - 4　The agricultural trade data of ASEAN from 2005 to 2014

（单位：亿美元）

年份	进口额	出口额	进出口总额	贸易顺差
2005	355. 97	600. 69	956. 66	244. 72
2006	388. 07	722. 55	1110. 62	334. 47
2007	484. 93	898. 87	1383. 81	413. 94
2008	632. 29	1180. 36	1812. 65	548. 07
2009	549. 70	969. 79	1519. 49	420. 10
2010	716. 48	1288. 15	2004. 62	571. 67
2011	927. 20	1723. 66	2650. 86	796. 46
2012	936. 13	1593. 03	2529. 16	656. 90
2013	948. 30	1536. 29	2484. 59	587. 99
2014	991. 56	1593. 45	2585. 01	601. 88

资料来源：WTO 数据库，http：//stat. wto. org/StatisticalProgram/WSDBStatProgramHome. aspx? Language = E。

农产品进出口总额方面。2005—2014 年的 10 年间，“金砖”国家农产品进出口总额由 2005 年的 968. 26 亿美元增加到 2014 年的 2628. 14 亿美元，增加到 2. 71 倍。2009 年的世界性金融危机对“金砖”国家进出口总额有少量负面影响，2013 年农产品出口额达到最大值，2014 年略有下降。

农产品贸易顺差方面。2005—2014 年的 10 年间，“金砖”国家农产品一直保持较大的贸易顺差状态。除 2009 年受世界金融危机的影响略微下降外，其他年份一直为上升状态，2014 年达到最大值。

表 3 - 5　　2005—2014 年“金砖”国家农产品贸易数据

Table 3 - 5　The agricultural trade data of BRIC from 2005 to 2014

（单位：亿美元）

年份	进口额	出口额	进出口总额	贸易顺差
2005	317. 77	650. 49	968. 26	332. 72

续表

年份	进口额	出口额	进出口总额	贸易顺差
2006	381.48	742.70	1124.18	361.22
2007	497.11	936.69	1433.80	439.58
2008	613.43	1138.90	1752.33	525.47
2009	562.41	1012.60	1575.01	450.19
2010	713.91	1230.62	1944.53	516.71
2011	874.55	1612.37	2486.92	737.83
2012	892.13	1689.72	2581.85	797.60
2013	909.94	1749.69	2659.63	839.74
2014	892.07	1736.07	2628.14	843.99

资料来源：WTO 数据库，http://stat.wto.org/StatisticalProgram/WSDBStatProgramHome.aspx?Language=E。

3.1.3　非洲国家和世界其他地区农产品贸易发展趋势分析

（1）非洲国家农产品贸易发展趋势分析

农产品进口方面。2005—2014 年的 10 年间，非洲国家农产品进口额由 2005 年的 247.45 亿美元增加到 2014 年的 644.21 亿美元，增加到 2.60 倍。2009 年世界性金融危机对欧盟农产品进口有少量负面影响，使得农产品进口额减少。最近 3 年农产品进口额有小幅下滑趋势。

农产品出口方面。2005—2014 年的 10 年间，非洲国家农产品出口额由 2005 年的 174.09 亿美元增加到 2014 年的 383.50 亿美元，增加到 2.20 倍。农产品出口额一路上升，即使是 2009 年的世界性金融危机对其都没有产生负面影响。最近 3 年农产品出口额保持稳定，小幅波动。

农产品进出口总额方面。2005—2014 年的 10 年间，非洲国家农产品进出口总额由 2005 年的 421.54 亿美元增加到 2014 年的 1027.71 亿美元，增加到 2.44 倍。2009 年的世界性金融危机对非洲国家进出口总额有少量负面影响，2013 年农产品出口额达到最大值，2014 年略有下降。

农产品贸易顺差方面。2005—2014 年的 10 年间，非洲国家农产品一直保持较大的贸易逆差状态。除 2009 年受世界金融危机的影响略微下降外，其他年份一直为上升状态。近 5 年，农产品贸易逆差保持稳定，但有小幅波动。

表 3-6　　2005—2014 年非洲国家农产品贸易数据

Table 3-6　The agricultural trade data of AFR from 2005 to 2014（单位：亿美元）

年份	进口额	出口额	进出口总额	贸易顺差
2005	247. 45	174. 09	421. 54	-73. 36
2006	265. 18	197. 22	462. 40	-67. 96
2007	346. 53	219. 16	565. 69	-127. 37
2008	486. 75	267. 50	754. 24	-219. 25
2009	410. 68	274. 65	685. 33	-136. 03
2010	524. 48	299. 80	824. 28	-224. 67
2011	654. 83	373. 38	1028. 21	-281. 45
2012	680. 03	362. 10	1042. 13	-317. 93
2013	658. 54	390. 41	1048. 95	-268. 14
2014	644. 21	383. 50	1027. 71	-260. 71

资料来源：WTO 数据库，http：//stat. wto. org/StatisticalProgram/WSDBStatProgramHome. aspx? Language = E。

（2）世界其他地区农产品贸易发展趋势分析

农产品进口方面。2005—2014 年的 10 年间，世界其他地区农产品进口额由 2005 年的 1926. 34 亿美元增加到 2014 年的 5359. 77 亿美元，增加到 2. 78 倍。除 2009 年世界性金融危机对欧盟农产品进口有较大负面影响，使得农产品进口额减少了 13% 外，其他年份均保持上升趋势。最近两年保持稳定，小幅上升。

农产品出口方面。2005—2014 年的 10 年间，世界其他地区农产品出口额由 2005 年的 2161. 28 亿美元增加到 2014 年的 4563. 90 亿美元，增加到 2. 11 倍。除了 2009 年的世界性金融危机使得农产品出口额小幅减少外，其余年份都是上升。最近 3 年农产品出口额保持稳定，小幅增加。

农产品进出口总额方面。2005—2014 年的 10 年间，世界其他地区农产品进出口总额由 2005 年的 4087. 62 亿美元增加到 2014 年的 9923. 66 亿美元，增加到2.43倍。2009年的世界性金融危机使得世界其他地区的进出口总额稍微下降，其他年份均为上升。

农产品贸易顺差方面。2005—2014年的10年间，世界其他地区农产品贸易顺差和逆差状态交替出现，呈现出不规则状况。近两年贸易逆差达到最大化。

表3-7　　2005—2014年世界其他地区农产品贸易数据

Table 3-7　The agricultural trade data of the rest of world from 2005 to 2014

（单位：亿美元）

年份	进口额	出口额	进出口总额	贸易顺差
2005	1926.34	2161.28	4087.62	234.93
2006	2140.53	2355.27	4495.80	214.74
2007	2688.94	2761.12	5450.07	72.18
2008	3408.93	3258.39	6667.32	-150.54
2009	2955.59	2900.12	5855.72	-55.47
2010	3374.62	3442.09	6816.71	67.47
2011	4202.04	4199.51	8401.55	-2.53
2012	3979.24	4240.16	8219.40	260.91
2013	5298.42	4504.36	9802.78	-794.05
2014	5359.77	4563.90	9923.66	-795.87

资料来源：WTO数据库，http：//stat.wto.org/StatisticalProgram/WSDBStatProgramHome.aspx?Language=E。

3.2 中国农产品贸易发展趋势分析

研究碳关税对中国农产品贸易的影响，需重点分析中国农产品贸易的总体情况。近10年来，中国农产品贸易发展迅速，自2005年以来，农产品进出口额整体上都呈现增长趋势。具体发展情况如如表3-8和图3-1所示。

表 3－8　2005—2014 年中国农产品贸易数据

Table 3－8　China's agricultural trade data from 2005 to 2014

年度	进口额		出口额		进出口总额		贸易顺差（亿美元）
	2014 年进口（亿美元）	比上年增减（%）	2014 年出口（亿美元）	比上年增减（%）	2014 年进出口（亿美元）	比上年增减（%）	
2005	286.5	2.40	271.8	17.70	558.3	9.09	－14.7
2006	319.9	11.70	310.3	14.10	630.2	12.88	－9.6
2007	409.7	28.10	366.2	18.00	775.9	23.12	－43.5
2008	583.3	42.40	402.2	9.80	985.5	27.01	－181.1
2009	521.7	－10.60	392.1	－2.50	913.8	－7.28	－129.6
2010	719.2	37.80	488.8	24.70	1208	32.20	－230.4
2011	939.1	30.60	601.3	23.00	1540.3	27.50	－337.8
2012	1114.4	18.70	625	4.00	1739.5	13.00	－489.4
2013	1179.1	5.80	671	7.20	1850	6.30	－508.1
2014	1214.8	3.00	713.4	6.30	1928.2	4.20	－501.4

资料来源：中华人民共和国商务部对外贸易司《2005—2014 年中国农产品进出口月度统计报告》。

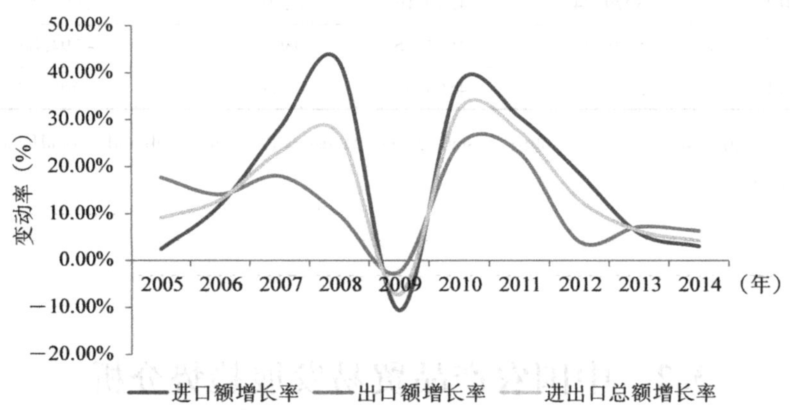

图 3－1　2005—2014 年中国农产品贸易发展趋势

Figure 3－1　The development trend of China's agricultural trade from 2005 to 2014

3.2.1　农产品进口额方面

从 2005—2014 年的 10 年间，我国农产品进口额由 2005 年的 286.5 亿美元增加到 2014 年的 1214.8 亿美元，增加到 4.24 倍。除了由于受到 2009 年世界性金融危机的影响导致进口减少了 10.60% 以外，其他年份每年的进口量都在增加。增加最多的年份为 2008 年的 42.40%、2010 年的 37.80% 以及 2011 年的 30.60%，最近两年，进口趋缓。2014 年，我国农产品进口额为 1896.33 亿美元，比上年仅仅增加 3.00%。主要原因一是由于受国际经济形势低迷的影响，国内经济形势不景气，国内需求的大幅减少造成的；二是中央政策促进饮食消费合理化。党中央提出厉行勤俭节约、严格遵守廉洁从政的“八项规定”，不仅对整治官员贪污腐败和奢侈浪费产生了显著效果，而且对推动科学、合理的饮食理念和饮食方式产生了积极作用，对近年来国内饮食消费过快增长的趋势有所抑制，这对抑制农产品进口增速过快（特别是高档农产品）和农产品贸易逆差增大具有积极的作用。

3.2.2　农产品出口贸易额方面

2005—2014 年的 10 年间，我国农产品出口额由 2005 年的 271.8 亿美元增加到 2014 年的 713.4 亿美元，增加到 2.62 倍。由于受到 2008 年世界性金融危机的影响，导致 2009 年我国农产品出口额小幅减少了 2.50% 以外，其他年份每年的进口量都在增加。增加最多的年份为 2010 年的 24.70%、2011 年的 23.00% 以及 2007 年的 18.00%。尽管如此，出口总额却远远小于进口总额。最近两年，由于受到国际大环境经济不景气的影响，我国农产品进口趋缓。2014 年，我国农产品进口额为 1214.8 亿美元，比上年仅仅增加了 3.00%。2005—2014 年的 10 年间，除 2009 年金融危机影响和经济回升后 2012 年连续大幅增长外，2013—2014 年连续两年我国农产品出口增长率较低。使得我国农产品出口近两年增速放缓的原因是多方面的，从国内来看，一是我国人均农业耕地面积相对不足，包括工业化和城市化占用农田，人均耕地面积仅为世界人均耕地面积的41%；二是农业劳动力成本和耕地租金不断上涨，导致我国农产品生产和流通成本上升过快，从而使农业国际竞争力下降；三是复种指数下降，耕地利用效率降低。从国际上看主要是一些国家贸易保护主义抬头，阻碍了农产品出口的发展。

3.2.3 农产品贸易顺差方面

2005—2014年的10年间，我国农产品一直是进口大于出口，呈现贸易逆差。除2009年世界性金融危机的影响导致贸易逆差小幅减少以外，还有2014年，我国出口额相比进口额大幅提高，也导致贸易逆差的减少。10年间，我国农产品贸易逆差从2005年的14.7亿美元增加2014年的501.4亿美元，增加到34.11倍。如果以贸易逆差最大的2013年（508.1亿美元）来计算，则增加到34.60倍。

3.3 中国农产品贸易市场结构分析

3.3.1 中国农产品贸易洲际分析

全球陆地可以分为七大洲，分别是亚洲、欧洲、北美洲、南美洲、非洲、大洋洲、南极洲。除了南极洲外，我国与另外六大洲的国家均有非常紧密的农产品贸易往来。曼昆在经济学十大原理中指出："贸易将会使每个人过得更好。"[①] 与世界不同大洲进行互惠贸易，对进行贸易的双方都将

---

① 曼昆．梁小民译［M］．经济学原理：微观经济学分册（第五版），2001。

产生巨大的经济利益。我国农产品对世界上不同大洲的出口贸易情况如表 3 -9和图 3 -2 所示。

（1）农产品进口贸易额方面

2014 年，我国进口总值为 1896. 24 亿美元，比上年增加 1. 97%。在全球的六大洲里面，我国进口来源地最多的是亚洲，为 524. 75 亿美元，占我国全球进口的 27. 67%；其次，为北美洲（463. 07 亿美元），占我国全球进口的 24. 42%；再次是南美洲（378. 36 亿美元），占到了 19. 95%。值得注意的是，作为发达国家的欧洲，我国进口的却赶不上南美洲。在增加幅度方面，非洲排名第一位，增幅为 22. 53%。其次为大洋洲和欧洲，增幅分别为 5. 79% 和 5. 59%。增幅大的原因主要是贸易量本身比较小，增加一些，更容易凸现出来。此外，还有亚洲和南美洲为负增长，分别下降 2. 24% 和 0. 27%，主要原因是占的比重已经很大，偶尔会有小幅波动。

表 3 -9　2014 年中国农产品与不同大洲的贸易情况

Table 3 -9　China's agricultural imports and exports to different continents in 2014

区域	进口额			出口额			进出口总额			贸易顺差	
	2014 年（亿美元）	占我国进口比重（%）	比上年增减（%）	2014 年（亿美元）	占我国出口比重（%）	比上年增减（%）	2014 年（亿美元）	占我国进出口比重（%）	比上年增减（%）	2014 年（亿美元）	占我国顺差比重（%）
亚洲	524. 75	27. 67	-2. 24	804. 57	55. 56	5. 39	1329. 32	39. 75	2. 24	279. 81	-62. 45
非洲	59. 39	3. 13	22. 53	99. 38	6. 86	4. 50	158. 76	4. 75	10. 58	39. 99	-8. 93
欧洲	283. 07	14. 93	5. 59	244. 66	16. 89	6. 84	527. 73	15. 78	6. 17	-38. 4	8. 57
北美洲	463. 07	24. 42	3. 00	175. 25	12. 10	5. 21	638. 31	19. 09	3. 60	-287. 82	64. 24
南美洲	378. 36	19. 95	-0. 27	93. 57	6. 46	7. 35	471. 93	14. 11	1. 15	-284. 79	63. 56
大洋洲	187. 61	9. 89	5. 79	30. 75	2. 12	10. 81	218. 36	6. 53	6. 47	-156. 86	35. 01

资料来源：中华人民共和国商务部对外贸易司《中国农产品进出口月度统计报告》2014 年 12 月。

说明：带负号表示是贸易逆差；占我国顺差的比重为负，实际表达的含义是占我国贸易顺差的比重。

（2）农产品出口贸易额方面

在与我国进行农产品对外贸易的全球的六大洲排名里，我国出口最多的地区首先是亚洲，为 804. 57 亿美元，占我国全球农产品出口贸易额的 55. 56%；其次为欧洲，达到 244. 66 亿美元，占我国全球进口的 16. 89%；

再次是北美洲，达到了175.25亿美元，占到了12.10%。由图3-2进一步可以看到，不同大洲在我国农产品贸易中的地位差距较大。亚洲为我国最大的进口和出口区域，同时也是我国农产品贸易顺差的主要来源地，对我国农产品对外贸易而言最为重要。北美和南美洲地区是我国农产品的主要进口地，而在我国农产品贸易出口地位却相对要弱。欧洲在我国农产品贸易的出口地位和进口地位大体持平。若主要发达国家设置碳关税壁垒，未来大洋洲和南美洲有可能会成为我国农产品出口新的海外市场。在出口贸易增加幅度方面，大洋洲排名第一位，增幅为10.81%。其次为南美洲，达到7.35%。这两个大洲增加幅度大的主要原因也是贸易总量较少，增减比较容易显现。近年来，我国调整了对外贸易政策，加强了同欧盟、俄罗斯的合作，所以出口量也得以提高，增幅也比较适中。此外，我国同六大洲的进口贸易总额都是在增加的。

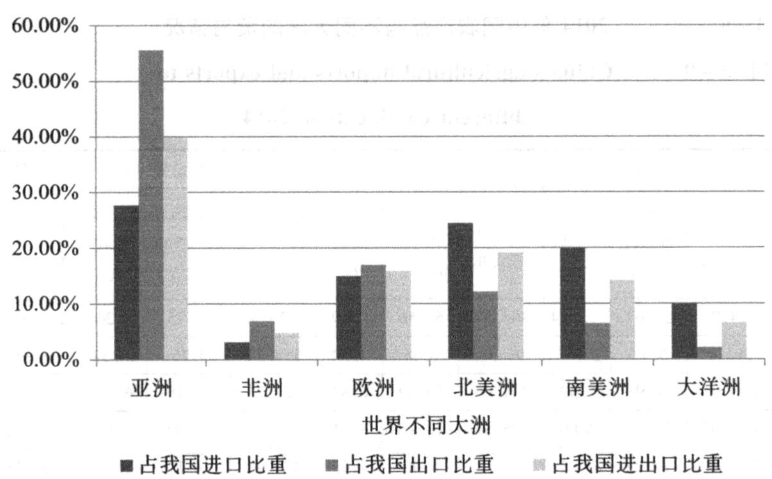

图3-2　2014年世界不同大洲在中国农产品贸易中的地位

Figure 3-2　The status of different continents in China's agricultural products trade in 2014

（3）农产品进出口总额方面

2014年，我国农产品进出口总值为3344.41亿美元，比上年增加3.59%。这与前面对进口总值和出口总值的分析相互验证，进一步表明我国同世界的贸易联系在逐步加强，中国离不开世界，世界也需要中国。在这六大洲中，农产品进出口总额又以亚洲居首位（1329.32亿美元），占到了我国农产品进出口总额的39.75%；其次为北美洲（638.3亿美元），占比19.09%；再次为欧洲（527.73亿美元），占比15.78%。可以看出与我国农产品贸易最密切的还是主要发达国家。增幅方面，同我国农产品贸易总额增幅最大的是非洲（增加10.58%），其次为大洋洲（增加6.47%），此外，欧洲（增加6.17%）的增幅也比较大。没有负增长的情况出现，表明我国同世界的各大洲农产品贸易在稳步增加。

（4）农产品贸易顺差方面

2014年，我国农产品进出口为贸易逆差。其中，逆差最大的地区为北美洲，为287.8亿美元，占到了整个贸易逆差的64.24%；其次为南美洲，贸易逆差为284.79亿美元，占比63.56%；再次为大洋洲，贸易逆差为156.86亿美元，占比35.01%。尤其是前两个大洲，我国对他们的进口远远大于出口，这种贸易是不平衡的。贸易顺差最大的为亚洲，顺差值为279.81，占比62.45%；其次为非洲，顺差值为39.99亿美元，占比8.93%，这说明这两个地区我国的农产品贸易是有优势的，尤其是亚洲地区，应该成为我国农产品贸易的主要阵地。与美洲地区的贸易逆差比较突出，应该成为我国对外出口的新突破口和潜力地区。

3.3.2 中国农产品贸易国（地区）别分析

上一小节对我国农产品贸易的不同洲别进行了研究，为了进一步弄清我国农产品贸易更具体的情况，到底是哪些国家与地区与我国的农产品贸易关系最为密切？我国大量的农产品到底出口到了哪些国家与地区？我国农产品主要进口于哪些国家与地区？本小节我们对2014年我国农产品贸易的前10位进口国（地区）和前10位出口国（地区）的情况进行具体分析，我们依据的是进口贸易额与出口贸易额（见表3－10、图3－3和图3－4）。

表 3-10　　2014 年我国和主要贸易伙伴农产品贸易情况

Table 3-10　Agricultural trades of China and its major trading partners in 2014

进口国和地区	进口额（亿美元）	占比（%）	出口国和地区	出口额（亿美元）	占比（%）
美国	286. 74	23. 60	日本	111. 26	15. 60
巴西	215. 55	17. 74	中国香港特区	86. 33	12. 10
澳大利亚	81. 51	6. 71	美国	74. 21	10. 40
新西兰	67. 95	5. 59	韩国	48. 62	6. 82
加拿大	55. 72	4. 59	越南	29. 89	4. 19
泰国	50. 15	4. 13	泰国	28. 50	3. 99
阿根廷	45. 21	3. 72	马来西亚	27. 84	3. 90
印度尼西亚	39. 02	3. 21	俄罗斯	23. 01	3. 23
马来西亚	33. 47	2. 76	德国	20. 54	2. 88
法国	30. 81	2. 54	印度尼西亚	19. 67	2. 76
总计	906. 11	74. 59	总计	469. 87	65. 87

资料来源：中华人民共和国商务部对外贸易司《中国农产品进出口月度统计报告》2014 年 12 月。

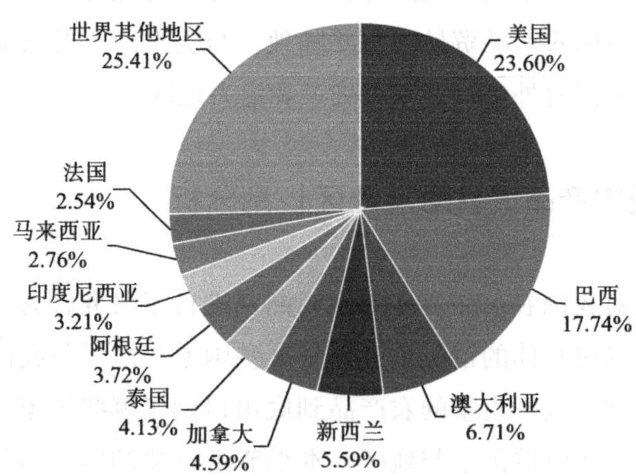

图 3-3　2014 年中国农产品对主要进口贸易伙伴的比重

Figure 3-3　The proportion of China's agricultural products to major import trading countries in 2014

（1）农产品进口贸易额方面

2014 年，在我国农产品进口排名前 10 位的国家（地区）里面，我国进口来源地最多的是美国，为286.74亿美元，占我国全球进口的23.60%；其次为巴西，进口额为215.55亿美元，占我国全球进口的215.55亿美元；排在第三位的是澳大利亚，81.51亿美元，占我国全球进口的6.71%，与前两者相比差距较大。此外，亚洲的泰国（进口额50.15亿美元）、马来西亚（进口额33.47亿美元）、印度尼西亚（进口额39.02亿美元）也为我国重要的进口贸易国。这在前面洲际贸易分析中，我国最大的进口地区为美洲（南美洲、北美洲）和亚洲十分吻合。前10位的我国进口贸易国（地区）的贸易额达到了906.11亿美元，占到了我国全球进口贸易额的74.59%。

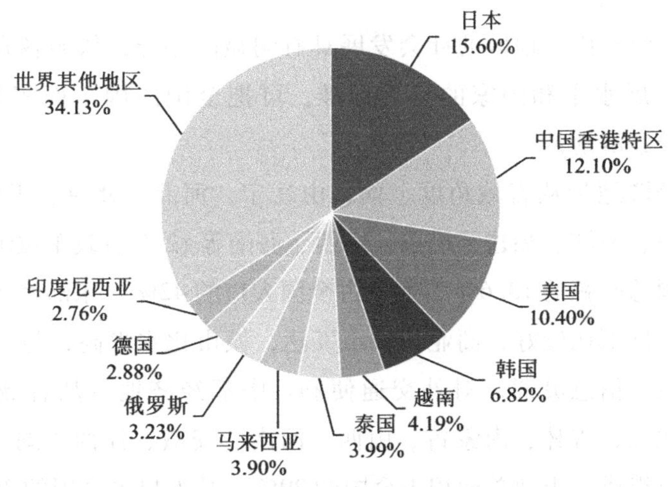

图3－4　2014年中国农产品对主要出口贸易伙伴的比重

Figure 3－4　The proportion of China's agricultural products to major export trading countries in 2014

（2）农产品出口贸易额方面

2014年，在我国农产品出口排名前10位的国家（地区）里，我国出口最多的国家和地区为日本（111.26亿美元），占到我国对外贸易出口额的15.60%；其次为我国的香港特区，出口贸易额为86.33亿美元，占到我国对外贸易出口额的12.10%；而作为我国最大进口国的美国只排到了第3位，出口贸易额仅为74.21亿美元，占比10.40%。我国对美国的进出口贸易逆差十分严重，达到了 212.53 亿美元。前 10 位的我国出口贸易国（地区）的贸易额达到了 469.87 亿美元，占到了我国全球进口贸易额的 65.87%。此外，从表 3－10 中还可以看出，我国的对外贸易是不平衡的，进口前 10 位的国家（地区）里面，仅有美国、泰国、印度尼西亚、马来西亚也为我国出口贸易前 10 位的国家（地区）。我国与美国的贸易逆差巨大。

3.4 中国农产品贸易区域结构分析

我国沿海与内陆地区的社会发展具有明显的差异，依照各省、市、区经济社会发展水平和国家的分类标准，可把全国的国土面积划分为东、中、西 3 个经济地带。

东部经济地带从省域角度上面，由辽宁、河北、北京、天津、山东、江苏、上海、浙江、福建、广东、广西、海南等 12 个行政单位组成。土地面积占全国总面积的 13.6%，人口占全国人口的 42%。东部经济地带各项基础设施条件都比较好，商业和城市发达，城市化水平高，与海外有广泛的经济联系，信息灵通，对外交通便利。中部经济地带从省域的角度来看，由黑龙江、吉林、内蒙古、山西、河南、安徽、江西、湖北、湖南 9 个行政单位组成，土地总面积占全国的 29%，总人口占全国的 35.6%。农业发展水平较高，粮食产量多，是中国粮食和农作物的主要产区。西部经济地带从省域的角度来看，主要由陕西、甘肃、宁夏、青海和新疆，以及西南地区的四川、贵州、云南和西藏等 9 个行政单位组成，土地面积占全国总面积的 57.4%，人口占全国总人口的 22.4%。这个区域的农业基础条件比较薄弱，交通设施比较差，城市化水平比较低，科教水平也较落后。

为了进一步了解我国农产品在不同区域的贸易情况，本书对这三个地区的贸易额从出口以及顺差等方面进行了具体分析。对造成差异的情况，结合各地具体情况进行分析。

3.4.1 东部地区农产品贸易额分析

我国的东部地区由于靠近海洋，地势比较平坦，农业发展历史悠久，农业灌溉技术发达，农产品贸易交通便利，使得在整个国民经济发展中处于首要地位。具体而言，我国东部地区农产品贸易的情况如下（见表3－11）。

表3－11　　2014年东部地区农产品贸易情况

Table 3－11　　The import and export volume of agricultural trade in the Eastern region in 2014

地区	进口额			出口额			进出口总额			贸易顺差		
	2014年（亿美元）	2013年（亿美元）	增幅（%）	2014年（亿美元）	2013年（亿美元）	增幅（%）	2014年（亿美元）	2013年（亿美元）	增幅（%）	2014年（亿美元）	2013年（亿美元）	增幅（%）
广东	226.68	204.25	10.98	92.30	86.97	6.13	318.98	291.22	9.53	-134.38	-117.28	14.58
山东	213.12	197.42	7.95	168.33	160.71	4.74	381.45	358.13	6.51	-44.79	-36.71	22.01
江苏	177.51	184.55	-3.81	33.98	29.58	14.87	211.49	214.13	-1.23	-143.53	-154.97	-7.38
上海	101.33	100.05	1.28	15.56	13.72	13.41	116.89	113.77	2.74	-85.77	-86.33	-0.65
天津	88.50	90.64	-2.36	9.63	9.12	5.59	98.13	99.76	-1.63	-78.87	-81.52	-3.25
辽宁	82.74	72.11	14.74	50.76	47.60	6.64	133.50	119.71	11.52	-31.98	-24.51	30.48
福建	57.69	56.22	2.61	84.57	78.59	7.61	142.26	134.81	5.53	26.88	22.37	20.16
广西	54.73	55.33	-1.08	15.24	12.87	18.41	69.97	68.20	2.60	-39.49	-42.46	-6.99
浙江	52.42	54.84	-4.41	52.60	52.12	0.92	105.02	106.96	-1.81	0.18	-2.72	-106.62
北京	39.76	41.84	-4.97	4.96	5.19	-4.43	44.72	47.03	-4.91	-34.80	-36.65	-5.05
河北	38.72	37.91	2.14	19.49	17.79	9.56	58.21	55.70	4.51	-19.23	-20.12	-4.42
海南	2.64	2.10	25.71	5.90	5.60	5.36	8.54	7.70	10.91	3.26	3.50	-6.86
总计	1135.84	1097.26	3.52	553.32	519.86	6.44	1689.16	1617.12	4.45	-582.52	-577.40	0.89
全国	1224.84	1188.67	3.04	719.51	678.25	6.08	1944.35	1866.92	4.15	-505.33	-510.42	-1.00
占全国比重(%)	92.73	92.31	0.42	76.90	76.65	0.26	86.88	86.62	0.26	115.28	113.12	2.16

资料来源：中国农业信息网《全国农产品分省（市、区）出口总额情况》，http：//www.agri.cn/V20/cxl/sjfw/tjsj/zh/。

（1）农产品进口贸易额方面

2014年，我国东部地区进口总额为1135.84亿美元，比上年增加

0.42%，占我国农产品进口总额的92.73%，换而言之，就是绝大多数农产品进口贸易集中在我国的东部12个省份。在这12个省份中，农产品进口额又以广东省居首位（进口额226.68亿美元），其次为山东省（进口额213.12亿美元），再次为江苏省（进口额177.51亿美元）。初步计算，这3个省份占东部地区进口额的54.3%和全国进口额的50%。在增幅方面，海南省以25.71%的年增幅位居第一位，主要原因可能是其总量比较小，容易立竿见影。此外，江苏、天津、广西、浙江、北京等省份的农产品进口为负增长，进口额分别下降3.81%、2.36%、1.08%、4.41%和4.97%。

(2) 农产品出口贸易额方面

2014年，东部地区出口总额为553.32亿美元，比上年增加6.44%，占2014年我国农产品出口总额的76.90%，比上年增加0.25%。也就是说东、中、西三区的出口贸易中，东部呈现一区独大的势态。在这12个省份中，农产品出口额又以山东省居首位（168.33亿美元），并且远远高于居第二位的广东（92.30亿美元）和福建（84.57亿美元）。经过计算，这3个省份的农产品贸易出口额分别占东部地区的62.39%和全国的50.90%。在增幅方面，2014年，广西、江苏、上海这几个省份的增幅比较大，分别增加18.41%、14.87%和13.41%。另外，北京的农产品出口贸易额减少了4.43%。

(3) 农产品进出口总额方面

2014年，东部地区进出口总额为1689.1亿美元，比上年增加了4.45%，占2014年我国农产品出口总额的86.88%，比上年增加0.26%。这与前面对进口额和出口额的分析相互验证，进一步表明东占地区农产品贸易在全国农产品贸易中占有主导地位。在这12个省份中，农产品进出口总额又以山东省居首位（381.45亿美元），其次为广东省（318.98亿美元），这两个省份的农产品进出口贸易总额又远远高于第三名的江苏省（211.49亿美元）。经过初步计算，这3个省份的农产品贸易进出口总额占地区进口额的53.99%和全国进口额的46.90%。在增幅方面，前三名为辽宁（增加11.52%）、海南（增加10.91%）、广东（增加9.53%），远远高于其他省份。北京（减少4.91%）、浙江（减少1.81%）、天津（减少

1.63%）、江苏（减少 1.23%）为负增长。

（4）农产品贸易顺差方面

2014 年，东部地区进出口贸易整体为逆差，进口比出口多达 582.52 亿美元，且比上年增加了 0.89%，占我国整个农产品进口总额的 115.28%，比上一年的 113.12% 还多了 2.16 个百分点。在这 12 个省份中，贸易逆差最大的省份是江苏（143.53 亿美元），其次为广东（134.38 亿美元），远远高于其他省份。绝大多数的省份都为贸易逆差，仅有福建（26.88 亿美元）和海南（3.26 亿美元）为贸易顺差。贸易逆差增加幅度最大的省份为浙江（106.62%），贸易顺差增加幅度最大的省份为辽宁（30.48%）。

总之，东部地区由于具备临海的优势，地理区位对农产品贸易的作用十分明显，绝大多数的省份出口额都在逐年增加，并且贸易逆差在逐年扩大。

3.4.2　中部地区农产品贸易额分析

我国中部地区地理位置上承东启西，区位优势明显，有众多的河流湖泊，灌溉条件便利，为中国的粮食主产区。具体而言，中部地区农产品进出口贸易额情况如下（见表 3－12）。

表 3－12　　2014 年中部地区农产品贸易进出口额情况

Table 3－12　　The import and export volume of agricultural trade in the middle region in 2014

地区	进口额			出口额			进出口总额			贸易顺差		
	2014 年（亿美元）	2013 年（亿美元）	增幅（%）	2014 年（亿美元）	2013 年（亿美元）	增幅（%）	2014 年（亿美元）	2013 年（亿美元）	增幅（%）	2014 年（亿美元）	2013 年（亿美元）	增幅（%）
河南	14.50	17.55	-17.38	16.62	15.21	9.27	31.12	32.76	-5.01	2.12	-2.34	-190.60
吉林	10.62	11.26	-5.68	14.32	14.58	-1.78	24.94	25.84	-3.48	3.7	3.32	11.45
安徽	8.13	8.57	-5.13	12.81	12.03	6.48	20.94	20.60	1.65	4.68	3.46	35.26
黑龙江	6.75	5.46	23.63	13.85	16.06	-13.76	20.60	21.52	-4.28	7.1	10.6	-33.02
湖南	6.72	6.00	12.00	10.87	8.70	24.94	17.59	14.70	19.66	4.15	2.7	53.70

续表

地区	进口额			出口额			进出口总额			贸易顺差		
	2014 年（亿美元）	2013 年（亿美元）	增幅（%）	2014 年（亿美元）	2013 年（亿美元）	增幅（%）	2014 年（亿美元）	2013 年（亿美元）	增幅（%）	2014 年（亿美元）	2013 年（亿美元）	增幅（%）
内蒙古	5.93	5.14	15.37	6.59	6.32	4.27	12.52	11.46	9.25	0.66	1.18	-44.07
湖北	4.99	6.57	-24.05	18.97	18.57	2.15	23.96	25.14	-4.69	13.98	12	16.50
山西	3.09	1.32	134.09	1.78	2.09	-14.83	4.87	3.41	42.82	-1.31	0.77	-270.13
江西	2.01	1.87	7.49	7.92	7.19	10.15	9.93	9.06	9.60	5.91	5.32	11.09
总计	62.74	63.74	-1.57	103.73	100.75	2.96	166.47	164.49	1.20	40.99	37.01	10.75
全国	1224.84	1188.67	3.04	719.51	678.25	6.08	1944.35	1866.92	4.15	-505.33	-510.42	-1.00
占全国比重(%)	5.12	5.36	-4.48	14.42	14.85	-2.95	8.56	8.81	-0.25	-8.11	-7.25	-0.86

资料来源：中国农业信息网《全国农产品分省（市、区）出口总值情况》，http：//www.agri.cn/V20/cxl/sjfw/tjsj/zh/。

（1）农产品进口贸易额方面

2014 年，我国中部地区进口总额为 62.74 亿美元，比上年减少 1.57%，仅占我国农产品进口总额的 5.12%，与东部 12 个省份的总额相比，就显得十分捉襟见肘了。在这 9 个省份中，农产品进口额又以河南省居首位（14.50 亿美元），其次为吉林省（10.62 亿美元），再次为安徽省（8.13 亿美元）。初步计算，这 3 个省份分别占中部地区进口额的 53.00%。在增幅方面，山西省以 134.09% 的年增幅位居第一位。此外，还有湖北（减少 24.05%）、河南（减少 17.38%）、吉林（减少 5.68%）、安徽（减少 5.13%）等省份的农产品进口为负增长。

（2）农产品出口贸易额方面

2014 年，中部地区出口总额为 103.73 亿美元，比上年增加 2.96%，占 2014 年我国农产品出口总额的 14.42%，比上年减少 2.95%。虽然这个比例与东部地区相比远远落后，但是与其进口额在全国仅占 5.12% 相比，其实还是比较可观的。在这 9 个省份中，农产品出口额又以湖北省居首位（18.97 亿美元），其次为河南（16.62 亿美元）和吉林（14.32 亿美元）。湖北省作为中部崛起的龙头，长江经济带的核心区域，包括长江黄金水道的航运优势是其他省份无可比拟的，所以出口优势十分明显。河南作为人口众多农业大省，农产品产量丰富。经过初步测算，这3个省份的农产品贸易出口额可占到中部地区的48.12%。在增幅方面，2014年湖南（增加24.94%）、江西（增加10.15%）、河南（增加9.27%）这几个省份的增幅比较大。另外，山西、黑龙江、吉林的农产品出口贸易额为负增长，分别减少14.83%、13.76%和1.78%。

（3）农产品贸易进出口总额方面

2014年，中部地区进出口总额为166.47亿美元，比上年增加1.20%，占2014年我国农产品出口总额的8.56%，比上年减少0.25%。这与前面对进口额和出口额的分析相互验证，表明中部地区农产品贸易在全国农产品贸易的比例比较小。在这9个省份中，农产品进出口总额又以河南省（381.45亿美元）居首位，其次为吉林省（24.94亿美元），再次为湖北省（23.96亿美元）。经过计算，这3个省份的农产品贸易进出口总额占地区进口额的48.07%。在增幅方面，前三名为山西（增加42.82%）、湖南（增加19.66%）、江西（增加9.60%），远远高于其他省份。河南（减少5.01%）、湖北（减少4.69%）、黑龙江（减少4.28%）、吉林（减少3.48%）为负增长。

（4）农产品贸易顺差方面

2014年中部地区进出口贸易整体上为顺差，出口比进口多达40.99亿美元，且比上年增加了10.75%，顺差占我国逆差总额的8.11%，比上一年减少0.86个百分点。在这9个省份中，贸易顺差最大的省份是湖北（13.98亿美元），其次为黑龙江（7.1亿美元），再次为江西（5.91亿美元），远远高于其他省份。绝大多数的省份都为贸易顺差，仅有山西一个省份为贸易逆差，出口比进口少1.31亿美元。贸易顺差增加幅度最大的省份为湖南（增加53.70%），贸易逆差增加幅度最大的省份为山西，增加到了270.13%。

总而言之，中部地区由于地处内陆，相对封闭，地理区位对农产品贸易的抑制作用十分明显，所以在农产品贸易中所占的比例比较小。但是，由于中部地区大多为人口众多的农业大省，农产品产量丰富，出口大于进口，其在国民农业经济中的地位也不可小视。

3.4.3 西部地区农产品贸易额分析

我国西部地区多高山、高原地区，农业生产条件差，不利于农产品生产。区域交通条件也不便利，使得农产品对外贸易比较落后。但是国土面积比较大，在大量科学技术的运用下，具有较大的开发潜力。我国西部地区农产品出口贸易情况如下（见表3－13）。

表3－13　　2014年西部地区农产品进出口区域分布情况

Table 3－13　　The import and export volume of agricultural trade in western region in 2014

地区	进口额			出口额			进出口总额			贸易顺差		
	2014年（亿美元）	2013年（亿美元）	增幅（%）	2014年（亿美元）	2013年（亿美元）	增幅（%）	2014年（亿美元）	2013年（亿美元）	增幅（%）	2014年（亿美元）	2013年（亿美元）	增幅（%）
云南	10.62	11.39	-6.76	30.36	25.16	20.67	40.98	36.55	12.12	19.74	13.77	43.36
新疆	3.89	3.66	6.28	8.32	8.13	2.34	12.21	11.79	3.56	4.43	4.47	-0.89
重庆	3.87	4.18	-7.42	2.34	2.51	-6.77	6.21	6.69	-7.17	-1.53	-1.67	-8.38
四川	3.56	3.87	-8.01	6.13	6.21	-1.29	9.69	10.08	-3.87	2.57	2.34	9.83
陕西	1.68	2.70	-37.78	6.25	7.67	-18.51	7.93	10.37	-23.53	4.57	4.97	-8.05
甘肃	1.54	0.51	201.96	4.12	3.75	9.87	5.66	4.26	32.86	2.58	3.24	-20.37
宁夏	0.60	0.79	-24.05	1.37	0.96	42.71	1.97	1.75	12.57	0.77	0.17	352.94
贵州	0.38	0.26	46.15	2.78	2.52	10.32	3.16	2.78	13.67	2.4	2.26	6.19
西藏	0.08	0.06	33.33	0.32	0.44	-27.27	0.40	0.50	-20.00	0.24	0.38	-36.84
青海	0.07	0.25	-72.00	0.47	0.30	56.67	0.54	0.55	-1.82	0.4	0.05	700.00
总计	26.29	27.67	-4.99	62.46	57.65	8.34	88.75	85.32	4.02	36.17	29.98	20.65
全国	1224.84	1188.67	3.04	719.51	678.25	6.08	1944.35	1866.92	4.15	-505.33	-510.42	-1.00
占比(%)	2.15	2.33	-7.79	8.68	8.50	0.13	4.56	4.57	-0.01	-7.16	-5.87	-1.28

资料来源：中国农业信息网《全国农产品分省（市、区）出口总值情况》，http：//www.agri.cn/V20/cxl/sjfw/tjsj/zh/。

（1）农产品进口贸易额方面

2014年，我国西部地区进口额为26.29亿美元，比上年减少4.99%，仅占我国农产品进口总额的2.15%，与东部12个省份的总额相比，就显得九牛一毛。在这10个省份中，农产品进口额又以云南省（10.62亿美元）居首位，其次为新疆（3.89亿美元），再次为重庆（3.87亿美元），初步计算，这3个省份占中部地区进口额的69.91%。在增幅方面，甘肃省以201.96%的年增幅位居第一位。此外，10个省份中有6个为负增长。

（2）农产品出口贸易额方面

2014年，我国西部地区的出口总额达到了62.46亿美元，比上一年增加8.34%，已经占到了我国2014年农产品外贸出口总额的8.68%，比上年增加0.13%。虽然这个比例与东部地区相比远远落后，但是与其进口额在全国仅占2.15%相比，其实还是比较可观的，出口额远大于进口额。在这9个省份中，农产品出口额又以云南省居首位（30.36亿美元），其他省份与其差距较大。其次为新疆（8.32亿美元）和陕西（6.25亿美元）。从这些省份可以看出，地理优势对出口的影响非常大，云南为东南亚的腹地，边境口岸贸易便利。新疆毗邻中亚各国，为丝绸之路必经之地，出口便利。经过初步测算，这3个省份的农产品贸易出口额可占到西部地区的71.93%。在增幅方面，2014年，青海（增加56.67%）、宁夏（增加42.71%）、云南（增加20.67%）这几个省份的增幅比较大。只有西藏（减少27.27%）、陕西（减少18.51%）、重庆（减少6.77%）、四川（减少1.29%）的出口贸易额为负增长。

（3）农产品进出口总额方面

2014年，西部地区进出口总额为88.75亿美元，比上年增加4.02%，占2014年我国农产品出口总额的4.56%，比上年减少0.01%。这与前面对进口额和出口额的分析相互验证，表明中部地区农产品贸易额占全国农产品贸易额的比例比较小。在这10个省份中，农产品进出口总额又以云南（40.98亿美元）居首位，其次为新疆（12.21亿美元），再次为四川（9.69亿美元）。经过计算，云南1个省份的农产品贸易进出口总额就可以占到西部地区的46.17%，接近一半。在增幅方面，前三名为甘肃（增加32.86%）、贵州（增加13.67%）、宁夏（增加12.57%），远远高于其他省份。陕西（减少23.53%）、西藏（减少20.00%）、重庆（减少7.17%）、四川（减少3.87%）、青海（减少1.82%）为负增长。

（4）农产品贸易顺差方面

2014年，西部地区进出口贸易整体上为顺差，出口比进口多36.17亿美元，且比上年增加 20.65%，顺差占我国逆差总额的 5.87%，比上一年增加 1.28%。在这 10 个省份中，贸易顺差最大的省份为云南（19.74 亿美元），其次为陕西（4.57 亿美元），再次为新疆（4.43 亿美元），远远高于其他省份。绝大多数的省份都为贸易顺差，仅有重庆 1 个省份为贸易逆差，逆差额为 1.53 亿美元。贸易顺差增加幅度最大的省份为青海（增加 700.00%），贸易逆差增加幅度最大的省份为西藏，增加了 36.84%。

总而言之，西部 10 省份由于地处荒漠地带，恶劣的自然环境导致农作物生长困难，农产品产量少，同时地理位置的不利导致交通不便，使得农产品出口额比较少。贫困的老百姓无力购买进口产品，所以进口更少。出口大于进口成为一种必然。对中国不同省份或地区农产品出口贸易进行分析，发现中国不同区域的农产品贸易状况差异巨大，这种巨大的差异不利于各地区的协调发展，政府部门需要统筹协调，综合考虑，根据各地的不同情况，制定不同的发展战略。

3.5 中国农产品贸易产品结构分析

中国地大物博、历史悠久、人口众多，农产品无论是在总量还是种类上都十分庞大，各种农产品均可以出口到世界各地。近年来我国农产品对外贸易发展十分迅速，2013 年成为全球第五大农产品外贸出口国家。我国农产品品种繁多，每年有大量农产品出口。具体情况分析如下（见表 3-14）。

3.5.1 农产品进口贸易额方面

在农产品外贸进口中，2014 年，我国的油料、工业用或药用植物、稻草、秸秆及饲料等农产品的进口额最大，为 458.96 亿美元，比 2013 年增加了 7.8%；其次为其他农产品，进口金额为 133.62 亿美元，比 2013 年减少 22.4%；再次是动植物油脂及其分解产品，进口金额为 91.18 亿美元，

表 3-14　2014 年中国农产品贸易产品结构情况

Table 3-14　The structural situation of China's agricultural trade in 2014

产品	进口额			出口额			进出口总额			贸易顺差		
	2014 年（亿美元）	2013 年（亿美元）	增幅（%）	2014 年（亿美元）	2013 年（亿美元）	增幅（%）	2014 年（亿美元）	2013 年（亿美元）	增幅（%）	2014 年（亿美元）	2013 年（亿美元）	增幅（%）
活动物	8.35	4.32	93.1	5.86	5.81	0.8	14.21	10.13	40.24	-2.50	1.48	-268.55
畜肉及杂碎	49.63	49.22	0.8	6.05	4.73	27.9	55.68	53.96	3.21	-43.58	-44.49	-2.04
禽肉及杂碎	8.78	10.04	-12.6	5.77	5.15	12.0	14.55	15.19	-4.24	-3.01	-4.89	-38.42
水、海产品	65.86	59.93	9.9	140.76	125.26	12.4	206.63	185.19	11.58	74.90	65.32	14.66
乳品、蛋品、蜂蜜及其他食用动物产品	85.99	72.39	18.8	6.81	6.24	9.1	92.80	78.63	18.03	-79.18	-66.15	19.70
其他动物产品	4.79	4.98	-3.8	22.93	22.01	4.2	27.72	26.99	2.71	18.14	17.03	6.53
活植物及花卉	1.89	1.74	8.9	4.10	2.76	48.3	5.99	4.50	33.10	2.21	1.03	115.19
食用蔬菜	25.80	25.49	1.2	82.29	78.71	4.5	108.09	104.21	3.72	56.49	53.22	6.15
食用水果及坚果	51.40	41.00	25.4	43.18	41.72	3.5	94.58	82.72	14.34	-8.22	0.73	-1230.42
咖啡、茶、马黛茶及调味香料	3.42	2.56	33.7	24.51	22.46	9.1	27.94	25.02	11.65	21.09	19.90	5.98
谷物	61.04	50.00	22.1	4.45	5.14	-13.3	65.50	55.14	18.78	-56.59	-44.86	26.13
制粉工业产品	9.64	8.02	20.2	6.12	6.10	0.3	15.76	14.13	11.58	-3.52	-1.92	83.49
油料、工业用或药用植物、稻草、秸秆及饲料	458.96	425.86	7.8	31.16	29.25	6.5	490.12	455.11	7.69	-427.80	-396.61	7.86
植物液、汁	2.34	2.24	4.7	13.06	11.51	13.4	15.40	13.75	12.02	10.72	9.27	15.56

续表

产品	进口额			出口额			进出口总额			贸易顺差		
	2014 年（亿美元）	2013 年（亿美元）	增幅（%）	2014 年（亿美元）	2013 年（亿美元）	增幅（%）	2014 年（亿美元）	2013 年（亿美元）	增幅（%）	2014 年（亿美元）	2013 年（亿美元）	增幅（%）
编结用植物材料	1.99	1.85	7.6	1.04	0.89	16.1	3.03	2.74	10.39	-0.96	-0.96	-0.21
动植物油脂及其分解产品	91.18	108.26	-15.8	6.45	6.07	6.3	97.63	114.33	-14.61	-84.74	-102.20	-17.08
肉类制品	0.05	0.08	-38.7	20.69	20.55	0.7	20.74	20.63	0.56	20.65	20.47	0.86
水产品制品	2.44	1.89	29.0	68.13	69.27	-1.6	70.57	71.16	-0.83	65.69	67.38	-2.51
糖及糖食	17.82	23.60	-24.5	15.40	14.52	6.1	33.23	38.12	-12.84	-2.42	-9.08	-73.36
可可及其制品	8.71	7.14	21.9	4.76	3.86	23.2	13.47	11.01	22.35	-3.95	-3.28	20.40
谷物、粮食粉、淀粉制品，糕点	7.05	5.90	19.4	14.79	14.53	1.8	21.83	20.43	6.88	7.74	8.63	-10.29
蔬菜、水果、坚果等制品	7.83	6.70	16.8	76.36	78.54	-2.8	84.18	85.24	-1.25	68.53	71.84	-4.61
杂项食品	13.89	11.97	16.1	27.10	24.64	10.0	40.99	36.61	11.97	13.21	12.67	4.24
饮料、酒及醋	31.54	30.59	3.1	16.51	13.41	23.1	48.06	44.00	9.22	-15.03	-17.18	-12.50
食品工业的残渣、废料，配制的动物饲料	39.81	36.54	9.0	32.59	27.35	19.2	72.41	63.88	13.35	-7.22	-9.19	-21.42
烟草及其制品	20.93	14.60	43.4	12.84	13.21	-2.8	33.76	27.81	21.42	-8.09	-1.39	483.38
其他农产品	133.62	172.17	-22.4	19.71	17.27	14.2	153.33	189.43	-19.06	-113.91	-154.90	-26.46
* 禽类产品	10.60	12.13	-12.6	30.80	30.70	0.3	41.40	42.84	-3.36	20.20	18.57	8.77
* 畜类产品	205.70	192.81	6.7	33.77	31.04	8.8	239.47	223.85	6.98	-171.93	-161.77	6.28

资料来源：中华人民共和国商务部对外贸易司《中国农产品进出口月度统计报告》2014 年 12 月。* 表示此项为专项统计，在计算总额时请不要统计在内。

比2013年减少15.8%。此外，在所有产品中，禽类产品总计为10.60亿美元，比2013年减少12.6%。畜类产品为205.70亿美元，比2013年增加6.7%。在增幅方面，活动物在2014年增加最多，增幅达到93.1%。其次为烟草及其制品，比上年增加43.4%。再次是咖啡、茶、马黛茶及调味香料，增加了33.7%。大部分农产品进口增加，只有禽肉及杂碎（禽肉及杂碎）、其他动物产品（减少3.8%）、动植物油脂及其分解产品（减少15.8%）、肉类制品（减少38.7%）、糖及糖食（减少24.5%）、其他农产品（减少22.4%）等几类在2014年进口减少。

3.5.2　农产品出口贸易额方面

2014年，水、海产品出口额最大，为140.76亿美元，比2013年增加了12.4%；第二位为食用蔬菜，出口额达到82.29亿美元，比上年增加了4.5%；排在第三的是蔬菜、水果、坚果等制品，为76.36亿美元，比2013年减少2.8%。在所有出口产品中，禽类产品出口额为30.80亿美元，比上年增加0.3%；畜类产品出口金额为33.77亿美元，比2013年增加8.8%。在增加幅度方面，活植物及花卉增加得最多，比上年增加了48.3%；其次为畜肉及杂碎，增加了27.9%；再次为可可及其制品，增加了23.2%。出口中仅有谷物（减少13.3%）、水产品制品（减少1.6%）、蔬菜和水果、坚果等制品（减少2.8%）、烟草及其制品（减少2.8%）出口量在减少。

3.5.3　农产品贸易进出口总额方面

2014年，油料、工业用或药用植物、稻草、秸秆及饲料进出口贸易量最大，为490.12亿美元，比2013年增加了7.69%；其次为水、海产品，进出口金额为206.63亿美元，增幅11.58%；再次是其他农产品，金额为153.33亿美元，减少了19.06%。禽类产品进出口总额为41.4亿美元，比2013年减少3.36%；畜类产品进出口总额为239.47亿美元，比上年增加

6.98%。增加幅度方面，2014 年农产品进出口贸易增加幅度最大的农产品是活动物，比 2013 年增加了 40.24%；其次为活植物及花卉，与 2013 年相比，增加 33.10%；再次是可可及其制品，增加了 22.35%。进出口额减少的农产品主要有以下几种：禽肉及杂碎（减少 4.24%）、动植物油脂及其分解产品（减少 14.61%）、水产品制品（减少 0.83%）、糖及糖食（减少 12.84%）、蔬菜和水果、坚果等制品（减少 1.25%）、其他农产品（减少 19.06%）。

3.5.4 农产品贸易顺差方面

2014 年我国农产品进出口贸易中，大部分农产品为贸易逆差。逆差最大的是油料、工业用或药用植物、稻草、秸秆及饲料，多达 427.80 亿美元，且比上年增加 7.86%；其次为其他农产品，进口比出口多 113.91 亿美元，逆差比 2013 年减少 26.46%；再次是动植物油脂及其分解产品，逆差为 84.74 亿美元，比 2013 年减少了 17.08%。顺差最大的前三位农产品分别是水、海产品（74.90 亿美元），比 2013 年增加了 14.66%；蔬菜、水果、坚果等制品（68.53 亿美元），比 2013 年增加了 4.45%。水产品制品（65.69 亿美元），与 2013 年相比减少了 2.51%。在增幅方面，2014 年农产品进出口贸易逆差增加比例最多的农产品为食用水果及坚果，增加了 1230.42%；贸易顺差增加最多的农产品是活植物及花卉，增加了 115.19%。

总体而言，我国农产品的国际竞争力比较小，出口的大多数是没有多少技术含量的原产品，经过深度加工后出口的工业产品比较少，商品价值比较低。而进口的大多数是工业或药用的农产品，商品价值比较高。

3.6 中国农产品贸易比较优势的动态分析

比较优势理论被誉为是国际贸易不可动摇的基石。在进行农产品对外贸易的过程中，按照比较优势来进行本国农产品生产和交换，具有十分重要的意义。在此，厘清我国农产品外贸出口中比较优势的状况对于指导我国的外贸出口无疑是非常重要的一个方面。本节将综合运用RCA指数法，依靠统计软件对2005—2014年中国农产品外贸出口的比较优势变动原因及未来趋势进行实证研究。

3.6.1　显性比较优势指数RCA分解

为了更加客观和详细地分析我国农产品出口的形势和原因，我们引入显性比较优势指数（Revealed Comparative Advantage Index，RCA）的概念，RCA指数即显性比较优势指数，又称为“相对出口绩效指数”。1965年，RCA指数由美国的经济学家贝拉·巴拉萨（Bela Balassa）提出，主要反映了一国或区域在某一个行业对外贸易方面的比较优势。主要是通过这个产业在本国出口中所占有的份额同国际贸易中这个产业占世界贸易总额的份额的比值来表示出来，这就很好地避免了本国外贸出口总量和世界外贸出口总量变动的影响；比较好地表现出一国对外贸易出口水平和世界平均水平相对而言的优势。

它的表达公式如下：

$$\mathrm{RCA} = \frac{\dfrac{X_{ai}}{X_{at}}}{\dfrac{X_{wi}}{X_{wt}}} \tag{3-1}$$

公式（3-1）中，X_{ai}变量表示国家a所有出口产品中产品i的出口额；X_{at}表示国家a所有外贸出口产品的总额；X_{wi}表示全球出口贸易中产品i的出口额；X_{wt}表示全球所有外贸出口产品的总额。其中，X_{ai}/X_{at}与X_{wi}/X_{wt}分别表示国内和国际上两个不同市场的外贸出口情况，因此，我们能够更进一步研究一个国家和全球市场出口结构的变动情况。大量学者认为，当一个国家的$\mathrm{RCA}>2.5$，则说明该国的这个产业国际竞争力极强；当$1.25<\mathrm{RCA}<2.5$时，则说明该国这个产业国际竞争力很强；当$0.8<\mathrm{RCA}<1.25$时，则说明该国这个产业国际竞争力较强；当$\mathrm{RCA}<0.8$时，则说明该国

这个产业国际竞争力较弱。

依照 Chen (2000)① 的研究方法，同时参考王静 (2014)② 的分析思路，我们假设国内和国际产品结构不变，将 RCA 的变化从结构效应方面进行分解，表现为国内出口结构变动和国际出口结构变动两部分，分解过程如公式 (3-2) 所示。

$$\Delta RCA = \frac{\frac{X^1{}_{ai}}{X^1{}_{at}}}{\frac{X^1{}_{wi}}{X^1{}_{wt}}} - \frac{\frac{X^1{}_{ai}}{X^0{}_{at}}}{\frac{X^0{}_{wi}}{X^0{}_{wt}}} = \left[\frac{\frac{X^1{}_{ai}}{X^1{}_{at}}}{\frac{X^0{}_{wi}}{X^0{}_{wt}}} - \frac{\frac{X^0{}_{ai}}{X^0{}_{at}}}{\frac{X^0{}_{wi}}{X^0{}_{wt}}}\right] + \left[\frac{\frac{X^1{}_{ai}}{X^1{}_{at}}}{\frac{X^1{}_{wi}}{X^1{}_{wt}}} - \frac{\frac{X^1{}_{ai}}{X^0{}_{at}}}{\frac{X^0{}_{wi}}{X^0{}_{wt}}}\right] \quad (3-2)$$

⇩ 产品国内市场结构变动效果

⇩ 产品国际市场结构变动效果

其中，分解后的前者表示产品国内市场结构变动效果，后者表示产品国际市场结构变动效果。我们还可以将 RCA 的计算原始公式 (3-1) 进行变换，可以得到公式 (3-3)：

$$RCA = \frac{\frac{X_{ai}}{X_{wi}}}{\frac{X_{at}}{X_{wt}}} \quad (3-3)$$

以此类推，假定国际与国内的农产品在国际竞争力方面都保持不变，从竞争的角度方面来看，可以将 RCA 的变动进一步进行拆分，主要表现为一个国家某一种外贸产品在全球市场上的竞争优势变化和一个国家在全球市场上的国际地位的变化两个方面，其拆分公式和过程如公式 (3-4) 所示。

---

① Chen C. Changing patterns in China's agricultural trade after WTO accession [M] //Ross Garnaut and Ligang Song. The turning point in China's economic development. Australia, Canberra, Asia Pacific Press, 2006: 227-255.

② 王静，中国农产品比较优势及影响因素研究 [D]. 武汉：华中农业大学，2014.

$$\Delta RCA = \frac{\frac{X^1{}_{ai}}{X^1{}_{wi}}}{\frac{X^1{}_{wi}}{X^1{}_{wt}}} - \frac{\frac{X^0{}_{ai}}{X^0{}_{wi}}}{\frac{X^0{}_{at}}{X^0{}_{wt}}} = \left[\frac{\frac{X^1{}_{ai}}{X^1{}_{wi}}}{\frac{X^0{}_{at}}{X^0{}_{wt}}} - \frac{\frac{X^0{}_{ai}}{X^0{}_{wi}}}{\frac{X^0{}_{at}}{X^0{}_{wt}}}\right] + \left[\frac{\frac{X^1{}_{ai}}{X^1{}_{wi}}}{\frac{X^1{}_{at}}{X^1{}_{wt}}} - \frac{\frac{X^1{}_{ai}}{X^1{}_{wi}}}{\frac{X^0{}_{at}}{X^0{}_{wt}}}\right] \quad (3-4)$$

⇩ 国际市场竞争力变动效果　　⇩ 国家出口和国际地位变动效果

对原公式进行拆分以后的前半部分可以看作是农产品在国际市场上竞争力变动的结果，拆分后的后半部分可以表示出口国的国际地位的变化结果。从公式（3-2）到公式（3-4），其中的字母含义与公式（3-1）一致，上标中的0表示的是基期2005年，下标是1的表示考察期年份（2006—2014年）。本书将会从以上两个角度对*RCA*的变动进行拆分处理，以实现从结构效应和竞争效应两个方面来研究我国农产品比较优势变动的主要原因之所在（见表3-15）。

表3-15　　变动的分解效果及政策含义

Table 3-15　decomposition effect and policy implications of RCA's changes

指标分解	含义
RCA的变化量（ΔRCA）	中国农产品显示性比较优势（RCA）的变化量
结构效应	由农产品在国内和国际两个市场中的结构变动而引起的中国农产品指数的变化
产品国市场结构变动效果	假设国际农产品结构不变，由产品国内市场结构变动引起的中国农产品指数变化部分
产品国际市场结构变动效果	假定国内农产品结构的不变，由农产品国际市场结构变动引起的中国农产品指数变化部分
竞争效应	由农产品国际竞争力和中国出口国际竞争地位变动而引起的中国农产品指数的变化
产品国际市场竞争力变动效果	假定中国出口国际竞争地位不变，由中国农产品国际竞争力变动引起的指数的变化部分
国家出口国际地位变动效果	假定中国农产品国际竞争力不变，由中国出口国际地位变动引起的中国农产品指数的变化部分

资料来源：作者根据基本公式分解而得。

我们按照协调编码制度（HS）将国际贸易中编码为 HS01—HS24 共计 24 种农产品分成了四个大类：动物性产品、植物性产品、油脂产品和其他农副产品来进行分析，其包含的具体农产品 HS 编码及名称如表 3－16 所示。

表 3－16　　农产品 HS 编码与对应名称

Table 3－16　HS code and corresponding names of Agricultural products

动物性产品	植物性产品	油脂产品	其他农副产品
HS01：活动物；HS02：肉以及食用杂碎；HS03：鱼、甲壳动物、软体动物及其他；HS04：乳品、蛋品天然蜂蜜及其他；HS05：其他动物产品	HS06：活树及其他活植物、鳞茎、根及类似品，茶花及装饰用簇叶；HS07：食用蔬菜、根与块茎；HS08：食用水果坚果、甜瓜或柑橘属水果的果皮；HS09：咖啡、茶、马黛茶及调味香料；HS10：谷物；HS11：制粉工业产品、麦芽、淀粉、菊粉、面筋；HS12：油子仁及果实、杂项子仁及果实、工业用或药用植物、稻草、秸秆及饲料；HS13：虫胶、树胶、树脂及其他植物液、汁；HS14：编制用植物材料、其他植物产品	HS15：动、植物油、脂及其分解产品，精制的食用油脂、动、植物腊	HS16：肉、鱼、甲壳动物、软体动物及其他水生无脊椎动物的制品；HS17：糖及糖食；HS18：可可及可可制品；HS19：谷物、粮食粉、淀粉或乳制品；糕饼点心；HS20：蔬菜、水果、坚果或植物其他部分的制品；HS21：混杂的可食用原料；HS22：饮料、酒及醋；HS23：食品工业残渣废料、动物饲料；HS24：烟草、烟草及烟草代用品的制品

资料来源：根据联合国贸易统计数据库（UN Comtrade Statistic Database）整理而得。

3.6.2　农产品比较优势 RCA 指数的总体分析

根据公式（3－1）来计算我国几大类农产品及我国农产品整体上的显性比较优势情况，计算的结果如表 3－17 所示。

由表 3－17 的结果可以发现，近 10 年来，我国农产品出口的比较优势并不强，而且 RCA 指数呈现显著的下降趋势。

表3-17 2005—2014年中国农产品RCA指数值

Table 3-17 The RCA index of China's agricultural products in 2005—2014

产品	2005年	2006年	2007年	2008年	2009年	2010年	2011年	2012年	2013年	2014年
农产品整体	0.4980	0.4705	0.4160	0.3698	0.3760	0.3865	0.3870	0.3651	0.3564	0.3468
动物性产品	0.4828	0.4388	0.3565	0.3472	0.4050	0.4143	0.4289	0.4088	0.3927	0.3864
植物性产品	0.5420	0.4818	0.4423	0.3502	0.3916	0.4141	0.3915	0.3294	0.3397	0.3324
油脂产品	0.0941	0.1029	0.0561	0.0708	0.0516	0.0458	0.0475	0.0451	0.0502	0.0512
其他农副产品	0.5341	0.5367	0.4991	0.4691	0.4036	0.4143	0.4360	0.4392	0.4064	0.3880

资料来源：根据联合国贸易统计数据库（UN Comtrade Statistic Database）检索的数据计算而得。

①农产品整体出口优势下降明显，从2005年的接近0.5下降了到0.3468，降幅达到了30%，说明我国在农产品国际贸易中，无论是竞争力还是贸易潜力，与其他国家相较而言均处于劣势。四种分类农产品的RCA均表现了与整体相似的下降趋势，其中油脂产品下降幅度最大，超过45%。

②虽然农产品出口的国际竞争力普遍较弱，但其竞争力并非单调性的降低。动物性产品在2009—2011年出现过较为强势的反弹，植物性农产品在2009—2010年也出现明显的竞争优势回暖，但这些变化均是常规的波动，并未对整个竞争力下滑产生显著性抑制。

③在四类农产品中，相对而言，油脂产品的国际竞争力最弱，动物性产品、植物性产品和其他农副产品的竞争力优势指数与整体平均数值相差不多。由于油脂产品在农产品中的比重不高，说明我国农产品出口贸易基本呈现产业内均衡的情形。

3.6.3 农产品RCA指数变化的结构效应

依据公式（3-2），本书将从结构效应方面来研究RCA指数的实际变化情况，定量模拟研究计算的结果如表3-18所示。

根据表3-18的结果，可以从结构效应方面来分析中国农产品RCA下降的原因。从整体上来看，我国农产品在国际市场上的竞争力下降的一个主要原因是，由国际和国内出口结构的双重变动的影响决定的，相较于基期2005 年，国内和国际出口结构均拉低了 RCA 指数至少 0.07，农产品出口可谓面临着国内外的双重结构性压力。但从细分产品来看，总的趋势虽然与整体相似，但受到结构影响的程度不尽相同。受到国内和国际出口结构的影响大小均是：植物性产品 > 其他农副产品 > 动物性产品 > 油脂产品，这说明了植物性产品的出口受产品出口额比重的影响最大，更容易受到其他出口产品的冲击，反观油脂产品，由于出口额占整体的比重较轻，受到的结构性影响相对较小。

表 3－18　2006—2014 年中国农产品 RCA 变动结构效应分解

Table 3－18　RCA index changes breakdown data－sheet of China's agricultural products on structure effect in 2006—2014

产品	RCA 指数变动因素	2006 年	2007 年	2008 年	2009 年	2010 年	2011 年	2012 年	2013 年	2014 年
农产品整体	国内出口结构变动	－0.0509	－0.0810	－0.1085	－0.0416	－0.0647	－0.0547	－0.0701	－0.0733	－0.0730
	国际出口结构变动	0.0234	－0.0009	－0.0197	－0.0804	－0.0468	－0.0563	－0.0628	－0.0682	－0.0782
动物性产品	国内出口结构变动	－0.0793	－0.1499	－0.1577	－0.0452	－0.0646	－0.0499	－0.0680	－0.0643	－0.0440
	国际出口结构变动	0.0353	0.0236	0.0220	－0.0325	－0.0038	－0.0040	－0.0060	－0.0258	－0.0523
植物性产品	国内出口结构变动	－0.0841	－0.0816	－0.1393	－0.0305	－0.0405	－0.0490	－0.1129	－0.0938	－0.0952
	国际出口结构变动	0.0240	－0.0181	－0.0525	－0.1199	－0.0874	－0.1015	－0.0997	－0.1084	－0.1144
油脂产品	国内出口结构变动	0.0078	－0.0239	0.0170	－0.0183	－0.0261	－0.0121	－0.0181	－0.0186	－0.0177
	国际出口结构变动	0.0009	－0.0141	－0.0403	－0.0242	－0.0223	－0.0345	－0.0309	－0.0253	－0.0252
其他农副产品	国内出口结构变动	－0.0163	－0.0433	－0.0715	－0.0506	－0.0878	－0.0681	－0.0477	－0.0723	－0.0840
	国际出口结构变动	0.0190	0.0083	0.0065	－0.0798	－0.0320	－0.0300	－0.0472	－0.0554	－0.0622

资料来源：根据联合国贸易统计数据库（UN Comtrade Statistic Database）检索的数据计算而得。

3.6.4 农产品RCA指数变化的竞争效应

根据公式（3－4）计算的中国RCA指数变化情况的竞争效应分析结果如表3－19所示。

表3－19　2006—2014年中国农产品RCA变动竞争效应分解

Table 3－19　RCA index's changes breakdown data－sheet of China's agricultural products on competition effect in 2006－2014

产品	RCA指数变动因素	2006年	2007年	2008年	2009年	2010年	2011年	2012年	2013年	2014年
农产品整体	产品国际市场竞争变动	0.0143	0.0018	－0.0484	－0.0046	0.0472	0.0545	0.0711	0.0807	0.1045
	中国出口国际地位变动	－0.0418	－0.0837	－0.0798	－0.1174	－0.1586	－0.1655	－0.2040	－0.2222	－0.2557
动物性产品	产品国际市场竞争变动	－0.0050	－0.0546	－0.0607	0.0487	0.1016	0.1295	0.1544	0.1547	0.1886
	中国出口国际地位变动	－0.0390	－0.0717	－0.0749	－0.1264	－0.1700	－0.1834	－0.2284	－0.2448	－0.2849
植物性产品	产品国际市场竞争变动	－0.0173	－0.0107	－0.1162	－0.0282	0.0421	0.0169	－0.0285	0.0096	0.0355
	中国出口国际地位变动	－0.0428	－0.0890	－0.0756	－0.1222	－0.1699	－0.1674	－0.1841	－0.2118	－0.2451
油脂产品	产品国际市场竞争变动	0.0179	－0.0267	－0.0080	－0.0264	－0.0295	－0.0263	－0.0238	－0.0126	－0.0052
	中国出口国际地位变动	－0.0091	－0.0113	－0.0153	－0.0161	－0.0188	－0.0203	－0.0252	－0.0313	－0.0378
其他农副产品	产品国际市场竞争变动	0.0503	0.0654	0.0362	－0.0045	0.0502	0.0882	0.1506	0.1257	0.1399
	中国出口国际地位变动	－0.0477	－0.1004	－0.1013	－0.1260	－0.1700	－0.1864	－0.2454	－0.2534	－0.2860

资料来源：根据联合国贸易统计数据库（UN Comtrade Statistic Database）检索的数据计算而得。

从竞争效应方面来分析，可以看出，整体而言，我国农产品国际市场竞争力的变动带来出口比较优势的提升，中国出口国际地位的变动则导致了RCA指数的显著下降。经过统计可以得到，世界农产品出口额占所有产品出口的比重从 2005 年的 6.9% 增加到了 2014 年的 8.5%，表明国家间的农产品贸易愈加频繁。在国际贸易中，农产品占据了越来越重要的地位，在这一大背景之下，我国的农产品出口额从 2005 年的 265 亿美元，增加到了 2014 年的接近 700 亿美元，增长幅度超过了 150%，虽然整体上比较优势并不强，但这种强劲的增长仍对 RCA 指数产生了一定的推动作用。反观我国全部货物出口贸易的国际地位，货物出口总额占世界的比重从 2005 年的 7.6% 增加到了 2014 年的 13.3%，可以说我国货物出口大国的国际地位不断提升，这与我国的整体经济实力不断增长是相辅相成的。然而，这种经济实力的提升，会显著拉低农产品的比较优势，RCA 指数下降幅度超过了 0.25。从分类农产品来看，除了油脂产品的国际市场竞争变动引起 RCA 指数的微弱下降外，其余农产品的 RCA 指数均受到产品竞争变动的影响有所提升，影响大小依次为：动物性产品 > 其他农副产品 > 植物性产品。而由于中国出口国际地位变动引起的指数变化方面，四种产品均为负，受影响大小依次为：其他农副产品 > 动物性产品 > 植物性产品 > 油脂产品。

3.7 本章小结

本章对农产品贸易的发展现状进行了具体分析，重点分析了中国的情况。主要包括对全球农产品贸易的发展趋势分析，对中国农产品贸易发展趋势、市场结构、区域结构、产品结构进行了定性分析，在此基础上对中国农产品贸易的比较优势进行了定量分析。通过分析得到以下结论：

（1）全球各区域农产品进出口贸易差异显著，美欧占据有利地位

通过对全球农产品贸易分区域分析，可以将世界农产品贸易情况分为四类：第一类是美国和欧盟贸易状况比较；第二类是日本，贸易逆差比较大；第三类是东盟和“金砖”国家，属于贸易顺差比较大；第四类是非洲和世界其他地区，居于第二和第三类之间。美国的农产品贸易目前处于出口大于进口，贸易顺差，略有结余的状态。欧盟的农产品贸易基本上处于平衡状态。这样既可以保证国内农业资源合理的运用，也避免由于过分贸易顺差或者贸易逆差与他国产生摩擦矛盾。日本由于受到国内资源和环境先天不利条件的影响，农产品产出少，大量依赖进口，贸易逆差大。东盟和“金砖”国家长期保持很高的贸易顺差，容易与相关国家产生贸易纠纷，农产品进口过少也不利于本国人民生活水平的提高。非洲和世界其他地区贸易顺差情况居中。

（2）中国农产品贸易的总量逐年增加，贸易逆差逐步扩大

近10年来，我国农产品对外贸易额增长显著并且逐渐趋于稳定状态，虽然遭到了2009年国际金融危机的影响而导致增长有所放缓，但是仍然未改变中国从2001年加入世界贸易组织以来外贸呈现的欣欣向荣的景象，这从一个侧面正好证明了我国正在向世界贸易大国的方向前进。但是，我国对外贸易同世界上的贸易强国相比较，还是存在很大的距离。并且，我国对外贸易逆差逐步在加大。近10年中国农产品贸易一直是逆差状态，除了2009年受国际金融危机影响而减少外，自2010年开始，贸易逆差逐渐回升，并迅速增长，尤其是2010年和2011年连续两年增长幅度更是惊人。

（3）中国农产品贸易出口区域过于集中，对外依存度高

中国加入WTO以来，农产品对外贸易规模逐年增加，每年的出口额增加达到了11.7%的高增长水平。依据2008年WTO的数据资料，我国已经在当年成功晋升到第五位，并且是全球最大的水产品出口国家，许多农产品的外贸出口数量已经处在世界的前列。然而，我国农产品外贸出口不论是区域还是产品都太过于集中，这就给我国农产品外贸出口带来了巨大麻烦。一旦西方发达国家对我国出口的农产品采取贸易调整新政策，就会导致农产品外贸出口大幅下降。对我国农产品的市场地位造成巨大威胁。

（4）中国不同区域农产品进出口贸易差异巨大，不利于协调发展

我国的国土面积幅员辽阔，各地区无论是经济条件还是自然环境的差异都十分显著。东部地区是我国农产品出口的首要区域，在出口总额、增长率和平均值等诸多方面都远远在全国平均水平之上。然而，西部和中部地区，尤其是西部地区则还处于非常落后的状态。通过我们的分析可以看到，我国各地区农产品贸易差异巨大的原因主要是各个地方的基础设施、地理位置等诸多因素造成的。这样，在国家整体开发的大背景下，区域之间的巨大差距使得各地区在进行全局规划、统筹协调的过程中障碍巨大。

（5）中国农产品贸易结构不合理，出口产品附加值低

由前述分析可以看出，水产、畜禽和果蔬等初级产品已经成为我国农产品出口的主要部分，这些产品的共同特点是劳动力使用量大、人力成本较高。由经过计算而得的 2014 年我国农产品出口比例可知，2014 年排在前三名的农产品出口分别为：水产品和海产品（125.26 亿美元）、食用蔬菜（78.71 亿美元）、蔬菜和水果、坚果（78.54 亿美元），这三种农产品合计已经达到了中国农产品出口总额的 54.83%（见表 3－14），并且上升趋势十分稳定；谷物、油料作物等一些大量使用土地的农产品已经没有了显著的比较优势，退到第二位。水果、坚果等制品加工基本上处于未加工或者加工程度低的农产品成为我国主要的出口农产品，表明我国农产品出口加工程度比较低，附加值低。

（6）中国农产品出口贸易比较优势下降趋势明显

本章运用农产品贸易显性比较优势 RCA 指数公式，对 2005—2014 年中国农产品比较优势的变动进行了统计分析。对农产品显性比较优势 RCA 指数总体分析的结果表明，农产品整体出口优势下降明显，说明我国在农产品国际贸易中，无论是竞争力还是贸易潜力，与其他国家相较而言均处于劣势。对农产品 RCA 指数变化的结构效应分析的结果表明：中国农产品竞争力下降的主要原因是国内和国际出口结构的双重变动，农产品出口可谓面临着国内外的双重结构性压力。通过对农产品比较优势 RCA 指数变化的竞争效应分析对我国农产品出口的影响，可以看出：我国农产品在国际市场上的竞争力的变动已经带来外贸出口产品比较优势的增加，中国农产品出口国际地位的变动则导致了 RCA 指数的显著下降。

第 4 章

全球碳减排背景下碳关税对农产品贸易影响的理论探析

4.1　全球碳减排背景下农产品贸易碳关税的新内涵

随着农业经济和农产品贸易规模的扩大，人类日益繁忙的生产和消费活动需要燃烧大量的化石燃料，与此同时也会排放出大量的二氧化碳。温室气体的排放逐渐超出了自然环境的承受能力，引起全球气候变暖，甚至威胁到了人类的生存和发展。此外，收入和生活水平的提高使人们更加关心环境质量，强化了人们对环境问题的重视程度，使环境问题逐渐成为国际社会关注的焦点问题。在对待全球气候变暖这一关乎全人类生死存亡的问题上，各国政府不得不采用一切合理有效的措施来减少农产品二氧化碳的排放量。对发展中国家出口的农产品征收碳关税就是发达国家政府即将采取的碳减排措施之一。

从某种意义上来说，对农产品征收碳关税实际上是进口国对出口到本国的农产品在生产、加工、贮藏、运输和销售等各个环节消耗化石能源后产生的二氧化碳的排放量超过本国同类农产品排放量部分所支付的关税成本，本书称之为农产品贸易中的碳要素。然而，在传统的农产品国际贸易比较优势理论中，并未把碳要素作为一种有价值的要素和一种商品生产成本加以考虑在农产品成本内。在这种理论的指导下，各国进行着广泛的农产品国际贸易。

本书认为，在全球碳减排的大背景下，这种传统的国际贸易比较优势理论将受到巨大挑战；碳要素的加入必将改变未来全球和中国的农产品贸易格局，各国农产品贸易的资源禀赋和比较优势将会面临“重新洗牌”。

因此，分析全球减排背景下碳关税对农产品贸易的影响，构建基于碳要素成本的国际农产品贸易比较优势的理论模型，对于揭示全球气候变化和碳减排背景下各国农产品比较优势的新变化，引领和培育发展中国家出口低碳农产品，进而实现全球碳减排和保护生态环境，都具有重要的理论和现实意义。

4.2 比较优势理论模型及其发展

传统的农产品国际贸易比较优势理论包括李嘉图理论和要素禀赋理论。李嘉图理论是比较优势理论的基石，其理论的逻辑分析是比较优势理论的核心所在。要素禀赋理论是在李嘉图理论上的新发展，它把李嘉图理论向前推进了一大步，解释了形成比较成本差异的源泉所在，即分析了比较优势的来源问题。因此，本书认为要素禀赋理论的产生才标志着比较优势理论的形成。纵观国内外研究现状，现有的对经典农产品国际贸易比较优势理论模型的拓展研究主要包括以下6方面研究成果。

(1) 加入水要素的比较优势理论模型

孙克（2007）认为，在虚拟水贸易中充分考虑水要素的比较优势，生产具有虚拟水要素比较优势的产品并出口，而进口比较劣势的产品，这样可以通过运用虚拟水贸易这一节水手段更加有效提高全球水资源的利用效率[187]。刘哲等（2010）指出，虽然通过进行虚拟水贸易在某种程度上确实对缓解部分水资源紧缺的贫水国家和地区大有裨益，但是在很多时候并不能适用于全部的国家和地区；仅仅从虚拟水角度提倡进口粮食是远远不够的，而应该把它与其他生产要素及影响因素一起考虑，进而来制定农产品国际贸易战略[188]。刘波（2009）分析认为，虚拟水要素被纳入到生产要素禀赋之中，将其作为与土地、劳动和资本等要素并列的一个要素禀赋参与到农产品贸易比较优势的衡量之中，在理论上是对要素禀赋理论的进一步充实和完善，同时可以起到促使一国或地区在农产品生产分工与贸易选择时充分考虑到水资源的作用，从而避免片面追求扩大对外贸易而大量输出本国虚拟水要素禀赋较差的农产品[189]。田贵良（2008）运用比较优势理论分析各情形中的生产和消费选择，从而论证虚拟水战略的实施环境及缺水地区如何正确运用虚拟水战略以增加自己的收益[190]。马超等（2011）特别指出，在进行对外贸易的过程中，应该把虚拟水要素理论考虑进来，依据虚拟水要素中的比较优势进而研究制定农产品对外贸易的政策或策略，为改变目前虚拟水要素对外依赖程度较高和农产品贸易结构单一的格局，努力实现我国农产品贸易结构优化及贸易伙伴多元化[191]。Allan（1998）在论述国际贸易在全球范围内传输虚拟水要素中的作用时，提到国际贸易使虚拟水要素从水资源量具有比较优势的国家流向水资源相对缺乏的国家[192]。Wichelns（2001）认为，虚拟水要素在比较优势理论中的应用只是特别强调了水资源而已[193]。

（2）附加环境要素的比较优势理论模型

王玉婧（2010）认为，在资源环境要素约束下，比较优势理论和要素禀赋理论受到了挑战。如果将环境要素和环境成本融入传统的国际贸易理论中，可能发生比较优势的逆转[194]。张云（2005）通过在李嘉图模型中将环境成本追加的劳动投入来衡量，得出“环保技术及环境成本的引入”将修正传统的比较优势格局。在赫克歇尔—俄林模型中附加环境变量，亦即假定环境作为一种生产要素而起作用，则所形成的比较优势将建立在包含环境资源真实价格的基础之上[195]。曹慧平等学者（2011）在原始的H－O理论模型下加入了环境要素，证明了环境要素充裕的国家在污染密集型产品外贸出口方面具有比较优势；环境要素比较少的国家在生产和出口上面具有比较劣势。同时采用扩展的引力模型，验证了该结论的正确性[196]。Xing等（1996）认为，环境要素禀赋反映了一国环境资源供给的丰缺状况，具有环境比较优势的国家（即环境政策宽松的国家）可以制造和出口更多的污染密集型产品[197]。Siebert（1974）通过大量实证研究表明，一个国家如果环境要素比较充裕，它将能够出口更加多的高污染含量产品，价格差主要由环境要素的丰裕程度来决定，由此，环境要素以资源禀赋的一种特殊形式来实现比较优势的形成[198]。

(3) 基于可持续要素的比较优势理论模型

杨青龙（2012）提出，“可持续性”是塑造比较优势的一种新要素，代际成本作为耗费“可持续性”要素的机会成本，是比较优势的成本基础之一。通过逻辑推演，从时间维度拓展了比较优势的外延及其成本基础[199]。

(4) 基于外部性要素的比较优势理论模型

曹华等（2005）认为，国际贸易过程中产生的外部性可能会使原有的要素禀赋发生变化，如果不考虑该影响，那么得出的要素禀赋就不能反映现实，是一种“伪要素禀赋”。如果继续以“伪要素禀赋”为依据发展我国的对外贸易产业，其结果只会牺牲本国的效用及一部分要素的价值[200]。

(5) 加入知识要素的比较优势理论模型

陈丹宇（2003）通过对 H－O 贸易理论进行修正，忽视的知识要素被纳入到比较优势理论的分析框架体系内，从而使 H－O 贸易理论动态化，变得更符合实际情况，同时更能够用于解释国际贸易过程中产生的新问题和新现象[201]。对于一个国家来讲，知识要素实际上是参与国际分工的决定性力量，是我们在国际贸易中取得比较优势的关键因素之一。

(6) 引入组织资本要素的比较优势理论模型拓展

樊增强等（2006）认为，在对外贸易中发达国家对发展中国家比较优势的来源除去物资和人力资本以外，其中还含有组织资本这个显得更抽象的更高级的生产要素。发展中国家要实现比较优势的动态转化，也应注重组织资本的积累[202]。

通过对比较优势理论发展进程的归纳和总结，我们可以看到，国内外对国际贸易的比较优势理论模型各种拓展研究由来已久。但迄今为止，尚未看到任何研究文献从附加碳要素角度分析和构建基于碳要素的农产品贸易比较优势新理论模型。因此，本书采用理论推演和对比分析方法，以李嘉图理论和 H－O 理论模型为基础，对加入碳要素后各国固有比较优势的新变化以及是如何产生变化的情况开展理论分析和探讨。

4.3　加入碳要素的农产品国际贸易比较优势理论分析

4.3.1　传统的李嘉图理论

一个国家进行对外贸易，是为了充分运用其比较优势。这是英国古典经济学家大卫·李嘉图明确揭示的国际贸易动因理论。李嘉图指出，任何一个国家虽然在生产成本上面没有绝对的优势，但只要是在生产成本上面具有一些相对的优势，就能够采取本国生产其生产成本比较低廉的产品用来与他国生产成本相对较低的产品进行交互，并且获得比较收益。国际分工和国际交换活动应该根据各国的自然优势和后天获得的优势来进行。贸易活动中的比较优势是指更大的绝对优势，或较小的绝对劣势。为了更多地增加国民财富，一个国家应该把精力放在生产本国虽然没有绝对优势但具有比较优势的产品上面，进口本国在生产方面具有比较劣势、外国具有比较优势的产品。

在古典政治经济学的框架下和劳动价值论的基础之上，我们以李嘉图理论的例子①来说明：假定英国和葡萄牙两国同时生产酒和毛呢的生产成本不同。英国生产毛呢需要 100 人劳动 1 年，生产酒需要 120 人劳动 1 年；而葡萄牙生产同量的毛呢和酒分别需要 90 人劳动 1 年和 80 人劳动 1 年。如表 4－1 所示，英国在生产毛呢和生产酒方面的成本都要比葡萄牙高一些，然而这两种产品的相对成本是不一样的。假若葡萄牙把所有资源都用于生产相对成本较低的酒，英国把所有资源用于生产相对成本较低的毛呢，这两个国家都投入比之前少的劳动量就能够实现原有的消费。

① 本例引自李嘉图的著作，政治经济及赋税原理［M］. 北京：商务印书馆，1962：114.

表 4－1　　考虑劳动要素成本下毛呢和酒的国际分工和交换

Table 4－1　　The international division and exchange of cloth and wine considering labor cost

<table>
<tr><th colspan="2">国家</th><th>毛呢产量
（单位 1）</th><th>所需劳动人数
（人/年）</th><th>酒产量
（单位 1）</th><th>所需劳动人数
（人/年）</th></tr>
<tr><td rowspan="3">分工前</td><td>英国</td><td>1</td><td>100</td><td>1</td><td>120</td></tr>
<tr><td>葡萄牙</td><td>1</td><td>90</td><td>1</td><td>80</td></tr>
<tr><td>合计</td><td>2</td><td>190</td><td>2</td><td>200</td></tr>
<tr><td rowspan="3">分工后</td><td>英国</td><td>2. 2</td><td>220</td><td>0</td><td>0</td></tr>
<tr><td>葡萄牙</td><td>0</td><td>0</td><td>2. 125</td><td>170</td></tr>
<tr><td>合计</td><td>2. 2</td><td>220</td><td>2. 125</td><td>170</td></tr>
<tr><td rowspan="2">国际交换</td><td>英国</td><td colspan="2">1. 2</td><td colspan="2">1</td></tr>
<tr><td>葡萄牙</td><td colspan="2">1</td><td colspan="2">1. 125</td></tr>
</table>

资料来源：作者根据李嘉图著作中例子计算整理而得。

显而易见，这将对贸易的双方都是有利的。以英国和葡萄牙的 2 ×2 ×1 模型为例，其理论推导如表 4－1 所示。

由上述内容可知，经过国际分工以后，英国只生产毛呢，可以生产 2. 2 单位，葡萄牙只生产酒，可以生产 2. 125 单位。两国经过国际贸易后，英国可以获得 1. 2 单位毛呢和 1 单位葡萄酒，葡萄牙可以获得 1 单位毛呢和 1. 125 单位葡萄酒，这样两国都获得了比较利益，则毛呢和酒的出口国分别是英国和葡萄牙。

李嘉图比较优势理论是“国际贸易不可动摇的基石”。比较成本理论代表了国际贸易领域存在的一般原则和规律，具有很高学术价值和实际意义。尽管如此，李嘉图理论仍有很大的局限性。比如，李嘉图理论把多变的经济情况抽象成静态的、凝固的状态，而忽略了动态因素。一个国家当前的比较优势可能变成以后的比较劣势；当前比较劣势也有可能变成以后的比较优势。

4. 3. 2　考虑碳要素的李嘉图理论拓展

随着社会经济的发展和人们环保意识的提高，无论是出于保护环境还是保护本国贸易，越来越多的发达国家宣布将对发展中国家出口的高碳农产品征收碳关税。碳要素需要作为农产品贸易中的一种重要的生产要素被考虑进来，这样才能反映不久的将来农产品国际贸易的现实。分析考虑碳要素后农产品贸易的变化和构建考虑碳要素成本后的农产品贸易比较优势理论模型就显得十分必要。

为了更好地进行比较，我们仍然以李嘉图用英国和葡萄牙都生产毛呢和酒的著名例子来探讨考虑碳要素以后的比较优势理论。英国是最早进行工业革命的国家，有着得天独厚的技术优势，在技术革新、新技术的研发及运用方面较技术条件相对落后的葡萄牙要先进得多。所以，在生产同样单位的产品，其消耗的化石燃料要少得多，进而排放的二氧化碳也相对较少。在考虑碳要素成本的情况下，无论是在生产毛呢还是生产酒，其生产成本均要低一些。而葡萄牙则正好相反，考虑碳要素的成本条件下，其生产成本均比较高。

本书假定把原例中的劳动力成本替换为碳要素成本，英国在生产毛呢和生产酒方面的碳要素成本都要比葡萄牙高一些，然而这两种产品的相对碳要素成本是不一样的。假若葡萄牙把所有资源都用于生产相对碳要素成本较低的酒，英国把所有资源用于生产碳要素相对成本低的毛呢，这两个国家都投入比之前少的碳要素成本就能够实现原有的消费。显然，这对贸易的双方都是有利的。其理论推导如表 4 - 2 所示。

表 4 - 2　考虑碳要素成本的英国酒和葡萄牙毛呢国际分工和交换

Table 4 - 2　The international division and exchange of British wine and Portugal cloth considering the cost of carbon factor

国家		毛呢产量（单位 1）	所需碳要素成本（元/年）	酒产量（单位 1）	所需碳要素成本（元/年）
分工前	英国	1	90	1	80
	葡萄牙	1	100	1	120
	合计	2	190	2	200

续表

国家		毛呢产量（单位1）	所需碳要素成本（元/年）	酒产量（单位1）	所需碳要素成本（元/年）
分工后	英国	0	0	2.125	170
	葡萄牙	2.2	220	0	0
	合计	2.2	220	2.125	170
国际交换	英国	1		1.125	
	葡萄牙	1.2		1	

资料来源：作者根据李嘉图模型理论推演而得。

经过国际分工以后，英国只生产酒，可以生产2.125单位。葡萄牙只生产毛呢，可以生产2.2单位；两国经过国际贸易以后，英国可以获得1.125单位的酒和1单位的葡萄酒；而葡萄牙可以获得1.2单位的毛呢和1单位的酒，这样两国都获得了比较利益。则毛呢与酒的出口国分别是葡萄牙和英国。

由此可见，当考虑碳要素成本的时候，这两个国家的对外贸易的方向就发生了逆转。实际上，当美、日、欧等发达国家对发展中国家出口的农产品征收碳关税时，将原来考虑的劳动力成本替换为碳要素成本，碳要素成本上的比较优势使得两国的农产品贸易比较优势发生改变。

4.4 加入碳要素的国际农产品贸易要素禀赋理论分析

李嘉图提出的比较成本优势理论是一种单一的生产要素理论，各国产生比较成本差距的原因主要是生产率上面的差异。但是，假若各个国家的生产要素的生产率相同，即单一要素的效率都一样，那么，产生比较成本差异的原因又是什么呢？对于这一问题，H-O理论给出了解释。

4.4.1　传统的H－O理论分析

一个国家进行国际贸易，是为了充分利用本国所拥有的充裕资源。这是瑞典经济学家赫克歇尔和他的学生俄林所揭示的国际贸易动因理论[203][204]。

H－O理论认为，一个国家应利用它相对充裕的生产要素（资本、劳动力、土地等）从事商品生产，主要是因为这些要素比较充裕，所以价格相对低廉，采用这种低廉的要素生产的产品成本比较低，通过正常的国际交换，能够从国外换得更多本国要素不够的产品，以减少本国生产要素缺乏带来的困难。

由此可见，H－O定理可以归纳为：资源丰缺程度决定资源相对价格的优势。所谓生产要素禀赋，指的是生产要素供给状况不同的产品需要不同的生产要素配置，一个国家的生产优势或国际竞争力是由其相对要素充裕度决定的。劳动充裕型的国家，其生产比较优势在于制造劳动密集型产品；资本充裕型的国家，其生产比较优势在于制造资本密集型的商品。换而言之，"一个国家将会进口含有较大比例生产要素对于本国而言十分昂贵的产品，而进行含有较大比重生产要素在本国比较便宜的产品的出口"①。

下面，我们举例说明要素禀赋理论模型的原理②。

假设日本和澳大利亚使用劳动和土地两种要素，生产小麦和纺织品两种商品。两国生产小麦和纺织品的生产技术，即两种产品的要素投入比例相同，以此说明两国在生产技术上是无差异的。日本劳动力相对丰富，因而劳动力价格相对便宜；澳大利亚土地相对丰富，因而土地价格相对便宜。要素的差异决定了两国在小麦和纺织品生产上的比较成本差异（见表4－3）。

---

①　伯尔蒂尔·俄林，地区间贸易和国际贸易［M］．商务印书馆，1986：23.

②　本例引自范家骧教授的著作，国际贸易理论［M］．人民出版社，1985：25.

表 4-3　要素比例、要素价格与比较成本

Table 4-3　Factor proportion, factor price and comparative cost

国家	产品	要素比例		要素价格		成本
		劳动（W）	土地（L）	劳动（WP）	土地（LP）	P = W · WP + L · LP
日本	小麦	0.4	0.6	10（日元）	15（日元）	P = 13（日元）
	纺织品	0.8	0.2	10（日元）	15（日元）	P = 11（日元）
澳大利亚	小麦	0.4	0.6	30（澳元）	20（澳元）	P = 24（澳元）
	纺织品	0.8	0.2	30（澳元）	20（澳元）	P = 28（澳元）

资料来源：作者根据范家骧教授著作中例子整理而得。

要素禀赋理论认为，决定两国生产与贸易模式的基础仍然是生产成本方面的比较优势，而这一比较优势是由要素配置差异而不是由生产技术差异决定的。要素价格反映了不同生产要素在本国的丰裕程度，价格相对较低说明在这一要素上该国具有十分重要的比较优势。我们还是依旧以前对李嘉图理论模型的推演过程来对比较成本理论进行推导，以进一步探究考虑生产成本下的日本和澳大利亚的产品生产与交换情况。其理论推导如表 4-4 所示。

表 4-4　考虑生产成本的日本纺织品和澳大利亚小麦的国际分工和交换

Table 4-4　The international division and exchange of Japanese textile and Australia wheat considering production cost

国家		小麦产量（单位 1）	所需生产成本（元）	纺织品产量（单位 1）	所需生产成本（元）
分工前	日本	1	13（日元）	1	11（日元）
	澳大利亚	1	24（澳元）	1	28（澳元）
	合计	2	/	2	/
分工后	日本	0	0	2.18	24（日元）
	澳大利亚	2.17	52（澳元）	0	0
	合计	2.17	52（澳元）	2.18	24（日元）
国际交换	日本	1		1.18	
	澳大利亚	1.17		1	

资料来源：作者根据范家骧教授著作中例子计算整理而得。

由表4－4我们不难看出：

①日本生产1单位小麦的成本是13日元，生产1单位纺织品的成本是11日元，其成本合计是24日元。

②澳大利亚生产1单位小麦的成本是24澳元，生产1单位纺织品的成本是28澳元，其成本合计是52澳元。

③在不考虑国际汇率因素的情况下，经过国际分工后，假如日本只生产纺织品，可生产2.18单位的纺织品。假如澳大利亚只生产小麦，可生产2.17单位的小麦。

④两国经过国际贸易，日本可以用1单位的纺织品去换澳大利亚1单位的小麦，这样获得的结果是1.18单位的纺织品和1单位的小麦，通过国际贸易比先前多获得了0.18单位的小麦。澳大利亚也可以通过交换获得1.17单位的小麦和1单位的纺织品，通过国际贸易比先前多获得了0.17单位的小麦。

因此，根据要素禀赋造成的比较成本差异，日本和澳大利亚的分工格局应该是：日本生产纺织品并向澳大利亚出口，澳大利亚生产小麦并向日本出口。

4.4.2　考虑碳要素的H－O理论拓展

随着社会经济的迅速发展和人们对环境质量要求的提高，过去被人们长期所忽略的与环境保护相关的一些隐藏在商品中的成本被人们发掘出来，碳要素的成本就是其中的一种。所以，在重新考虑要素禀赋理论时，除了原有的要素需要考虑之外，碳要素也应该作为一种重要的生产要素加以考虑，这样才能更好地反映未来国际贸易的真实情况。我们将通过对加入碳要素后的H－O理论和原有的H－O理论的比较，进一步弄清楚附加碳要素的H－O理论的深刻变化。

下面我们仍然以日本和澳大利亚生产小麦和纺织品的2×2×2模型为例，同时我们加入碳要素来对比分析其结果的变化。

假设日本和澳大利亚使用劳动、土地和二氧化碳这三种生产要素，生产小麦和纺织品两种商品。两国生产小麦和纺织品的生产技术相同，即三种要素的投入比例相同。

由于日本是一个人口多、面积狭小的岛国，其土地稀缺，因而劳动力价格相对便宜，土地价格相对昂贵。同时，日本是一个自然资源相对贫乏的国家，需要最大效率地利用其自然资源；日本又是一个环境保护政策严苛的国家，国家对高耗能产品征收很高的碳税。所以，其碳要素价格相对较高。澳大利亚土地相对丰富，因而土地价格相对便宜，劳动力价格相对较高。澳大利亚自然资源丰富，环保政策相对宽松，对能源征税相对较低，所以碳要素价格较低。又因为纺织品生产加工的工序较多，所以需要耗费大量的化石燃料；同时，纺织品的大工业机械化生产产生的碳排放量也较大。所以，我们假定小麦生产过程中投入的碳要素比例较小，纺织品生产过程中投入的碳要素比例较大。

要素的差异决定了两国在小麦和纺织品生产上的比较成本差异，下面通过加入碳要素来考察其生产成本的变化情况（见表 4－5）。

表 4－5　　要素比例、要素价格与比较成本

Table 4－5　Factor proportion, factor price and comparative cost

国家	产品	要素比例			要素价格			成本
		劳动（W）	土地（L）	碳要素（C）	劳动（WP）	土地（LP）	碳要素（CP）	P＝W·WP＋L·LP＋C·CP
日本	小麦	0.3	0.6	0.1	10（日元）	15（日元）	20（日元）	P＝14（日元）
	纺织品	0.5	0.1	0.4	10（日元）	15（日元）	20（日元）	P＝14.5（日元）
澳大利亚	小麦	0.3	0.6	0.1	30（澳元）	20（澳元）	10（澳元）	P＝22（澳元）
	纺织品	0.5	0.1	0.4	30（澳元）	20（澳元）	10（澳元）	P＝21（澳元）

资料来源：作者根据理论推演而得。

我们沿用李嘉图理论计算方式来分析考虑碳要素成本下的纺织品和小麦交换（见表 4－6）。

表4-6 考虑碳要素成本下的纺织品和小麦的国际分工和交换

Table 4-6 The international division and exchange of textiles and wheat considering the cost of carbon factor

国家		小麦产量（单位）	所需生产成本	纺织品产量（单位）	所需生产成本
分工前	日本	1	14（日元）	1	14.5（日元）
	澳大利亚	1	22（澳元）	1	21（澳元）
	合计	2	/	2	/
分工后	日本	2.04	28.5（日元）	0	0
	澳大利亚	0	0	2.05	43（澳元）
	合计	2.04	28.5（日元）	2.05	43（澳元）
国际交换	日本	1.04		1	
	澳大利亚	1		1.05	

资料来源：作者根据理论推演而得。

通过计算我们可以得到如下结果：

①日本生产1单位纺织品的成本是14.5日元，生产1单位小麦的成本是14日元，其成本合计是28.5日元。

②澳大利亚生产1单位纺织品的成本是21澳元，生产1单位小麦的成本是22澳元，其成本合计是43澳元。

③在不考虑国际汇率因素的情况下，国际分工以后，假如日本只生产小麦，可生产2.04单位的小麦。假如澳大利亚只生产纺织品，可生产2.05单位的纺织品。

④两国经过国际贸易，日本可以用1单位的小麦去换澳大利亚1单位的纺织品，这样获得的是1.04单位的小麦和1单位的纺织品，通过国际贸易比先前多获得了0.04单位的小麦。澳大利亚也可以通过交换获得1单位的小麦和1.05单位的纺织品，通过国际贸易比先前多获得了0.05单位的纺织品。

因此，根据要素禀赋造成的比较成本差异，日本和澳大利亚的分工格局应该是：日本生产小麦并向澳大利亚出口，澳大利亚生产纺织品并向日本出口。这样一来，加入碳要素以后的两国贸易格局就发生了重大改变。

以上分析可以得出：无论是李嘉图理论模型还是H－O理论模型，当考虑碳要素之后贸易的进出口方向都发生了转变。这都表明了碳关税（碳要素）的征收会对原有的贸易格局产生改变。结合本书研究情景，当美、日、欧单独或者同时对发展中国家农产品征收碳关税时，实际上都是将碳关税作为一种生产成本（碳要素成本）加入到了农产品价格中，进而对农产品贸易产生影响。

4.5 考虑碳要素对中国农产品贸易比较优势的影响

4.5.1 考虑碳要素对我国农产品贸易比较优势的消极影响

从短期来看，实施碳关税将会极大地冲击我国农产品的对外贸易出口额，增加农产品生产成本，提高农产品出口贸易价格，降低我国国民福利。

（1）降低我国农产品对外贸易出口额

首先，我国作为主要的发展中国家，其农业生产技术和管理方式与发达国家相比，存在较大差距。并且，过度使用化肥、农药以及农药薄膜用来进行农业生产会导致大量二氧化碳的排放。我国目前这种以使用化学物品为主的“化学农业”在短期内很难达到发达国家的低碳标准。相对而言，发达国家早已走出工业化时代，在新能源技术方面有着比较大的优势，美、日、欧等主要发达国家能够设置严格的碳排放标准，并对未达到标准的发展中国家出口的农产品征收高额的碳关税，导致我国的一些未能达标的农产品出口量大幅度下降。另外，随着全球气候变化大会的召开，广大消费者尤其是发达国家的消费者，他们的低碳意识提高，会更倾向于购买本国的低碳产品，我国农产品出口会面临较大困境。

（2）提高我国农产品对外贸易出口价格

一旦西方发达国家对我国农产品征收碳关税，我国农产品外贸出口所需支付的成本将不断上升，这样，我国农产品对外出口价格将会被不断抬高。在高碳关税成本的巨大压力下，我国的农产品外贸出口公司将不得不进行技术创新，使出口的农产品达到发达国家所规定的碳排放标准，这将会进一步增加农产品的生产成本。与此同时，我们农产品出口企业为使农产品能够成功进入发达国家的市场，就势必会引进农产品生产加工、流通环节中的所有与碳排放测试、检验、认证相关的检测设备，这也将进一步造成我国出口的农产品生产成本大幅提高，从而导致农产品外贸出口价格的大幅度上升，进一步会使得我国农产品贸易原本具有的劳动力、土地等价格优势荡然无存。

(3) 降低我国居民对进口农产品的消费能力

我国农业生产过程中的二氧化碳排放量主要来自动物产品，一旦美、日、欧等西方发达国家征收碳关税，就会使得我国外贸出口中具有比较优势的劳动密集型农产品受到重创。农产品出口企业为了降低能耗和提升竞争力，必然会进行农产品对外贸易的结构调整，导致对劳动力需求锐减，增加大量的失业人口。与此同时，依据国际贸易的有关规则，我国在西方发达国家碳关税实施的引导下，也势必会对出口到我国的农产品征收碳关税，这样就会导致农产品进口价格的上升。因而，对我国消费者来说，失业会造成我国居民收入减少，进口农产品价格的上升则会进一步使我国居民对进口农产品的消费能力降低。

4.5.2　考虑碳要素对我国农产品贸易比较优势的积极影响

西方发达国家对我国农产品征收碳关税虽然会给我国农产品外贸出口带来巨大的障碍，但从长期来看，西方发达国家碳关税的征收会对我国农产品贸易形成倒逼机制，从而向好的方向转变。

(1) 有利于促进我国农业技术进步

面对碳关税的压力，为了保持农产品外贸出口的持续增长，我国农业生产部门不得不改进生产技术，减少农药、化肥等化学产品的使用，进而寻求新的低碳生产方式。与主要发达国家农业生产相比，目前我国的农业生产技术还十分落后。为了成功地跨过碳关税的贸易壁垒，我国必须大力进行农业技术创新，研究能够进入发达国家市场的节能减排技术。主要发达国家在低碳农产品的生产环节具有十分丰富的经验，通过征收碳关税能够形成倒逼机制，迫使我国学习西方先进的农业减排技术，并加以消化吸收，不仅能够降低农业生产中的碳排放量；而且能使我国农业生产技术水平得到提高，进一步使农产品外贸出口竞争力得到提高。

（2）有利于优化我国农产品结构

主要发达国家对我国农产品外贸出口征收碳关税，这样势必会打破我国产品出口规模小、集体化程度低和专业化程度低的状态。低碳标准未来必定会成为一种国际标准。与此同时，那些高污染、高农药化肥含量的农产品将很难进入到国际市场，相反，污染少、碳排放低的农产品的市场需求会不断提高。这就促使高碳排放的农产品生产企业不断改进生产技术，减少二氧化碳的排放量，来达到发达国家制定的低碳标准。总而言之，农产品生产企业会根据国际市场对低碳产品的需求，加快调整农产品结构，降低农产品的二氧化碳排放量，使农产品结构得到优化，从而提高我国农产品在世界市场的占有率。

（3）有利于完善我国农产品出口制度

当前，我国的低碳农业政策还十分不健全，还没有形成完整的制度体系。由于我国农业制度的不完善，致使我国农产品的生产大量存在高二氧化碳排放。随着2015年11月巴黎气候变化大会的召开，一些国家已经准备着手碳关税制度的制定。一旦碳关税政策开始实行，那将会使我国农产品外贸出口遭到极大的损失。在此情况下，我国必须大力借鉴主要发达国家低碳政策加以消化和吸收，并据此制定出符合我国实际情况的碳关税政策，不断完善我国低碳农产品外贸出口制度。

4.6 本章小结

本章对碳关税对农产品贸易影响的理论模型进行了探析。主要包括：

对全球减排背景下碳关税的新内涵进行了阐释；对比较优势理论模型及其发展进行了介绍；对加入碳要素的国际农产品贸易比较优势理论模型进行了理论推演和对比分析，对加入碳要素的国际农产品贸易 H－O 理论模型进行了理论推演和对比分析，还对考虑碳要素对中国农产品贸易未来的比较优势的影响进行了分析。

第 5 章

GTAP 模型介绍和数据处理及情景设定

基于 GTAP 模型在预测政策实施影响效果方面的优越性，并且其数据库内含的规模宏大的数据库能为政策模拟研究提供非常好的数据来源，所以，本章将采用 GTAP 模型及其附带最新版的 GTAP 8.0 数据库就碳关税对农产品贸易的影响进行定量模拟研究。

5.1　GTAP 模型介绍

5.1.1　GTAP 模型的发展情况

目前，国内外在研究碳关税问题上较多采用了可计算一般均衡模型（Computable General Equilibrium，CGE 模型），进行定量模拟研究。可计算一般均衡模型（CGE）也称为应用的一般均衡模型，是一种经典的计量经济学的运算方法[205]。根据该系统所包含的区域个数，CGE 模型一般分成了单区域可计算一般均衡模型和多区域可计算一般均衡模型。当前，CEG 模型正在被大量用在碳关税、碳税等经济政策模拟计量当中[62][64]。但是就当前国内外的研究现状而言，绝大多数的定量研究都还局限于单区域的 CGE 模型研究。丛晓男（2012）对单区域 CGE 模型进行了全面分析和研究，指出了单区域的 CGE 模型在研究碳关税问题上面存在的严重不足，认为多区域的 CGE 模型才能够弥补这些缺点[206]。

Kuik 和 Hofkes（2010）基于多区域 CGE 模型研究了欧盟征收碳关税对其他经济体的影响，模拟发现碳关税减排效果温和，并不是一种十分有效的减排政策[137]。Dong 与 Whalley（2009）创造了一个基于 4 区域的 CGE 模型，就美欧对中国等主要发展中国家出口产品征收碳关税问题进行了定量模拟[129]；在此基础上，林伯强和李爱军（2010）参考并进一步完善了 Dong 和 Whalley 的模型，增加印度和巴西这两个发展中的大国，结果表明，虽然碳关税可以从一定意义上减少被征收碳关税的国家二氧化碳的排放量，但无法使得全球的碳排放量大量降低[126]。并且这个CGE的模型只有2个基本部门，模型的适用范围大打折扣。鉴于国际多区域CGE模型能够详细刻画多边贸易关系，因此，本章将采用多区域一般均衡的“全球贸易分析模型（GTAP）”，模拟研究碳关税对全球宏观经济和农产品贸易以及产业结构变化的影响。

GTAP模型自1993年发布第一版以来，已逐渐受到经济学和政策模拟研究者的高度重视，由表5-1可知，GTAP模型目前趋于稳定，基本上每隔3—4年更新一次，目前最新版为2012年7月发布的第八版。GTAP 8.0版集成了2007年的数据，其规模已经达到129个国家或地区、57个国民经济部门。该版本最大的亮点是纳入了二氧化碳排放的数据。

表5-1 GTAP模型的发展历程

Table 5-1 The development of GTAP model

版本	发布时间	国家或地区（个）	部门（个）	基准年	其他改进
GTAP 1.0	1993年	15	37	1990年	
GTAP 2.0	1994年	24	37	1992年	
GTAP 3.0	1996年	30	37	1992年	
GTAP 4.0	1998年	45	50（更多的农业部门数据加入）	1995年	①GTAP数据库从国际能源署（IEA）获得了潜在的物理能源流动数据；②在社会分工的基础上，劳动进一步分为熟练和不熟练
GTAP 5.0	2001年	66	57（更多服务业部门数据加入）	1997年	关税数据来自世界银行和联合国贸易与发展会议组织提供的美国农业部（USDA）经济研究局（ERS）和世界联合贸易软件支持的农业市场分析数据库（AMAD）
GTAP 6.0	2005年	87	57	2001年	关税和进口保护的绘图数据库由CEPII和日内瓦贸易中心提供

续表

版本	发布时间	国家或地区（个）	部门（个）	基准年	其他改进
GTAP 7.0	2008 年	113	57	2004 年	①双边服务贸易的数据由 CPB 提供；②农产品出口补贴数据由美国农业部（USDA）经济研究局（ERS）提供；③更全面的国内支撑数据来自世界经济合作与发展组织 Hsin Huang 和 Jensen 提供
GTAP 8.0	2012 年	129	57	2007 年	①更全面的出口补贴数据来自国际食品政策研究所的 David Laborde；②纳入二氧化碳排放和其他大量数据

资料来源：根据 Terrie L. Walmsley 等（2012）① 工作论文整理。

全球贸易分析模型（GTAP）是当前全球最先进、规模最大的多区域多部门 CGE 模型之一，内含非常完备的模型系统和基础数据系统，同一般的多区域 CGE 模型相比较而言，GTAP 模型在数据定量模拟方面更加完备[207]。GTAP 模型拥有极其完善的数据集合，包含了投入—产出数据、双边贸易数据以及贸易保护和能源消耗的数据，是社会核算矩阵（SAM）中的一个超集。

基于 GTAP 模型在国际经济分析中的强大能力，被越来越多地用于国际贸易谈判等政策模拟分析中。基于该模型及其附带的庞大而完整的数据库，可进行各类有关国际贸易、环境保护、能源、气候变化、经济增长等问题的研究。

本章将采用 GTAP 模型及 2012 年 7 月在其官网公布的 GTAP 8.0 版本的数据库，就美、日、欧等主要发达国家单独或者同时征收碳关税情境下对农产品贸易产生的影响进行定量模拟研究，从而为中国政府未雨绸缪采取相应的政策选择提供定量依据和政策建议。

---

① Terrie L W, Angel H A, Badri N G. Introduction to the global trade analysis project and the GTAP data base［R］. Purdue University, Working Paper, No. 67, 2012.

5.1.2 GTAP 模型的内部结构

全球贸易分析模型（GTAP）是由美国普渡大学农经系汤姆斯·赫特（Thomas W. Hertel）教授所主持的全球贸易分析计划（Global Trade Analysis Project，GTAP）团队发展出来，是一种基于多区域多部门应用的一般均衡（CGE）模型，当前已经被广泛应用于贸易政策模拟分析的各个方面[208]。在 GTAP 模型结构里面，首先需要建立可以详细描述每一个国家或者区域的生产、消费、政府支出等行为的子模型，然后，通过国际商品贸易的关系，将各子模型联合成为一个多国多部门的一般均衡模型。在这个模型的架构下进行政策模拟，可以研究得出这个政策对各区域的各个部门生产、进出口、商品价格、要素供需、要素报酬、GDP 和社会福利水平的变化情况等。

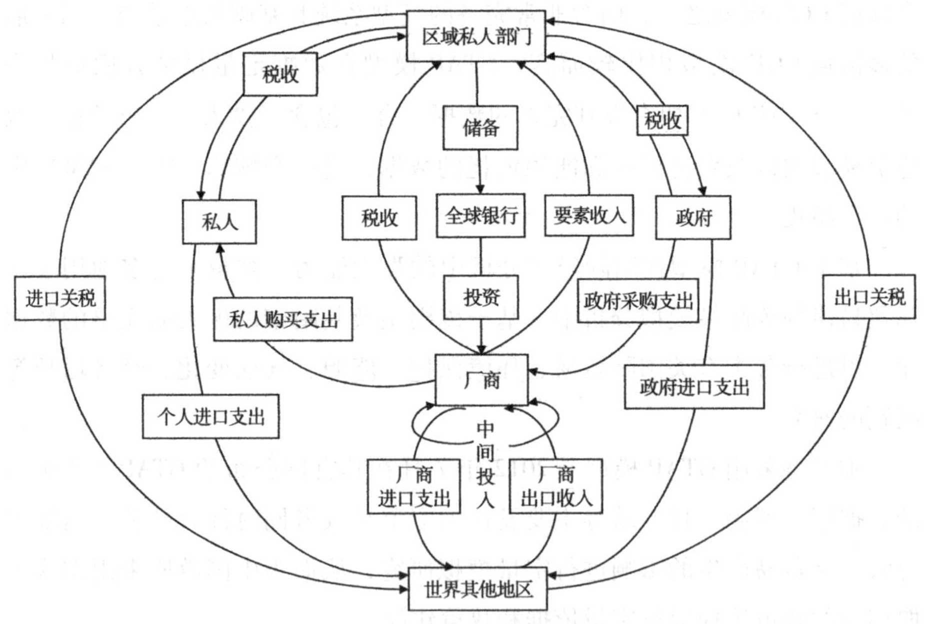

图 5-1 GTAP 模型内部结构

Figure 5-1 The inner structure of GTAP model

GTAP模型为一个多区域多部门可计算一般均衡模型。其内部基本结构框架如图5-1所示，在具体的分析过程中，为了使结构框架尽可能简单易懂，又可以完全说明其内部运行的机理，在图5-1中并未列出全球运输部门。GTAP模型主要包括以下几个方面的内容：

①假设全球商品贸易市场处于完全竞争状况，不存在贸易垄断和壁垒，对所有在全球商品市场上的产品和投入要素全部进行完全出清，这就意味着整个体系中没有商品库存的存在。

②GTAP模型中主要包括土地、资本、劳动力（其中又可以分为熟练劳动力和非熟练劳动力）、自然资源等5种生产要素。其中，仅有劳动力是可以自由流动的，资本在长期时间范围内是可以自由流动的，但是，在短期范围内假定是不能够自由流动的。

③GTAP模型主要包括家庭、政府、厂商等3个代表性的行为主体，分别通过CDE、C-D、CES函数来决定商品的使用组合，可以供每个行为主体选择购买的商品，既有国内商品，也有进口商品这两种类型。

④假设国内生产的商品与国外进口的商品，以及来自不同地区的商品之间是不可以完全替代的，即依据阿明顿假设中的基本规定，分别都是以函数来组成复合性的商品。

⑤假定GTAP模型中可供分配的地区收入主要来源于劳动、资本等要素收入和行为主体在日常生活中所支付的各项税收，还有就是进出口关税得到的财富，并经过效用函数来以固定份额的方式分配到三个部分：家庭、政府消费及储蓄。

⑥假设存在一个统一的全球性银行，这个银行可以负责全球各区域的储蓄和投资行为，在GTAP模型中，由于所有的储蓄与投资都在全世界范围内进行加总求和，因此，银行的储蓄率在全球范围内应该是单一的和统一的。

⑦此外，GTAP模型中还存在一个统一的全球运输部门，它将全球范围内各区域之间的双边贸易都精密联系在一起，主要用来平衡双边贸易中的商品FOB价格（离岸价）和CIF价格（到岸价）之间的巨大差异。

因为GTAP模型对政策定量模拟研究具有非常好的模拟效果，并且能够为政策选择和策略研究提供具体而准确的建议，所有当今世界的重要经济组织无不采用此方法进行政策模拟和定量研究。例如，世界贸易组织（WTO）、国际货币基金组织（IMF）和世界银行（WB）等都已经广泛使用 GTAP 模型对当前国际政治经济情况进行定量模拟研究，并且已经取得了非常好的结果。伴随我国同世界各国联系的不断加强，各种先进的软件分析工具与世界同步使用是非常重要的。本章采用当前国际广泛使用的政策模拟器——GTAP 模型来模拟碳关税对农产品贸易的影响，进而为政策制定提供建议和策略，而且依据我国当前的实际情况进行发展对策的探讨。

5.2 数据处理

在进行 GTAP 模型定量模拟研究之前，必须对 GTAP 8.0 数据库里面的数据进行预处理。本章主要是采用 GTAP 软件的第 8 版本中自带软件 GTAPAgg 进行数据的处理。该数据库包括了全球 129 个经济体以及 57 个行业部门，行业部门主要是依据 ISIC 分类标准进行。

5.2.1 地区划分

为了最大限度地减少模型模拟的复杂程度，并能够很好地刻画出全球不同地区的贸易特征，本章对 129 个国家和地区的数据进行了合并。从世界范围内关于征收碳关税的呼声来看，主要发达国家都提出过准备征收碳关税。在这些国家中，欧盟国家是大力开展碳关税征收的首创者。并且，美国已经通过了《清洁能源安全法案》，主要就是针对发展中国家征收碳关税的事情。因此，美国征收碳关税可能性也非常大。日本是《京都议定书》的重要缔约国之一，当前，日本国内已经在大力实施碳税政策，未来征税可能性也是非常大的。有鉴于此，本章将这三个经济体设置为征税方。

同时，根据当前国际基本经济格局，并考虑到不同发展水平的发展中国家对碳关税所采取的态度可能存在的差异性，本章将美、日、欧等征税国以及中国单独拿出来进行讨论，将全球分为 8 大区域：分别是欧盟（EU）、美国（US）、日本（JPN）、中国（CHN）、东盟（ASE，即除文莱和缅甸以外的东盟 8 国）①、非洲国家（AFR，除南非以外的非洲国家）、“金砖”国家（BRIC，除中国以外的“金砖”国家。即俄罗斯、印度、巴西和南非 4 国）和世界其他地区（XOW，除上述国家外的国家或地区）（见表 5 –2）。

表 5 –2　　　　GTAP 模型的地区划分

Table 5 –2　　　　Area dimensions of the GTAP model

区域	描述
欧盟（EU）	英国、法国、德国、意大利、奥地利、希腊、丹麦、比利时、西班牙、瑞典、芬兰、波兰、荷兰、葡萄牙、塞浦路斯、捷克、爱沙尼亚、罗马尼亚、匈牙利、保加利亚、爱尔兰、卢森堡、拉脱维亚、斯洛伐克、立陶宛、马耳他、斯洛文尼亚
美国（US）	美国
日本（JPN）	日本
中国（CHN）	中国大陆
东盟（ASE）	印度尼西亚、马来西亚、菲律宾、新加坡、泰国、越南
非洲国家（AFR）	除南非以外的非洲国家
“金砖”国家（BRIC）	俄罗斯、印度、巴西和南非
世界其他地区（XOW）	除上述国家外的国家或地区

资料来源：作者根据 GTAP 8.0 数据库和软件 GTAPAgg 汇总整理。

5.2.2　部门划分

最新版的 GTAP 8.0 数据库共有 57 个部门，由于 GTAP 最开始是用于

① GTAP 8.0 中不含文莱和缅甸两国的单独数据。

全球农业贸易模拟的，所以农产品相对全面，本章保留了GTAP的农产品部门，为了减少计算量，也为了突出本章关注的焦点，对于非农产品部门进行了归并，形成了5个非农业部门。这一归并过程在GTAP软件中实现。将各国的经济划分为6大部门，分别是农业（再细分为20个农产品类别）部门和矿业采掘、轻工业、重工业、电力、其他服务业等5个非农业部门（见表5-3）。

表5-3　GTAP模型的部门划分

Table 5-3　Sectoral dimensions of the GTAP model

Sectors 部门	Description 描述
Agricultural sectors 农业部门	Agricultural sectors 农业部门
1. pdr 水稻	Paddy rice 水稻
2. wht 小麦	Wheat 小麦
3. gro 其他谷物	Cereal grains nec 其他谷物
4. v_f 蔬菜水果和干果	Vegetables, fruit, nuts 蔬菜水果和干果
5. osd 油籽	Oil seeds 油籽
6. c_b 甘蔗和甜菜	Sugar cane, sugar beet 甘蔗和甜菜
7. pfb 植物纤维	Plant - based fibers 植物纤维
8. ocr 其他作物	Crops nec 其他作物
9. anl 畜产品	Animal products 畜产品
10. rmk 原奶	Raw milk 原奶
11. wol 羊毛、蚕茧	Wool, silk - worm cocoons 羊毛、蚕茧
12. frs 林业	Forestry 林业
13. fsh 渔业	Fishing 渔业
14. sgr 食糖	Sugar 食糖
15. b_t 饮料和烟草产品	Beverages and tobacco products 饮料和烟草产品
16. Mil 乳制品	Dairy products 乳制品
17. Pcr 大米	Processed rice 大米
18. Vol 菜油和脂肪	Vegetable oils and fats 菜油和脂肪
19. Ofd 其他食品	Food product nec 其他食品
20. Mnt 肉制品	Meat products 肉制品
Non - agricultural sectors 非农业部门	Non - agricultural sectors 非农业部门
21. Extraction 采掘	Mining and Extraction 矿业采掘

续表

Sectors 部门	Description 描述
22. LightMnfc 轻工业	Light Manufacturing 轻工业
23. HeavyMnfc 重工业	Heavy Manufacturing 重工业
24. Electricity 电力	Utilities and Construction 公共事业和建设
25. Service 服务业	Transport and Communication 运输和通信

资料来源：作者根据 GTAP 8.0 数据库和软件 GTAPAgg 汇总整理。

5.2.3　碳关税冲击的计算

在旧版的 GTAP 7.0 数据库中没有碳排放数据，只有各个部门中间投入的化石能源数据，计算各部门生产碳排放量一般是采用 IPCC（2006）的公式，使用能源消耗量和各化石燃料的排放系数相乘。但在最新版的 GTAP 8.0 数据库中，已经给出了各部门的碳排放量，在 GTAP 数据库软件自动生成的一系列文件中，有名为“CO_2. har”的文件，点开即是碳排放数据（见图 5-2）。

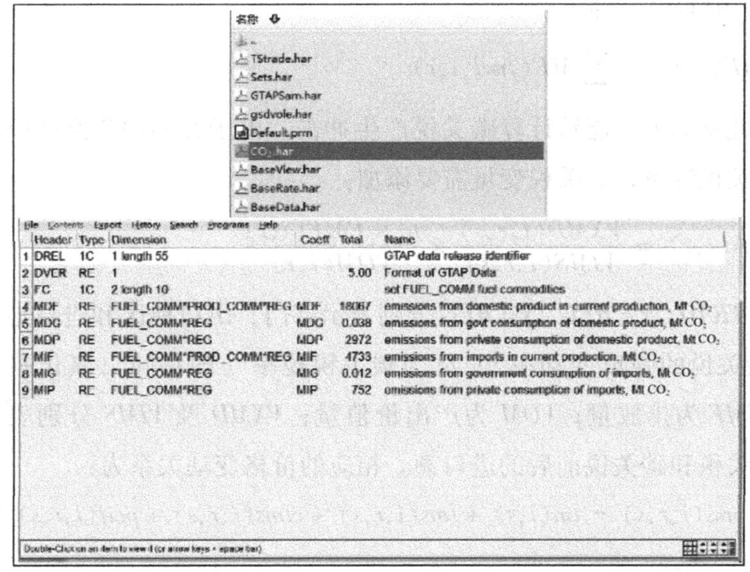

图 5-2　GTAP 8.0 数据库中的二氧化碳排放数据

Figure 5-2　The CO_2 emissions data in GTAP 8.0 database

打开该文件，发现有如下数据：

其中，MDF（FUEL_COMM，PROD_COMM，REG）为地区REG的部门PROD_COMM投入国内生产的能源FUEL_COMM所产生的碳排放量。

同样，MIF（FUEL_COMM，PROD_COMM，REG）是地区REG的部门PROD_COMM投入进口能源FUEL_COMM所产生的碳排放量。

表5-4和表5-5分别显示了全球8大区域25个产品部门投入国内生产的能源所产生的碳排放量与全球8大地区25个产品部门投入进口能源所产生的碳排放量。

则本章研究中采用：

MF（FUEL_COMM，PROD_COMM，REG）= MDF（FUEL_COMM，PROD_COMM，REG）+ MIF（FUEL_COMM，PROD_COMM，REG）

计算地区REG的部门PROD_COMM投入能源FUEL_COMM所产生的碳排放量，也就能够计算出地区与REG的部门PROD_COMM在生产过程中总的排放量（不同能源排放量相加即可）。

EMF（PROD_COMM，REG）= sum（FUEL_COMM，MF（PROD_COMM，REG）），即：

$$EMF(i,r) = \sum_{fuel} MF(fuel,i,r)$$

在此基础上，能够计算碳关税产生冲击。由于在GTAP模型中没有显式的碳关税变量，碳关税变量需要添加：

$$ctms(i,r) = \frac{VXMD(i,r,s)}{VIMS(i,r,s)} \times \frac{tc \times EMF(i,r)}{VOM(i,r)} \tag{5-1}$$

$i \in TRAD$，$r \in REG$，$s \in REG$分别表示部门、出口地区和进口地区；*ctms*为碳关税的强度变动率[①]；*tc*为碳关税税率（即每吨二氧化碳多少美元）；*EMF*为排放量；*VOM*为产出价值量；*VXMD*及*VIMS*分别表示进口国征收关税和碳关税前后的进口额。相应的价格变动关系为：

$$pms(i,r,s) = tm(i,s) + tms(i,r,s) + ctms(i,r,s) + pcif(i,r,s) \tag{5-2}$$

---

① 税收（补贴）强度是指征税（补贴）前后的商品价格之比，*ctms*是这一比值的变动率。注意该概念不同于税收概念。

公式（5-2）表示商品的到岸价格 *pcif* 和商品的税后价格 *pms* 之间的变动关系，*tm* 和 *tms* 为出口的商品关税强度变化率。依据这个公式，我们可以计算碳关税强度的变动率，两者的区别主要在于：前者不区分商品的进口源，后者则可以针对不同商品的进口源进行关税征收。GTAP是非常典型的多区域、多部门的可计算一般均衡模型（CGE），其框架非常适合进行全球贸易的定量模拟研究。由于模型中关税等变量的变化都是采用百分数来表示的，所以根据计算的碳排放强度来预测美、日、欧征收碳关税对农产品贸易产生的影响。

表5-4　全球各区域投入国内能源产生的二氧化碳排放量

Tables 5-4　The CO_2 emissions generated by domestic energies of each region in the world

（单位：百万吨）

农产品类别 Agri Sub-Sectors	美国 US	日本 JPN	欧盟 EU	中国 CHN	东盟 ASE	非洲 AFR	“金砖”国家 BRICS	其他地区 XOW	总计 Total
水稻 pdr	0.826	0.629	0.040	5.130	1.560	0.002	1.200	1.960	11.400
小麦 wht	4.450	0.021	3.590	5.180	0.001	0.620	4.290	6.650	24.800
其他谷物 gro	11.000	0.013	3.750	3.620	0.279	0.362	4.330	10.600	33.900
蔬菜水干果 v_f	9.230	2.110	3.390	34.400	3.040	1.000	8.500	11.900	73.600
油籽 osd	2.680	0.012	3.050	2.510	0.347	0.220	4.170	6.550	19.500
甘蔗和甜菜 c_b	0.225	0.019	0.401	0.396	0.432	0.072	1.990	1.420	4.960
植物纤维 pfb	0.657	0.006	0.025	3.740	0.024	0.152	1.430	9.530	15.600
其他作物 ocr	2.380	1.470	10.100	0.380	1.230	0.266	6.840	3.170	25.800
畜产品 anl	6.830	0.100	4.170	19.200	0.326	0.224	4.690	6.940	42.400
原奶 rmk	1.630	0.039	1.400	0.316	0.027	0.057	4.100	4.130	11.700
羊毛蚕茧 wol	0.003	0.002	0.024	1.350	0.018	0.079	0.771	0.594	2.840
林业 frs	0.857	0.394	2.170	5.730	0.887	0.296	7.540	4.130	22.000
渔业 fsh	2.540	5.000	3.520	18.200	4.420	0.469	3.510	10.500	48.200
食糖 sgr	5.930	0.383	0.251	0.842	0.769	0.361	2.240	3.510	14.300
饮料和烟草 b_t	8.150	1.250	8.350	16.900	5.750	0.632	2.920	7.740	51.700
乳制品 Mil	5.430	0.784	4.010	5.830	0.514	0.195	5.680	6.070	28.500
大米 Pcr	0.221	0.105	0.015	0.523	0.181	0.037	13.400	1.190	15.600
菜油和脂肪 Vol	2.370	0.115	0.565	4.690	2.710	0.050	1.940	2.880	15.300
其他食品 Ofd	28.600	4.050	8.170	23.700	3.730	0.591	4.920	21.100	94.800
肉制品 Mnt	11.900	0.214	2.430	0.853	0.438	0.207	2.000	4.330	22.400
矿业采掘 Extraction	18.400	1.540	7.670	150.000	13.500	15.600	82.400	202.000	492.000

续表

农产品类别 Agri Sub - Sectors	美国 US	日本 JPN	欧盟 EU	中国 CHN	东盟 ASE	非洲 AFR	"金砖"国家 BRICS	其他地区 XOW	总计 Total
轻工业 Light Mnfc	122. 000	8. 180	29. 000	121. 000	29. 700	3. 840	28. 400	103. 000	445. 000
重工业 Heavy Mnfc	404. 000	101. 000	227. 000	1035. 000	179. 000	38. 500	366. 000	764. 000	3116. 000
电力业 Electricity	2340. 000	59. 800	661. 000	2895. 000	227. 000	71. 900	1692. 000	1340. 000	9286. 000
服务业 Service	1177. 000	209. 000	722. 000	396. 000	128. 000	54. 000	487. 000	975. 000	4149. 000
总计 Total	4168. 000	397. 000	1706. 000	4752. 000	604. 000	190. 000	2742. 000	3509. 000	18067. 000

资料来源：作者采用 GTAP 8. 0 模拟求解计算而得。

表 5 -5　　全球各区域投入进口能源所产生的二氧化碳排放量

Tables 5 -5　　The CO_2 emissions generated by import energies of each region in the world

（单位：百万吨）

农产品类别 Agri Sub - Sectors	美国 US	日本 JPN	欧盟 EU	中国 CHN	东盟 ASE	非洲 AFR	"金砖"国家 BRICS	其他地区 XOW	总计 Total
水稻 pdr	0. 096	0. 035	0. 145	0. 468	0. 165	0. 011	0. 362	1. 080	2. 360
小麦 wht	0. 518	0. 002	1. 850	0. 210	0. 000	0. 553	0. 463	1. 190	4. 790
其他谷物 gro	1. 120	0. 001	1. 750	0. 184	0. 031	0. 390	0. 412	1. 410	5. 310
蔬菜水干果 v_f	1. 390	0. 180	2. 200	2. 170	0. 273	1. 200	0. 831	3. 530	11. 800
油籽 osd	0. 263	0. 001	1. 610	0. 118	0. 360	0. 107	0. 477	0. 427	3. 360
甘蔗和甜菜 c_b	0. 027	0. 001	0. 185	0. 026	0. 073	0. 051	0. 248	0. 486	1. 100
植物纤维 pfb	0. 079	0. 001	0. 223	0. 227	0. 006	0. 108	0. 191	2. 310	3. 140
其他作物 ocr	0. 350	0. 150	7. 610	0. 020	0. 216	0. 207	0. 768	0. 693	10. 000
畜产品 anl	0. 624	0. 009	3. 130	0. 507	0. 129	0. 185	0. 254	1. 150	5. 990
原奶 rmk	0. 258	0. 007	0. 755	0. 011	0. 008	0. 042	0. 182	0. 980	2. 240
羊毛蚕茧 wol	0. 000	0. 000	0. 400	0. 274	0. 022	0. 071	0. 152	0. 393	1. 310
林业 frs	0. 125	0. 027	1. 600	0. 354	0. 836	0. 166	0. 439	0. 763	4. 310
渔业 fsh	0. 068	0. 793	3. 020	1. 520	5. 950	0. 967	0. 388	5. 470	18. 200
食糖 sgr	0. 067	0. 046	0. 280	0. 034	0. 156	0. 148	0. 464	0. 789	1. 980
饮料和烟草 b_t	0. 210	0. 504	9. 180	0. 639	0. 340	0. 273	0. 485	1. 470	13. 100
乳制品 Mil	0. 134	0. 447	3. 990	0. 146	0. 059	0. 080	0. 866	1. 540	7. 260
大米 Pcr	0. 016	0. 335	0. 163	0. 027	0. 137	0. 022	1. 510	0. 481	2. 690
菜油和脂肪 Vol	0. 034	0. 041	0. 540	0. 466	0. 714	0. 036	0. 311	0. 833	2. 970
其他食品 Ofd	0. 651	1. 240	12. 300	0. 862	1. 250	0. 595	0. 890	4. 880	22. 700
肉制品 Mnt	0. 240	0. 244	1. 970	0. 041	0. 070	0. 084	0. 208	0. 911	3. 770
矿业采掘 Extraction	11. 000	0. 237	8. 510	12. 100	2. 970	1. 680	6. 050	20. 800	63. 400
轻工业 Light Mnfc	5. 100	12. 400	45. 600	5. 440	6. 360	2. 420	3. 960	28. 100	109. 000

续表

农产品类别 Agri Sub - Sectors	美国 US	日本 JPN	欧盟 EU	中国 CHN	东盟 ASE	非洲 AFR	"金砖"国家 BRICS	其他地区 XOW	总计 Total
重工业 Heavy Mnfc	123.000	77.100	244.000	49.200	60.400	10.000	68.300	227.000	859.000
电力业 Electricity	74.000	381.000	679.000	62.400	94.100	28.100	143.000	699.000	2161.000
服务业 Service	178.000	55.100	571.000	32.900	109.000	49.900	38.000	379.000	1412.000
总计 Total	398.000	530.000	1602.000	170.000	284.000	97.400	269.000	1384.000	4733.000

资料来源：作者采用 GTAP 8.0 模拟求解计算而得。

5.3　情景设定

对于碳关税税率的选取，目前学术界尚存在不同的认识（见表 5 -6）。从碳关税征收实践来看，2007 年欧洲碳交易市场上，每吨二氧化碳的价格是 25—30 美元；而美国环境署给《美国清洁能源和安全法案》提出了 13—17 美元每吨二氧化碳初始碳税价格；2009 年 11 月 24 日，时任法国总统萨科齐提议向外国进口的商品征收碳关税税率为 17 欧元每吨二氧化碳[209]，此后还将逐渐增加。目前，美国的明尼苏达州（Minnesota）已经立法通过对北达科他州（North Dakota）输入的煤电征收 4—34 美元每吨二氧化碳的碳关税。通过查阅大量文献和参考以上学者对碳关税的征税标准的设定，本章将选取 20 美元每吨二氧化碳来作为各种征收情景下的碳关税的基准税率，用以模拟美、日、欧征收碳关税时对世界和中国农产品贸易造成的冲击。

表 5 -6　　不同学者采用的碳关税税率

Table 5 -6　　Carbon tariff rates introduced by various researchers

来源	研究采用的碳关税税率
Atkinson（2011）[186]	50 美元/吨碳等价物
Kasterine 等（2010）[83]	100 美元/吨碳等价物
鲍勤等（2010）[63]	10—100 美元/吨碳等价物

续表

来源	研究采用的碳关税税率
谢来辉、陈迎（2010）[49]	10美元、30美元或50美元/吨二氧化碳
沈可挺、李钢（2010）[62]	30—60美元/吨碳等价物
黄凌云、李星（2010）[182]	10—70美元/吨碳等价物

资料来源：作者根据不同的研究文献整理而得。

从当前国际碳关税实践和发展态势来看，主要发达国家先后提出了对发展中国家征收碳关税的论断，而这其中美欧的呼声最高，日本低碳技术较为先进，因此有征收碳关税的动因和基础。由此，根据征税国的不同，我们设置了四种征收碳关税的情景，即欧盟征收情景（“EU_20”）、美国征收情景（“US_20”）、日本征收情景（“JP_20”）和欧美日共同征收（“All_20”）情景。

本章的定量模拟分析情景设置为：美国、日本、欧盟单独或者同时按照20USD每吨二氧化碳对全球其他经济体来征收碳关税使得农产品贸易的变动情况。因为GTAP模型的线性特征，这四种情景下的结果能够被解读成：对发展中国家出口的产品征收每吨20美元的碳关税导致的相关变量的变化。

5.4 本章小结

本章主要对GTAP数据库进行了介绍，阐明后文进行GTAP模型测算的数据来源；进行GTAP模型的构建，对最新版的GTAP 8.0数据库里面的数据进行了处理，将世界划分为8个区域，各国的经济划分为6大部门（其中农业部门又单独划分为20个产品部门，共计25个部门）；依据公式对碳关税强度变动率进行了测算；对碳关税征收的四种情景进行了分别设定，即欧盟征收情景（简称“EU_20”）、美国征收情景（简称“US_20”）、日本征收情景（简称“JP_20”）和欧美日同时征收情景（简称“All_20”）情景。这些准备工作为后面开展GTAP模型实证分析做好了铺垫。

第 6 章

碳关税对全球农产品贸易的影响

本章首先在宏观层面关注农产品贸易所处的大经济环境，即探析碳关税对全球经济和全球贸易的影响，明确碳关税征收可能引发的经济与贸易环境的变化；继而在中观层面（即产业层面）就农业部门的农产品贸易受碳关税的影响进行深入研究，揭示在多种碳关税征收情境下全球农产品贸易可能受到的冲击。

6.1 碳关税对全球农产品贸易环境的影响

6.1.1 碳关税征收对全球 GDP 的影响

国内生产总值（Gross Domestic Product，GDP）：它是一个国家或者地区所有人口在一定时期通过生产活动创造的各种财富的总和。GDP 是衡量一个国家在一定时期内国内经济发展状况好与坏的一个最重要指标。

总体而言，开征碳关税对全球 GDP 的影响较小，不会造成世界经济巨大的变化。具体而言，碳关税征收对 GDP 的影响情况如下（见表6-1）。

（1）欧盟单独征收碳关税（“EU_20”）情境下

除日本和欧盟以外（日本 GDP 增加 0.0001%，欧盟 GDP 增加 0.0005%），其他国家和地区的 GDP 出现了不同程度的降低。其中，中国 GDP 下降最为显著，下降了 0.0236%；其次为“金砖”国家，下降了 0.0226%；其他国家和地区的下降幅度较小（非洲国家下降 0.003%、其他地区下降 0.0026%、东盟下降 0.0021%），均在 0.003% 以内。由于主要发达经济体的变动幅度并不大，因此对世界经济的影响并不显著，全球 GDP 仅出现 0.0036% 的降幅。

（2）美国单独征收碳关税（“US_20”）情境下

日本、欧盟和非洲国家 GDP 略有提高，三者 GDP 分别增加了 0.0003%、0.0013% 和 0.0021%；而受负面影响较大的地区仍是中国和

"金砖"国家，两者GDP分别减少了0.0283%和0.0036%；东盟和其他地区略有下降，分别下降了0.0011%和0.0007%，在0.002%以内。这表明美国征收碳关税对中国GDP的负面影响远远高于世界其他国家。同时也可以看到美国自身的GDP并没有因为主动征收碳关税而上升，反而是略有下降（降幅为0.0008%），这表明美国的宏观经济并未因其开征碳关税政策而受益。与欧盟单独征收碳关税相似，由于主要发达经济体的变动幅度并不大，因此对全球经济的影响并不显著，全球GDP仅出现0.0019%的降幅。

表6-1　征收碳关税的四种情景下全球各区域GDP的变化

Table 6-1　The variations of GDP of each region under the four scenarios (Unit: %)

（单位:%）

征收情景 Collection scenario	美国 US	日本 JPN	欧盟 EU	中国 CHN	东盟 ASE	非洲 AFR	"金砖"国家 BRIC	其他地区 XOW	全世界 World
欧盟征收情景 "EU_20" scenario	0.0000	0.0001	0.0005	-0.0236	-0.0021	-0.0030	-0.0226	-0.0026	-0.0036
美国征收情景 "US_20" scenario	-0.0008	0.0003	0.0013	-0.0283	-0.0011	0.0021	-0.0036	-0.0007	-0.0019
日本征收情景 "JP_20" scenario	0.0001	-0.0023	0.0004	-0.0094	-0.0023	0.0005	-0.0003	-0.0004	-0.0008
同时征收情景 "All_20" scenario	-0.0008	-0.0020	0.0022	-0.0613	-0.0056	-0.0005	-0.0266	-0.0037	-0.0063

资料来源：作者采用GTAP 8.0模拟求解计算而得。

（3）日本单独征收碳关税（"JP_20"）情境下

美国、欧盟和非洲国家的GDP出现小幅上扬，三者GDP分别增加了0.0001%、0.0004%和0.0005%，其他国家和地区GDP有下降的趋势，下降最为明显的国家和地区是中国和东盟地区，两者GDP分别下降了0.0094%和0.0023%，表明其与日本的经济联系较为紧密。日本的GDP也同样出现类似幅度的下降（降幅为0.0023%），与美国类似，日本自身也不能从征收碳关税政策中获得宏观经济利益。与欧盟和美国单独征收碳关税情况类似，由于主要发达经济体的变动幅度并不大，因此对世界经济的影响并不显著，全球GDP仅出现0.0008%的降幅，比欧盟和美国单独征收碳关税还要低一些。

（4）美、日、欧同时征收碳关税（“All_20”）情境下

除欧盟GDP小幅上升（增加0.0022%）以外，其他国家和地区的GDP均出现了不同程度的降低。受负面影响最为严重的中国、“金砖”国家和东盟国家和地区，其GDP将分别下降0.0613%、0.0266%和0.0056%。另外的国家和地区下降较少，具体情况为，其他地区、日本、美国和非洲国家等分别下降0.0037%、0.0020%、0.0008%和0.0005%。当美、日、欧同时征收碳关税时，由于单独征收情况下中国、“金砖”国家GDP下降较多，主要发达体变动幅度并不大，所以同时征收会形成一种叠加效应，导致世界经济将下降0.0063%，比单独征收碳关税要多。

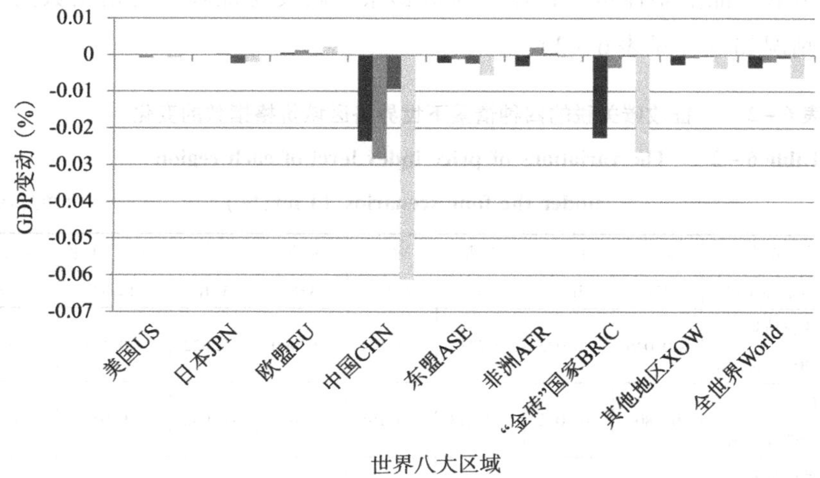

图6-1　碳关税征收对世界各区域GDP的影响情况

Figure 6-1　The variations of GDP of each region by carbon tariffs

（5）欧盟是所有征收碳关税情境下的受益者，中国是最大的受害国

从图6-1可以看出，欧盟在所有征收碳关税情境下，都会导致其GDP不同程度的增加，在所有碳关税征收情境下，中国、“金砖”国家、东盟地区、其他地区的GDP都会不同程度的降低，是碳关税征收的受害国。中国在所有征收情境下，都是GDP降低最多的国家，远远超过世界其他国家总和，是最大的受害国家。美国、日本、非洲地区在不同碳关税征收情境下，其GDP有增有减，并且变动幅度较小，所有影响也较小。对世界经济的整体影响方面，同时征收碳关税对世界经济的影响最大，其次为欧盟征收、美国征收，日本征收影响最弱。

6.1.2 碳关税征收对全球价格指数的影响

价格指数（Price Index，PI），是反映不同时间段同一类商品价格变化的方向、程度和趋势的经济状况指标。价格指数是研究价格动态变化的一种工具。碳关税的征收将会提高进口国农产品进口的价格，进而提高进口国国内农产品的整体价格，输入通货膨胀。碳关税征收对价格指数的影响具体情况如下（见表6－2）。

表6－2 征收碳关税的四种情景下世界各区域价格指数的变化

Table 6－2 The variations of price index level of each region under the four scenarios（Unit:%）

（单位:%）

征收情景 Collection scenario	美国 US	日本 JPN	欧盟 EU	中国 CHN	东盟 ASE	非洲 AFR	“金砖”国家 BRIC	其他地区 XOW
欧盟征收情景 “EU_20” scenario	－0.046	－0.025	0.221	－0.174	－0.090	－0.022	－0.165	－0.075
美国征收情景 “US_20” scenario	0.180	－0.002	－0.013	－0.161	－0.065	－0.033	－0.087	－0.060
日本征收情景 “JP_20” scenario	－0.003	0.106	－0.001	－0.052	－0.019	－0.007	－0.018	－0.008
同时征收情景 “All_20” scenario	0.131	0.078	0.207	－0.388	－0.175	－0.063	－0.270	－0.144

资料来源：作者采用GTAP 8.0模拟求解计算而得。

（1）欧盟单独征收（“EU_20”）、美国单独征收（“US_20”）和日本单独征收（“JP_20”）碳关税等三种情景下

价格水平提高的国家均为碳关税征收国，而其他国家和地区价格水平相对降低。欧盟价格水平提高的程度最为明显，为0.221%；其次为美国，价格水平提高0.18%；日本的提价效应最小，为0.106%。

（2）欧盟单独征收（“EU_20”）和美国单独征收（“US_20”）碳关税情景下

中国的降价幅度最大，分别下降0.174%和0.161%；其次为“金砖”国家（降低0.165%和0.087%）和东盟（下降0.09%和0.065%），说明这些国家受到碳关税冲击，商品出口难度加大，造成一定程度的积压，从而使得商品价格降低，进而带来国内价格下降的连锁反应。

（3）日本单独征收碳关税（“JP_20”）情景下

中国的降价幅度同样最高，下降0.052%；东盟的价格水平下降程度（0.019%）高于“金砖”国家（0.018%），反映出这些国家与日本的经济联系更为紧密。美国和欧盟价格水平略微下降，分别下降了0.003%和0.001%。

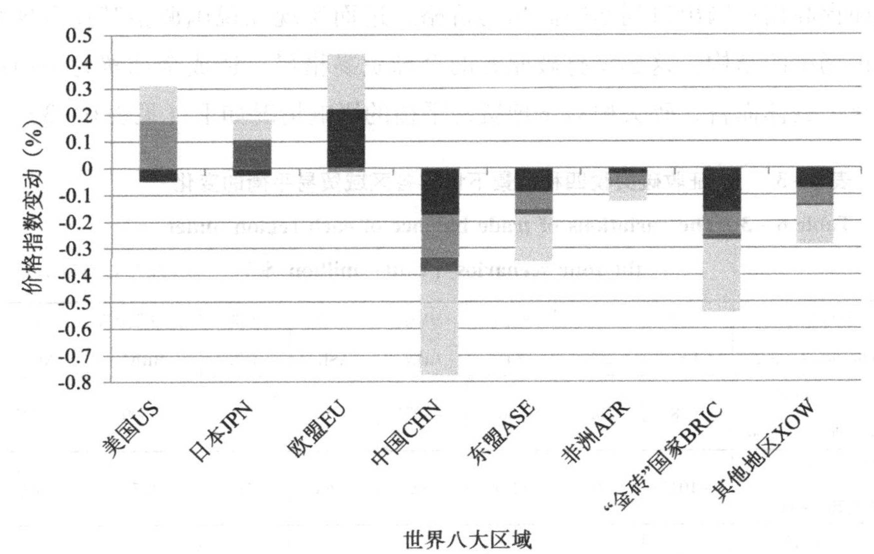

图6－2　碳关税征收对世界各区域价格指数的影响情况

Figure 6－2　The variations of price index of each region by carbon tariffs

（4）征税国在自己征税和同时征税情境下本国价格水平提高，被征税国四种情境下价格水平降低

图6－2将四种情景展现出来，可以发现美国、日本、欧盟作为征税国单独征收碳关税时，价格提高都是最大化；同时征收碳关税比自身征税价

格提高稍微减少；另外两方征收碳关税时，价格水平略微下降；被征收碳关税的国家四种情境下价格都要降低，同时情境下下降最多。对中国的影响最为显著，四种情境下，中国的价格水平都降低最多。

6.1.3 碳关税征收对全球贸易平衡的影响

贸易平衡是指一个国家在一定时期内，外贸进口和出口总额基本上保持平衡，略有结余的一种情况。具体而言，一国应该尽量保持进口和出口的相对平衡，如果逆差比较大，就意味着国民收入大量流出去。碳关税作为边境调节税中的一种，主要是对出口国出口到本国的商品征收碳关税，从而提高出口国出口到本国商品的价格，进而实现征税国调整其在全球贸易市场中的结构，这必将打破原有的全球贸易格局，造成全球贸易平衡的变化。具体而言，碳关税对全球贸易平衡的影响情况如下（见表6-3）。

表6-3 征收碳关税四种情景下世界各区域贸易平衡的变化

Table 6-3 The variations of trade balance of each region under the four scenarios（Unit：million $）

（单位：百万美元）

征收情景 Collection scenario	美国 US	日本 JPN	欧洲 EU	中国 CHN	东盟 ASE	非洲 AFR	“金砖”国家 BRIC	其他地区 XOW
欧盟征收情景 “EU_20” scenario	1028	202	866	-1072	-197	-8	-500	-317
美国征收情景 “US_20” scenario	-1035	310	1244	-852	-66	51	185	163
日本征收情景 “JP_20” scenario	212	-15	255	-488	-67	8	33	61
同时征收情景 “All_20” scenario	205	497	2365	-2412	-330	51	-283	-93

资料来源：作者采用GTAP 8.0模拟求解计算而得。

（1）欧盟单独征收碳关税（“EU_20”）情景下

主要征税国的净出口明显增加，而中国等被征税国家由于受到欧盟征收碳关税的影响，而使得从这些发展中国家或地区进口的农产品的价格上升，由于价格与需求呈反比，所以，进口国进口额势必减少，从而使得这些发展中国家的净出口减少。在所有被征收碳关税的国家里，中国的贸易顺差减少最多，为 1072 百万美元；美国的贸易逆差跃居首位，高达 1028 百万美元。毫无疑问，从这里可以看出，当欧盟征收碳关税时，对美国农产品出口刺激最大，有利于美国农产品出口增加。

（2）美国单独征收碳关税（“US_20”）情景下

当美国征收碳关税时，仅有美国、中国和东盟等三个国家或地区的外贸净出口额会减少，除此之外，其他国家或地区的外贸净出口额都会增加。美国征收碳关税对美国而言不仅没有带来任何好处，反倒使它自己的贸易逆差扩大，达到 1035 百万美元，比中国贸易逆差（852 百万美元）增加得还要多。在这种情况下，欧盟反倒是最大的获益者，其净出口将会增加 1244 百万美元。

（3）日本单独征收碳关税（“JP_20”）情景下

日本、中国和东盟的净出口额降低，分别达到了 15 百万美元、488 百万美元和 67 百万美元，其他国家和地区净出口额提高，按提高由大到小排序为：欧洲（提高 255 百万美元）、美国（提高 212 百万美元）、其他地区（提高 61 百万美元）、“金砖”国家（提高 33 百万美元）、非洲国家（提高 8 百万美元）。

（4）欧盟、美国和日本同时征收碳关税（“All_20”）情境下

中国的贸易逆差将会最大，远远高于其他所有地区的总和，达到了惊人的 2412 百万美元。此外，东盟和“金砖”国家的贸易逆差也较大，分别为 330 百万美元和 283 百万美元，世界其他地区也有下降，但是较小，仅下降 93 百万美元。主要征税国和非洲国家的外贸净出口额将上升，欧盟的外贸净出口额增加，而跃居首位，达到了惊人的 2365 百万美元。

（5）中国在所有征收碳关税情境下都是最大受害国，欧盟在所有征收碳关税情境下都是最大受益国

由图 6－3 可知，中国在四种情境下都为净出口额减少最大的国家，尤其是在同时征收情境下，净出口额减少特别多。相对而言，日本单独征收碳关税对我国净出口额的负面影响要小一些。欧盟在四种情境下净出口额都在增加。美国的净出口额不仅没有因为征收碳关税而增加，反而因为征收碳关税而减少。日本单独征收碳关税对其本国出口额增加比较微弱。

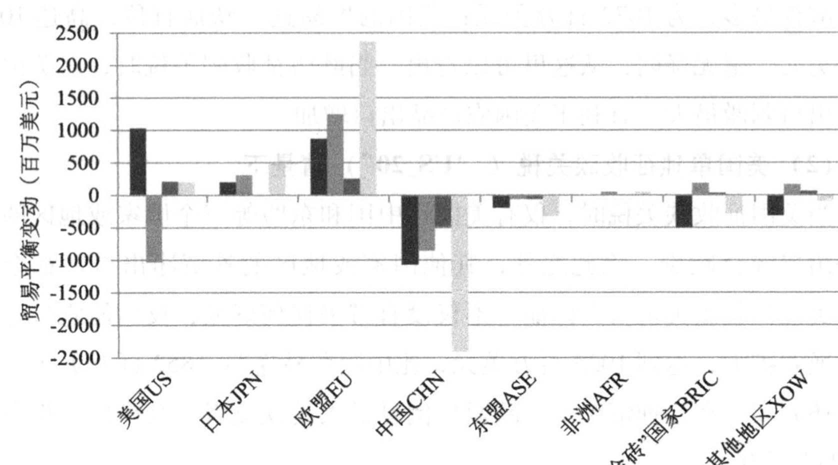

图6-3 碳关税征收对世界各区域贸易平衡的影响情况

Figure 6-3 The variations of trade balance of each region by carbon tariffs

在以上几种征收碳关税的情境下，贸易平衡的变动实际上反映的是被征税国与征税国之间的外贸联系的程度，其中，非洲的贸易平衡受碳关税影响最小，其次为东盟。

6.1.4 碳关税征收对全球贸易条件的影响

贸易条件是指一国在一定时期内出口价格与进口价格的比值。一般而言，出口与进口的价格比值比基期要高一些，则可以认为是贸易条件得到了改善，也就是说用更少的出口产品可以换回更多的进口产品；反之，则称为贸易条件恶化。

我们从进出口价格比值的变化情况来看，全球各国的贸易条件（即出口价格/进口价格的值）也会由于碳关税征收的缘故而出现各种不同的变化，具体情况如下（见表6-4）。

表 6－4　　征收碳关税四种情景下世界各区域贸易条件的变化

Table 6－4　　The variations of trade condition of each region under the four scenarios（Unit：%）

（单位：%）

征收情景 Collection scenario	美国 US	日本 JPN	欧盟 EU	中国 CHN	东盟 ASE	非洲 AFR	“金砖”国家 BRIC	其他地区 XOW
欧盟征收情景 “EU_20” scenario	－0. 028	0. 003	0. 150	－0. 144	－0. 065	－0. 028	－0. 164	－0. 076
美国征收情景 “US_20” scenario	0. 259	0. 022	0. 005	－0. 133	－0. 041	－0. 003	－0. 069	－0. 063
日本征收情景 “JP_20” scenario	－0. 001	0. 159	0. 002	－0. 048	－0. 016	－0. 003	－0. 016	－0. 008
同时征收情景 “All_20” scenario	0. 230	0. 183	0. 157	－0. 324	－0. 122	－0. 034	－0. 248	－0. 147

资料来源：作者采用 GTAP 8. 0 模拟求解计算而得。

（1）欧盟（“EU_20”）、美国（“US_20”）或日本（“JP_20”）单独征收碳关税情境下

所有被征收碳关税的国家的贸易条件都在恶化之中。欧盟单独征收碳关税的（“EU_20”）情境下，被征税的国家或地区（中国、东盟、“金砖”国家和非洲以及世界其他地区）分别下降了 0. 144%、0. 065%、0. 028%、0. 164% 和 0. 076%；美国单独征收碳关税（“US_20”）情境下，中国、东盟、非洲、“金砖”国家和世界其他地区分别下降了 0. 133%、0. 041%、0. 003%、0. 069% 和 0. 063%；日本单独征收碳关税（“JP_20”）情境下，中国、东盟、非洲、“金砖”国家和世界其他地区分别下降了 0. 048%、0. 016%、0. 003%、0. 016% 和 0. 008%。表明这些不发达地区和国家在国际市场的话语权较弱，只有采取妥协来降低出口商品的价格才能保持自己在国际市场上的价格优势。

（2）欧盟、美国和日本同时征收碳关税（“All_20”）情境下

美、日、欧三个主要征收碳关税的国家和地区的贸易条件都会实现不同程度好转，美国的贸易条件改善最多，达到了 0. 23%；其次，日本的贸易条件也得到了较大幅度的改善，达到了 0. 183%；欧盟贸易条件改善居第三位，达到了 0. 157%。而作为被征收碳关税的发展中国家，都毫无例外地出现了贸易条件恶化的情况。其中，中国的贸易条件将恶化0.324%，是所有被征税国家里面恶化最为显著的，“金砖”国家的贸易条件将会恶化0.248%，世界其他地区的贸易条件将会恶化0.147%，东盟贸易条件恶化了0.122%，非洲地区贸易条件恶化了0.034%。这说明了征收碳关税的国家将会成为碳关税征收最大的获益者。

（3）中国在所有情境下都为最大的受害国，欧盟和日本在所有情境下都为受益国

由图6-4可以看出，在所有情境下，所有被征收碳关税的发展中国家的贸易条件都将恶化。而中国在所有情境下都是贸易条件恶化最严重的国家。欧盟和日本在所有的情境下，贸易条件都将改善。美国在欧盟单独征收碳关税的情境下和日本单独征收碳关税情境下贸易条件将恶化，在自己征收碳关税和同时征收碳关税的情境下，贸易条件将得到最大程度的改善。

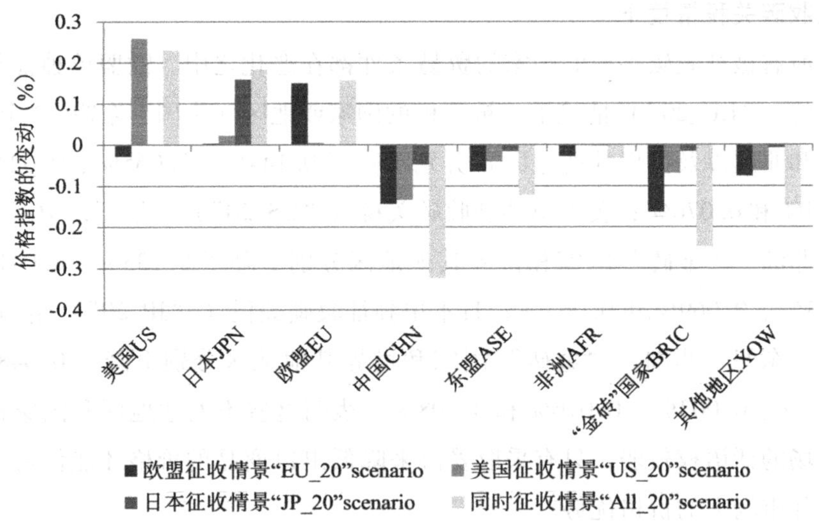

图6-4 碳关税征收对世界各区域贸易条件的影响情况

Figure 6-4 The variations of trade terms of each region by carbon tariffs

6.2 欧盟情境下征收碳关税对全球农产品出口市场结构的影响

在欧盟单独征收碳关税（“EU_20”）情景下，世界农产品出口市场总体呈萎缩趋势。除肉制品、饮料和烟草产品以及其他食品的出口份额有所提高以外（分别提高0.0357%、0.0565%和0.0156%），各国主要农产品的世界出口总额均将下降。

各国在农产品出口市场中所占的份额将发生一系列巨大的变化，其中主要表现在，美、日、欧和“金砖”国家及世界其他国家和地区的出口份额下降较为显著，中国、东盟和非洲地区上涨的现象较为明显，具体变化情况如下（见表6-5）。

表6-5 欧盟征收碳关税情景下主要经济体农产品出口占全球农产品市场份额的变化情况

Table 6-5 Percentage changes of the agricultural sectors' world export market share of each region, responding to the carbon tariff (“EU_20” scenario)

（单位:%）

农产品类别 Agri Sub-Sectors	美国 US	日本 JPN	欧盟 EU	中国 CHN	东盟 ASE	非洲 AFR	“金砖”国家 BRIC	其他地区 XOW	占世界出口比例 World export
水稻 pdr	-0.0128	-0.0001	0.1448	0.0431	0.1271	0.0085	-0.3684	0.0577	-0.2224
小麦 wht	-0.0269	0.0001	0.1691	0.0103	0.0000	-0.0011	-0.1287	-0.0229	-0.1907
其他谷物 gro	-0.0145	0.0000	0.0545	0.0033	-0.0003	0.0014	-0.0148	-0.0296	-0.0662
蔬菜水干果 v_f	-0.0128	-0.0002	0.0623	0.0002	-0.0023	0.0155	-0.0091	-0.0535	-0.0284
油籽 osd	0.0158	0.0000	0.0606	-0.0071	0.0012	0.0010	-0.0529	-0.0187	-0.1757
甘蔗和甜菜 c_b	0.0002	0.0000	0.1560	0.0001	-0.0004	-0.0042	-0.0799	-0.0716	-0.0441
植物纤维 pfb	0.0176	0.0000	0.0065	0.0003	0.0020	0.0248	0.0645	-0.1156	-0.1329
其他作物 ocr	0.0079	-0.0001	0.0386	0.0092	0.0278	0.0748	-0.1977	0.0394	-0.1428
畜产品 anl	-0.0041	-0.0003	-0.0018	0.0093	0.0014	0.0010	0.0034	-0.0088	-0.0186
原奶 rmk	0.0000	0.0000	-0.0228	0.0000	0.0001	-0.0029	0.1445	-0.1188	-0.0433

续表

农产品类别 Agri Sub - Sectors	美国 US	日本 JPN	欧盟 EU	中国 CHN	东盟 ASE	非洲 AFR	“金砖”国家 BRIC	其他地区 XOW	占世界出口比例 World export
羊毛蚕茧 wol	0.0070	0.0003	0.0184	-0.0805	0.0009	0.0024	0.0649	-0.0134	-0.2624
林业 frs	0.0119	0.0000	0.0549	0.0007	0.0020	0.0128	-0.0882	0.0059	-0.1472
渔业 fsh	-0.0213	-0.0035	0.1587	-0.0011	-0.0109	0.0081	0.0019	-0.1318	-0.0519
食糖 sgr	-0.0070	-0.0002	-0.0251	0.0003	-0.0119	-0.0006	0.0616	-0.0171	-0.0297
饮料和烟草 b_t	-0.0024	-0.0004	-0.0064	0.0001	-0.0023	0.0002	0.0044	0.0067	0.0565
乳制品 Mil	0.0013	-0.0001	-0.0809	0.0004	0.0030	0.0007	0.0097	0.0658	-0.0038
大米 Pcr	-0.0124	-0.0006	0.0101	0.0066	-0.0128	-0.0010	0.0223	-0.0122	-0.0784
菜油和脂肪 Vol	-0.0102	0.0000	-0.0490	0.0038	0.0098	0.0067	0.0307	0.0082	-0.0934
其他食品 Ofd	-0.0108	-0.0014	-0.0107	0.0028	0.0005	0.0065	0.0100	0.0031	0.0156
肉制品 Mnt	-0.0277	0.0000	-0.1074	0.0150	0.0067	0.0009	0.0748	0.0379	0.0357

资料来源：作者采用GTAP 8.0模拟求解计算而得。

6.2.1 美、日、欧农产品出口市场结构的变化

（1）美国

美国农产品仅有少数在国际出口市场的份额有所提高，其他大部分农产品的出口份额均呈下降趋势。具体情况如下：农产品出口市场份额下降由多到少排序依次为：肉制品（0.0277%）、小麦（0.0269%）、其他谷物（0.0145%）、水稻（0.0128%）、蔬菜水干果（0.0128%）、大米（0.0124%）、其他食品（0.0108%）、菜油和脂肪（0.0102%）、食糖（0.0070%）、畜产品（0.0041%）、饮料和烟草（0.0024%）；农产品出口市场份额提高由多到少排序依次为：渔业（0.0213%）、植物纤维（0.0176%）、油籽（0.0158%）、林业（0.0119%）、其他作物（0.0079%）、羊毛蚕茧（0.0070%）、乳制品（0.0013%）、甘蔗和甜菜（0.0002%）；此外，原奶（0.0000%）出口市场份额保持稳定。

（2）日本

日本农产品除小麦、羊毛和蚕茧等2类农产品略有上升外，其他农产品均略有下降或保持稳定。具体情况如下：农产品出口市场份额提高由多

到少排序依次为：羊毛蚕茧（0.0003%）、小麦（0.0001%）；农产品出口市场份额保持稳定的农产品有：其他谷物（0.0000%）、油籽（0.0000%）、甘蔗和甜菜（0.0000%）、植物纤维（0.0000%）、原奶（0.0000%）、林业（0.0000%）、菜油和脂肪（0.0000%）、肉制品（0.0000%）；农产品出口市场份额下降由多到少排序依次为：渔业（0.0035%）、其他食品（0.0014%）、大米（0.0006%）、饮料和烟草（0.0004%）、畜产品（0.0003%）、食糖（0.0002%）、蔬菜水干果（0.0002%）、乳制品（0.0001%）、其他作物（0.0001%）、水稻（0.0001%）。

（3）欧盟

欧盟农产品中畜产品、原奶等出口份额呈下降趋势，降幅在 0.1074%—0.0018%之间，其他农产品出口的份额均将上升，涨幅介于 0.1691%—0.0064%。具体情况如下：农产品出口市场份额提高由多到少排序依次为：小麦（0.1691%）、渔业（0.1587%）、甘蔗和甜菜（0.1560%）、水稻（0.1448%）、蔬菜水干果（0.0623%）、油籽（0.0606%）、林业（0.0549%）、其他谷物（0.0545%）、其他作物（0.0386%）、羊毛蚕茧（0.0184%）、大米（0.0101%）、植物纤维（0.0065%）；农产品出口市场份额下降由多到少排序依次为：肉制品（0.1074%）、乳制品（0.0809%）、菜油和脂肪（0.0490%）、食糖（0.0251%）、原奶（0.0228%）、其他食品（0.0107%）、饮料和烟草（0.0064%）、畜产品（0.0018%）。

6.2.2　中国和东盟及“金砖”国家农产品出口市场结构的变化

（1）中国

中国大部分农产品出口份额将会提高，出口份额略有降低的农产品只有羊毛和蚕茧、油籽和渔业，降幅小于 0.0805%。具体情况如下：农产品出口市场份额提高由多到少排序依次为：水稻（0.0431%）、肉制品（0.0150%）、小麦（0.0103%）、畜产品（0.0093%）、其他作物（0.0092%）、大米（0.0066%）、菜油和脂肪（0.0038%）、其他谷物（0.0033%）、其他食品（0.0028%）、林业（0.0007%）、乳制品

(0.0004%)、植物纤维（0.0003%）、食糖（0.0003%）、蔬菜水干果(0.0002%)、甘蔗和甜菜（0.0001%）、饮料和烟草（0.0001%）；农产品出口市场份额下降由多到少排序依次为：羊毛蚕茧（0.0805%）、油籽(0.0071%)、渔业（0.0011%）。另外，原奶（0.0000%）出口市场份额保持稳定。

(2) 东盟国家

东盟国家大部分农产品出口份额提高，仅有7类农产品出口份额下降，降幅度在0.013%以内，其他农产品出口份额提高。具体情况如下：农产品出口市场份额提高由多到少排序依次为：水稻（0.1271%）、其他作物(0.0278%)、菜油和脂肪（0.0098%）、肉制品（0.0067%）、乳制品(0.0030%)、植物纤维（0.0020%）、林业（0.0020%）、畜产品(0.0014%)、油籽（0.0012%）、羊毛蚕茧（0.0009%）、其他食品(0.0005%)、原奶（0.0001%）；农产品出口市场份额下降由多到少排序依次为：大米（0.0128%）、食糖（0.0119%）、渔业（0.0109%）、饮料和烟草（0.0023%）、蔬菜水干果（0.0023%）、甘蔗和甜菜（0.0004%）、其他谷物（0.0003%）。此外，小麦（0.0000%）出口市场份额保持稳定。

(3) "金砖"国家

"金砖"国家大部分农产品出口份额将会提高，提高幅度在0.1445%以内，但有8类农产品的出口份额出现下降趋势。具体情况如下：农产品出口市场份额提高由多到少排序依次为：原奶（0.1445%）、肉制品(0.0748%)、羊毛蚕茧（0.0649%）、植物纤维（0.0645%）、食糖(0.0616%)、菜油和脂肪（0.0307%）、大米（0.0223%）、其他食品(0.0100%)、乳制品（0.0097%）、饮料和烟草（0.0044%）、畜产品(0.0034%)、渔业（0.0019%）；农产品出口市场份额下降由多到少排序依次为：水稻（0.3684%）、其他作物（0.1977%）、小麦（0.1287%）、林业（0.0882%）、甘蔗和甜菜（0.0799%）、油籽（0.0529%）、其他谷物（0.0148%）、蔬菜水干果（0.0091%）。

6.2.3　非洲和世界其他地区农产品出口市场结构的变化

(1) 非洲国家

非洲国家总体出口份额将会提高，只有5类农产品在世界市场的出口份额下降，降幅在0.0042%以内。具体情况如下：农产品出口市场份额提高由多到少排序依次为：其他作物（0.0748%）、植物纤维（0.0248%）、蔬菜水干果（0.0155%）、林业（0.0128%）、水稻（0.0085%）、渔业（0.0081%）、菜油和脂肪（0.0067%）、其他食品（0.0065%）、羊毛蚕茧（0.0024%）、其他谷物（0.0014%）、油籽（0.0010%）、畜产品（0.0010%）、肉制品（0.0009%）、乳制品（0.0007%）、饮料和烟草（0.0002%）；农产品出口市场份额下降由多到少排序依次为：甘蔗和甜菜（0.0042%）、原奶（0.0029%%）、小麦（0.0011%）、大米（0.0010%）、食糖（0.0006%）。

(2) 世界其他地区

世界其他地区农产品出口份额总体上呈现下降趋势，份额提高的只有8类农产品。具体情况如下：农产品出口市场份额提高由多到少排序依次为：乳制品（0.0658%）、稻（0.0577%）、其他作物（0.0394%）、肉制品（0.0379%）、菜油和脂肪（0.0082%）、饮料和烟草（0.0067%）、林业（0.0059%）、其他食品（0.0031%）；农产品出口市场份额下降由多到少排序依次为：渔业（0.1318%）、原奶（0.1188%）、植物纤维（0.1156%）、甘蔗和甜菜（0.0716%）、蔬菜水干果（0.0535%）、其他谷物（0.0296%）、小麦（0.0229%）、油籽（0.0187%）、食糖（0.0171%）、羊毛蚕茧（0.0134%）、大米（0.0122%）、畜产品（0.0088%）。

6.3 美国情境下征收碳关税对全球农产品出口市场结构的影响

在美国单独征收碳关税（“US_20”）情景下，各国农产品出口到全球市场的总额都呈下降趋势。从各地区在世界市场的出口份额来看，美国下降最严重，其次为欧盟和世界其他地区，日本虽然下降的产品较多，但变动幅度很小。中国、“金砖”国家、东盟和非洲国家多数农产品的出口份额提高。具体变化情况如下（见表6-6）。

表6-6 美国征收碳关税情景下主要经济体农产品出口占全球农产品市场份额的变化情况

Table 6-6 Percentage changes of the agricultural sectors' world export market share of each region, responding to the carbon tariff（“US_20” scenario）

（单位:%）

农产品类别 Agri Sub-Sectors	美国 US	日本 JPN	欧盟 EU	中国 CHN	东盟 ASE	非洲 AFR	“金砖”国家 BRIC	其他地区 XOW	占世界出口比例 World export
水稻 pdr	-0.2046	0.0002	-0.0044	0.0809	0.0253	0.0044	0.0216	0.0767	-0.1805
小麦 wht	-0.1524	0.0000	0.0271	0.0166	0.0000	0.0002	0.0556	0.0527	-0.1086
其他谷物 gro	-0.0288	0.0000	0.0048	0.0099	0.0000	0.0013	0.0138	-0.0010	-0.0375
蔬菜水干果 v_f	-0.0262	0.0000	0.0119	0.0079	0.0017	0.0027	0.0005	0.0015	-0.0815
油籽 osd	-0.0801	0.0000	-0.0008	0.0070	0.0007	0.0023	0.0441	0.0268	-0.0643
甘蔗和甜菜 c_b	-0.0020	0.0000	-0.0025	0.0008	0.0020	0.0181	-0.0213	0.0048	-0.0617
植物纤维 pfb	-0.1100	0.0001	0.0026	0.0005	0.0005	0.0176	0.0522	0.0364	-0.0752
其他作物 ocr	-0.0329	-0.0003	-0.0117	0.0112	0.0175	0.0180	-0.0400	0.0383	-0.0809
畜产品 anl	-0.0331	0.0001	0.0123	0.0145	0.0030	0.0016	0.0025	-0.0009	-0.0778
原奶 rmk	-0.0009	0.0000	-0.0073	0.0000	0.0000	-0.0011	0.0138	-0.0046	-0.0854
羊毛蚕茧 wol	-0.0175	0.0000	-0.0415	0.0611	0.0002	0.0005	0.0231	-0.0259	-0.1398
林业 frs	-0.0408	-0.0001	0.0013	0.0026	0.0035	-0.0034	0.0184	0.0186	-0.0813
渔业 fsh	-0.0137	-0.0011	0.0143	0.0063	-0.0035	0.0020	0.0027	-0.0071	-0.0809
食糖 sgr	-0.0111	-0.0001	-0.0112	0.0007	-0.0051	0.0009	0.0232	0.0028	-0.0633
饮料和烟草 b_t	-0.0119	-0.0002	-0.0008	0.0007	-0.0009	0.0001	0.0021	0.0110	-0.0359

续表

农产品类别 Agri Sub - Sectors	美国 US	日本 JPN	欧盟 EU	中国 CHN	东盟 ASE	非洲 AFR	"金砖"国家 BRIC	其他地区 XOW	占世界出口比例 World export
乳制品 Mil	-0.0481	-0.0001	0.0128	0.0021	0.0019	0.0001	-0.0021	0.0335	-0.0640
大米 Pcr	-0.0458	-0.0002	-0.0008	0.0076	0.0250	-0.0002	0.0065	0.0079	-0.0771
菜油和脂肪 Vol	-0.0507	-0.0001	-0.0009	0.0049	0.0094	0.0011	0.0248	0.0115	-0.0868
其他食品 Ofd	-0.0385	-0.0003	0.0037	0.0073	0.0016	0.0016	0.0034	0.0213	-0.0521
肉制品 Mnt	-0.1316	0.0001	-0.0027	0.0200	0.0052	0.0003	0.0469	0.0619	-0.0660

资料来源：作者采用 GTAP 8.0 模拟求解计算而得。

6.3.1　美、日、欧农产品出口市场结构的变化

（1）美国

美国所有农产品的出口份额都呈下降趋势。具体情况如下：农产品出口市场份额下降由多到少排序依次为：水稻（0.2046%）、小麦（0.1524%）、肉制品（0.1316%）、植物纤维（0.1100%）、油籽（0.0801%）、菜油和脂肪（0.0507%）、乳制品（0.0481%）、大米（0.0458%）、林业（0.0408%）、其他食品（0.0385%）、畜产品（0.0331%）、其他作物（0.0329%）、其他谷物（0.0288%）、蔬菜水干果（0.0262%）、羊毛蚕茧（0.0175%）、渔业（0.0137%）、饮料和烟草（0.0119%）、食糖（0.0111%）、甘蔗和甜菜（0.0020%）、原奶（0.0009%）。

（2）日本

日本大部分农产品出口份额将下降或维持稳定，仅4类农产品的出口份额略有提高。具体情况如下：农产品出口市场份额提高由多到少排序依次为植物纤维（0.0001%）、畜产品（0.0001%）、肉制品（0.0001%）。出口市场份额保持稳定的有：小麦（0.0000%）、其他谷物（0.0000%）、蔬菜水干果（0.0000%）、油籽（0.0000%）、甘蔗和甜菜（0.0000%）、原奶（0.0000%）、羊毛蚕茧（0.0000%）；农产品出口市场份额下降由多到少排序依次为：渔业（0.0011%）、其他食品（0.0003%）、其他作物（0.0003%）、大米（0.0002%）、饮料和烟草（0.0002%）、菜油和脂肪（0.0001%）、乳制品（0.0001%）、食糖（0.0001%）、林业（0.0001%）。

（3）欧盟

欧盟有9类农产品出口份额有所提高，其他农产品出口均呈下降趋势。农产品出口市场份额提高由多到少排序依次为：小麦（0.0271%）、渔业（0.0143%）、乳制品（0.0128%）、畜产品（0.0123%）、蔬菜水干果（0.0119%）、其他谷物（0.0048%）、其他食品（0.0037%）、植物纤维（0.0026%）、林业（0.0013%）；农产品出口市场份额下降由多到少排序依次为：羊毛蚕茧（0.0415%）、其他作物（0.0117%）、食糖（0.0112%）、原奶（0.0073%）、水稻（0.0044）、肉制品（0.0027%）、甘蔗和甜菜（0.0025%）、菜油和脂肪（0.0009%）、油籽（0.0008%）、饮料和烟草（0.0008%）、大米（0.0008%）。

6.3.2 中国和东盟及“金砖”国家农产品出口市场结构的变化

（1）中国

中国所有农产品的出口份额均呈现小幅增加趋势。农产品出口市场份额提高由多到少排序依次为：水稻（0.0809%）、羊毛蚕茧（0.0611%）、肉制品（0.0200%）、小麦（0.0166%）、畜产品（0.0145%）、其他作物（0.0112%）、其他谷物（0.0099%）、蔬菜水干果（0.0079%）、大米（0.0076%）、其他食品（0.0073%）、油籽（0.0070%）、渔业（0.0063%）、菜油和脂肪（0.0049%）、林业（0.0026%）、乳制品（0.0021%）、甘蔗和甜菜（0.0008%）、食糖（0.0007%）、饮料和烟草（0.0007%）、植物纤维（0.0005%）。此外，原奶（0.0000%）出口市场份额保持稳定。

（2）东盟国家

东盟国家农产品出口份额多呈增加趋势，仅有渔3类产品的出口份额有所降低。农产品出口市场份额提高由多到少排序依次为：水稻（0.0253%）、大米（0.0250%）、其他作物（0.0175%）、菜油和脂肪（0.0094%）、肉制品（0.0052%）、林业（0.0035%）、畜产品（0.0030%）、甘蔗和甜菜（0.0020%）、乳制品（0.0019%）、蔬菜水干果

（0.0017%）、其他食品（0.0016%）、油籽（0.0007%）、植物纤维（0.0005%）、羊毛蚕茧（0.0002%）；出口市场份额保持稳定的有：小麦（0.0000）、其他谷物（0.0000%）、原奶（0.0000%）；农产品出口市场份额下降由多到少排序依次为：食糖（0.0051%）、渔业（0.0035%）、饮料和烟草（0.0009%）。

（3）“金砖”国家

“金砖”国家绝大多数农产品出口份额上升，只有3类农产品出口份额下降。农产品出口市场份额提高由多到少排序依次为：小麦（0.0556%）、植物纤维（0.0522%）、肉制品（0.0469%）、油籽（0.0441%）、菜油和脂肪（0.0248%）、食糖（0.0232%）、羊毛蚕茧（0.0231%）、水稻（0.0216%）、林业（0.0184%）、其他谷物（0.0138%）、原奶（0.0138%）、大米（0.0065%）、其他食品（0.0034%）、渔业（0.0027%）、畜产品（0.0025%）、饮料和烟草（0.0021%）、蔬菜水干果（0.0005%）；农产品出口市场份额下降由多到少排序依次为：其他作物（0.0400%）、甘蔗和甜菜（0.0213%）、乳制品（0.0021%）。

6.3.3　非洲和世界其他地区农产品出口市场结构的变化

（1）非洲国家

非洲国家除原奶、林业和大米以外的农产品出口份额都将有所提高。农产品出口市场份额提高由多到少排序依次为：甘蔗和甜菜（0.0181%）、其他作物（0.0180%）、植物纤维（0.0176%）、水稻（0.0044%）、蔬菜水干果（0.0027%）、油籽（0.0023%）、渔业（0.0020）、畜产品（0.0016%）、其他食品（0.0016%）、其他谷物（0.0013%）、菜油和脂肪（0.0011%）、食糖（0.0009%）、羊毛蚕茧（0.0005%）、肉制品（0.0003%）、小麦（0.0002%）、饮料和烟草（0.0001%）、乳制品（0.0001%）；农产品出口市场份额下降由多到少排序依次为：林业（0.0034%）、原奶（0.0011%）、大米（0.0002%）。

（2）世界其他地区

世界其他地区绝大多数农产品出口份额上升，出口份额降低的农产品类别仅有5个。农产品出口市场份额提高由多到少排序依次为：水稻（0.0767%）、肉制品（0.0619%）、小麦（0.0527%）、其他作物（0.0383%）、植物纤维（0.0364%）、乳制品（0.0335%）、油籽（0.0268%）、其他食品（0.0213%）、林业（0.0186%）、菜油和脂肪（0.0115%）、饮料和烟草（0.0110%）、大米（0.0079%）、甘蔗和甜菜（0.0048%）、食糖（0.0028%）、蔬菜水干果（0.0015%）；农产品出口市场份额下降由多到少排序依次为：畜产品（0.0009%）、其他谷物（0.0010%）、原奶（0.0046%）、渔业（0.0071%）、羊毛蚕茧（0.0259%）。

6.4 日本情境下征收碳关税对全球农产品出口市场结构的影响

日本单独征收碳关税（"JP_20"）情景下，各国农产品出口到世界市场的总额都将下降，但下降幅度低于美国单独征收碳关税（"US_20"）的情景，源自日本的进出口总量低于美国，受日本征收碳关税的影响较小。总体来看，日本所有农产品出口份额均将下降，其次下降较多的有世界其他地区、欧盟、美国和中国等。具体变化情况如下（见表6-7）。

表6-7 日本征收碳关税情景下主要经济体农产品出口占全球农产品市场份额的变化情况

Table 6-7 Percentage changes of the agricultural sectors' world export market share of each region, responding to the carbon tariff ("JP_20" scenario)

（单位：%）

农产品类别 Agri Sub - Sectors	美国 US	日本 JPN	欧盟 EU	中国 CHN	东盟 ASE	非洲 AFR	"金砖"国家 BRIC	其他地区 XOW	占世界出口比例 World export
水稻 pdr	-0.0176	-0.0002	-0.0084	0.0205	0.0024	-0.0005	0.0087	-0.0049	-0.0096
小麦 wht	-0.0071	-0.0005	-0.0033	0.0042	0.0000	-0.0001	0.0067	0.0000	-0.0129
其他谷物 gro	0.0088	0.0000	-0.0014	-0.0057	0.0000	0.0001	0.0014	-0.0032	-0.0096

续表

农产品类别 Agri Sub - Sectors	美国 US	日本 JPN	欧盟 EU	中国 CHN	东盟 ASE	非洲 AFR	"金砖"国家 BRIC	其他地区 XOW	占世界出口比例 World export
蔬菜水干果 v_f	-0.0013	-0.0004	0.0010	-0.0008	0.0007	0.0002	0.0004	0.0000	-0.0196
油籽 osd	0.0267	-0.0001	-0.0017	-0.0033	0.0002	0.0023	-0.0006	-0.0235	-0.0244
甘蔗和甜菜 c_b	0.0004	-0.0001	-0.0036	0.0004	0.0007	0.0025	0.0022	-0.0025	-0.0113
植物纤维 pfb	0.0152	-0.0002	0.0003	-0.0007	0.0014	0.0022	0.0001	-0.0183	-0.0235
其他作物 ocr	0.0023	-0.0019	-0.0048	0.0012	0.0077	0.0048	-0.0172	0.0080	-0.0327
畜产品 anl	-0.0017	-0.0007	-0.0013	0.0047	0.0007	0.0000	0.0001	-0.0019	-0.0159
原奶 rmk	0.0000	0.0000	-0.0024	0.0000	0.0000	-0.0006	0.0155	-0.0125	-0.0124
羊毛蚕茧 wol	-0.0003	-0.0001	-0.0168	0.0227	0.0001	0.0001	0.0059	-0.0117	-0.0880
林业 frs	0.0221	-0.0003	0.0115	0.0000	0.0063	0.0037	-0.0530	0.0097	-0.0671
渔业 fsh	-0.0006	-0.0041	0.0150	-0.0049	-0.0044	0.0019	0.0020	-0.0049	-0.0564
食糖 sgr	-0.0012	-0.0002	-0.0024	0.0000	-0.0030	0.0005	0.0049	0.0015	-0.0135
饮料和烟草 b_t	-0.0013	-0.0008	0.0016	-0.0007	-0.0010	0.0001	0.0004	0.0017	-0.0114
乳制品 Mil	-0.0015	-0.0003	0.0023	0.0012	-0.0017	0.0000	0.0010	-0.0010	-0.0155
大米 Pcr	-0.0027	-0.0011	-0.0017	0.0038	0.0028	-0.0002	0.0019	-0.0028	-0.0133
菜油和脂肪 Vol	-0.0068	-0.0013	0.0005	-0.0018	0.0089	0.0000	0.0019	-0.0015	-0.0267
其他食品 Ofd	-0.0037	-0.0031	0.0083	-0.0124	0.0023	0.0015	0.0002	0.0070	-0.0301
肉制品 Mnt	-0.0202	-0.0004	0.0057	0.0086	0.0006	0.0000	-0.0057	0.0115	-0.0228

资料来源：作者采用 GTAP 8.0 模拟求解计算而得。

6.4.1 美、日、欧农产品出口市场结构的变化

（1）美国

美国大部分农产品出口呈下降趋势，仅有6类农产品的出口份额提高。农产品出口市场份额提高由多到少排序依次为：油籽（0.0267%）、林业（0.0221%）、植物纤维（0.0152%）、其他谷物（0.0088%）、其他作物（0.0023%）、甘蔗和甜菜（0.0004%）；农产品出口市场份额下降由多到少排序依次为：肉制品（0.0202%）、水稻（0.0176%）、小麦（0.0071%）、菜油和脂肪（0.0068%）、其他食品（0.0037%）、大米（0.0027%）、畜产品（0.0017%）、乳制品（0.0015%）、蔬菜水干果（0.0013%）、饮料和烟草（0.0013%）、食糖（0.0012%）、渔业（0.0006%）、羊毛蚕茧

(0.0003%)。此外，原奶 (0.0000%) 出口市场份额保持稳定。

(2) 日本

日本大多数农产品出口份额都将有所降低，仅有两类农产品出口份额保持稳定。农产品出口市场份额下降由多到少排序依次为：渔业 (0.0041%)、其他食品 (0.0031%)、其他作物 (0.0019%)、菜油和脂肪 (0.0013%)、大米 (0.0011%)、饮料和烟草 (0.0008%)、畜产品 (0.0007%)、小麦 (0.0005%)、蔬菜水干果 (0.0004%)、肉制品 (0.0004%)、林业 (0.0003%)、乳制品 (0.0003%)、水稻 (0.0002%)、植物纤维 (0.0002%)、食糖 (0.0002%)、油籽 (0.0001%)、甘蔗和甜菜 (0.0001%)、羊毛蚕茧 (0.0001%)；其他谷物 (0.0000%)、原奶 (0.0000%) 出口市场份额保持稳定。

(3) 欧盟

欧盟除了 9 类农产品的出口份额将有所提高之外，其余农产品出口份额均呈下降趋势。农产品出口市场份额提高由多到少排序依次为：渔业 (0.0150%)、林业 (0.0115%)、其他食品 (0.0083%)、肉制品 (0.0057%)、乳制品 (0.0023%)、饮料和烟草 (0.0016%)、蔬菜水干果 (0.0010%)、菜油和脂肪 (0.0005%)、植物纤维 (0.0003%)；农产品出口市场份额下降由多到少排序依次为：羊毛蚕茧 (0.0168%)、水稻 (0.0084%)、其他作物 (0.0048%)、甘蔗和甜菜 (0.0036%)、小麦 (0.0033%)、原奶 (0.0024%)、食糖 (0.0024%)、油籽 (0.0017%)、大米 (0.0017%)、其他谷物 (0.0014%)、畜产品 (0.0013%)。

6.4.2 中国和东盟及“金砖”国家农产品出口市场结构的变化

(1) 中国

中国多数农产品出口份额保持稳定或略有提高，仅有 8 类农产品出口份额呈小幅下降趋势，农产品出口市场份额提高由多到少排序依次为：羊毛蚕茧 (0.0227%)、水稻 (0.0205%)、肉制品 (0.0086%)、畜产品 (0.0047%)、小麦 (0.0042%)、大米 (0.0038%)、其他作物

（0.0012%）、乳制品（0.0012%）、甘蔗和甜菜（0.0004%）；农产品出口市场份额下降由多到少排序依次为：其他食品（0.0124%）、其他谷物（0.0057%）、渔业（0.0049%）、油籽（0.0033%）、菜油和脂肪（0.0018%）、蔬菜水干果（0.0008%）、植物纤维（0.0007%）、饮料和烟草（0.0007%）；原奶（0.0000%）、林业（0.0000%）、食糖（0.0000%）等三类农产品出口市场份额保持稳定。

（2）东盟国家

东盟国家农产品出口基本稳定并略有提高，仅有4类农产品出口份额下降。农产品出口市场份额提高由多到少排序依次为：农产品出口市场份额下降由多到少排序依次为：菜油和脂肪（0.0089%）、其他作物（0.0077%）、林业（0.0063%）、大米（0.0028%）、水稻（0.0024%）、其他食品（0.0023%）、植物纤维（0.0014%）、蔬菜水干果（0.0007%）、甘蔗和甜菜（0.0007%）、畜产品（0.0007%）、肉制品（0.0006%）、油籽（0.0002%）、羊毛蚕茧（0.0001%）；农产品出口市场份额下降由多到少排序依次为：渔业（0.0044%）、食糖（0.0030%）、乳制品（0.0017%）、饮料和烟草（0.0010%）；另外，小麦（0.0000%）、其他谷物（0.0000%）、原奶（0.0000%）等3类农产品出口市场份额保持稳定。

（3）“金砖”国家

“金砖”国家各类农产品出口份额的变动幅度较小，大多呈上升趋势，份额下降的仅有4类农产品。农产品出口市场份额提高由多到少排序依次为：原奶（0.0155%）、水稻（0.0087%）、小麦（0.0067%）、羊毛蚕茧（0.0059%）、食糖（0.0049%）、甘蔗和甜菜（0.0022%）、渔业（0.0020%）、大米（0.0019%）、菜油和脂肪（0.0019%）、其他谷物（0.0014%）、乳制品（0.0010%）、蔬菜水干果（0.0004%）、饮料和烟草（0.0004%）、其他食品（0.0002%）、植物纤维（0.0001%）、畜产品（0.0001%）；农产品出口市场份额下降由多到少排序依次为：林业（0.0530%）、其他作物（0.0172%）、肉制品（0.0057%）、油籽（0.0006%）。

6.4.3 非洲和世界其他地区农产品出口市场结构的变化

(1) 非洲国家

非洲国家大多数农产品出口份额都将保持稳定或略有增加，仅有5类农产品出口份额下降。农产品出口市场份额提高由多到少排序依次为：其他作物（0.0048%）、林业（0.0037%）、甘蔗和甜菜（0.0025%）、油籽（0.0023%）、植物纤维（0.0022%）、渔业（0.0019%）、其他食品（0.0015%）、食糖（0.0005%）、蔬菜水干果（0.0002%）、其他谷物（0.0001%）、羊毛蚕茧（0.0001%）、饮料和烟草（0.0001%）；农产品出口市场份额下降由多到少排序依次为：原奶（0.0006%）、水稻（0.0005%）、大米（0.0002%）、小麦（0.0001%）；此外，畜产品（0.0000%）、乳制品（0.0000%）、菜油和脂肪（0.0000%）、肉制品（0.0000%）出口市场份额保持稳定。

(2) 世界其他地区

世界其他地区除了6类农产品的出口有所提高以外，其他农产品出口份额均呈下降趋势或保持稳定。农产品出口市场份额提高由多到少排序依次为：肉制品（0.0115%）、林业（0.0097%）、其他作物（0.0080%）、其他食品（0.0070%）、饮料和烟草（0.0017%）、食糖（0.0015%）；农产品出口市场份额下降由多到少排序依次为：油籽（0.0235%）、植物纤维（0.0183%）、原奶（0.0125%）、羊毛蚕茧（0.0117%）、水稻（0.0049%）、渔业（0.0049%）、其他谷物（0.0032%）、大米（0.0028%）、甘蔗和甜菜（0.0025%）、畜产品（0.0019%）、菜油和脂肪（0.0015%）、乳制品（0.0010%）；另外，小麦（0.0000%）、蔬菜水干果（0.0000%）出口市场份额保持稳定。

6.5　同时情境下征收碳关税对全球农产品出口市场结构的影响

当欧盟、美国和日本同时征收碳关税（“All_20”）情境下，各国出口到世界市场的农产品总额基本上呈现下降趋势（仅饮料和烟草产品1种农产品除外），从各地区在世界市场的出口份额来看，美国下降最严重，其次为日本和世界其他地区，日本虽然下降的产品较多，但变动幅度很小。中国、“金砖”国家、东盟和非洲国家多数农产品的出口份额提高，具体变化情况如下（见表6-8）。

表6-8　欧、美、日同时征收碳关税情景下主要经济体农产品出口占全球农产品市场份额的变化情况

Table 6-8　Percentage changes of the agricultural sectors' world export market share of each region, responding to the carbon tariff（“All_20” scenario）

（单位：%）

农产品类别 Agri Sub-Sectors	美国 US	日本 JPN	欧盟 EU	中国 CHN	东盟 ASE	非洲 AFR	“金砖”国家 BRIC	其他地区 XOW	占世界出口比例 World export
水稻 pdr	-0.2357	-0.0001	0.1322	0.1448	0.1552	0.0126	-0.3387	0.1297	-0.4124
小麦 wht	-0.1867	-0.0004	0.1932	0.0312	0.0001	-0.0009	-0.0663	0.0299	-0.3122
其他谷物 gro	-0.0346	0.0000	0.0580	0.0076	-0.0003	0.0028	0.0003	-0.0339	-0.1133
蔬菜水干果 v_f	-0.0403	-0.0006	0.0753	0.0073	0.0001	0.0184	-0.0082	-0.0520	-0.1295
油籽 osd	-0.0377	0.0000	0.0581	-0.0034	0.0021	0.0056	-0.0093	-0.0154	-0.2644
甘蔗和甜菜 c_b	-0.0014	-0.0001	0.1500	0.0012	0.0023	0.0164	-0.0991	-0.0693	-0.1170
植物纤维 pfb	-0.0773	-0.0001	0.0094	0.0001	0.0039	0.0447	0.1169	-0.0976	-0.2316
其他作物 ocr	-0.0227	-0.0023	0.0221	0.0217	0.0531	0.0978	-0.2553	0.0858	-0.2564
畜产品 anl	-0.0389	-0.0009	0.0091	0.0285	0.0051	0.0027	0.0059	-0.0116	-0.1123
原奶 rmk	-0.0009	0.0000	-0.0325	0.0000	0.0001	-0.0047	0.1740	-0.1360	-0.1411
羊毛蚕茧 wol	-0.0108	0.0001	-0.0401	0.0034	0.0013	0.0031	0.0942	-0.0512	-0.4902
林业 frs	-0.0068	-0.0005	0.0679	0.0033	0.0118	0.0131	-0.1230	0.0343	-0.2956

续表

农产品类别 Agri Sub - Sectors	美国 US	日本 JPN	欧盟 EU	中国 CHN	东盟 ASE	非洲 AFR	“金砖”国家 BRIC	其他地区 XOW	占世界出口比例 World export
渔业 fsh	-0.0356	-0.0088	0.1883	0.0003	-0.0188	0.0120	0.0066	-0.1440	-0.1892
食糖 sgr	-0.0193	-0.0005	-0.0388	0.0010	-0.0200	0.0007	0.0897	-0.0129	-0.1066
饮料和烟草 b_t	-0.0155	-0.0013	-0.0057	0.0000	-0.0042	0.0004	0.0069	0.0193	0.0092
乳制品 Mil	-0.0483	-0.0006	-0.0659	0.0037	0.0032	0.0008	0.0086	0.0984	-0.0833
大米 Pcr	-0.0609	-0.0019	0.0075	0.0180	0.0150	-0.0014	0.0307	-0.0071	-0.1688
菜油和脂肪 Vol	-0.0678	-0.0014	-0.0495	0.0069	0.0282	0.0078	0.0574	0.0182	-0.2069
其他食品 Ofd	-0.0530	-0.0049	0.0013	-0.0023	0.0043	0.0095	0.0136	0.0313	-0.0666
肉制品 Mnt	-0.1796	-0.0004	-0.1045	0.0436	0.0124	0.0012	0.1160	0.1112	-0.0531

资料来源：作者采用GTAP 8.0模拟求解计算而得。

6.5.1 美、日、欧农产品出口市场结构的变化

（1）美国

美国所有农产品出口份额都将保持下降趋势。农产品出口市场份额下降由多到少排序依次为：水稻（0.2357%）、小麦（0.1867%）、肉制品（0.1796%）、植物纤维（0.0773%）、菜油和脂肪（0.0678%）、大米（0.0609%）、其他食品（0.0530%）、乳制品（0.0483%）、蔬菜水干果（0.0403%）、畜产品（0.0389%）、油籽（0.0377%）、渔业（0.0356）、其他谷物（0.0346%）、其他作物（0.0227%）、食糖（0.0193%）、饮料和烟草（0.0155%）、羊毛蚕茧（0.0108%）、林业（0.0068）、甘蔗和甜菜（0.0014%）、原奶（0.0009%）。

（2）日本

日本大多数农产品出口份额都将保持下降趋势，仅有羊毛蚕茧（0.0001%）略有上升，其他谷物（0.0000%）、油籽（0.0000%）、原奶（0.0000%）保持稳定。农产品出口市场份额下降由多到少排序依次为：渔业（0.0088%）、其他食品（0.0049%）、其他作物（0.0023%）、大米（0.0019%）、菜油和脂肪（0.0014%）、饮料和烟草（0.0013%）、畜产品

(0.0009%)、蔬菜水干果(0.0006%)、乳制品(0.0006%)、林业(0.0005%)、食糖(0.0005%)、小麦(0.0004%)、肉制品(0.0004%)、水稻(0.0001%)、甘蔗和甜菜(0.0001%)、植物纤维(0.0001%);农产出口份额保持稳定的有:其他谷物(0.0000%)、油籽(0.0000%)、原奶(0.0000%);仅有羊毛蚕茧(0.0001%)出口份额增加。

(3) 欧盟

欧盟大多数农产品出口份额呈增加趋势,仅有7类农产品出口份额下降。农产品出口市场份额提高由多到少排序依次为:小麦(0.1932%)、渔业(0.1883%)、甘蔗和甜菜(0.1500%)、水稻(0.1322%)、蔬菜水干果(0.0753%)、林业(0.0679%)、油籽(0.0581%)、其他谷物(0.0580%)、其他作物(0.0221%)、植物纤维(0.0094%)、畜产品(0.0091%)、大米(0.0075%)、其他食品(0.0013%);农产品出口市场份额下降由多到少排序依次为:肉制品(0.1045%)、乳制品(0.0659%)、菜油和脂肪(0.0495%)、羊毛蚕茧(0.0401%)、食糖(0.0388%)、原奶(0.0325%)、饮料和烟草(0.0057%)。

6.5.2 中国和东盟及"金砖"国家农产品出口市场结构的变化

(1) 中国

中国大多数农产品出口份额呈增加趋势,仅有2类农产品出口份额下降,另有2类农产品出口市场份额保持稳定。农产品出口市场份额提高由多到少排序依次为:水稻(0.1448%)、肉制品(0.0436%)、小麦(0.0312%)、畜产品(0.0285%)、其他作物(0.0217%)、大米(0.0180%)、其他谷物(0.0076%)、蔬菜水干果(0.0073%)、菜油和脂肪(0.0069%)、乳制品(0.0037%)、羊毛蚕茧(0.0034%)、林业(0.0033%)、甘蔗和甜菜(0.0012%)、食糖(0.0010%)、渔业(0.0003%)、植物纤维(0.0001%);原奶(0.0000%)、饮料和烟草(0.0000%)出口市场份额保持稳定;油籽、其他食品等2类农产品的出口市场份额将下降,分别下降0.0034%和0.0023%。

（2）东盟

东盟大多数农产品出口份额将有所提高，仅4类农产品出口份额下降。农产品出口市场份额提高由多到少排序依次为：水稻（0.1552%）、其他作物（0.0531%）、菜油和脂肪（0.0282%）、大米（0.0150%）、肉制品（0.0124%）、林业（0.0118%）、畜产品（0.0051%）、其他食品（0.0043%）、植物纤维（0.0039%）、乳制品（0.0032%）、甘蔗和甜菜（0.0023%）、油籽（0.0021%）、羊毛蚕茧（0.0013%）、小麦（0.0001%）、蔬菜水干果（0.0001%）、原奶（0.0001%）；农产品出口市场份额下降由多到少排序依次为：其他谷物（0.0003%）、饮料和烟草（0.0042%）、渔业（0.0188%）、食糖（0.0200%）。

（3）"金砖"国家

"金砖"国家大部分农产品出口份额有所提高，出口份额下降有7类农产品。农产品出口市场份额提高由多到少排序依次为：原奶（0.1740%）、植物纤维（0.1169%）、肉制品（0.1160%）、羊毛蚕茧（0.0942%）、食糖（0.0897%）、菜油和脂肪（0.0574%）、大米（0.0307%）、其他食品（0.0136%）、乳制品（0.0086%）、饮料和烟草（0.0069%）、渔业（0.0066%）、畜产品（0.0059%）、其他谷物（0.0003%）；农产品出口市场份额下降由多到少排序依次为：水稻（0.3387%）、其他作物（0.2553%）、林业（0.1230%）、甘蔗和甜菜（0.0991%）、小麦（0.0663%）、油籽（0.0093%）、蔬菜水干果（0.0082%）。

6.5.3 非洲和世界其他地区农产品出口市场结构的变化

（1）非洲国家

非洲国家仅3类农产品出口份额下降，其他农产品出口份额均有所提高。农产品出口市场份额提高由多到少排序依次为：其他作物（0.0978%）、植物纤维（0.0447%）、蔬菜水干果（0.0184%）、甘蔗和甜菜（0.0164%）、林业（0.0131%）、水稻（0.0126%）、渔业（0.0120%）、其他食品（0.0095%）、菜油和脂肪（0.0078%）、油籽

(0.0056%)、羊毛蚕茧（0.0031%）、其他谷物（0.0028%）、畜产品（0.0027%）、肉制品（0.0012%）、乳制品（0.0008%）、食糖（0.0007%）、饮料和烟草（0.0004%）；农产品出口市场份额下降由多到少排序依次为：原奶（0.0047%）、大米（0.0014%）、小麦（0.0009%）。

（2）世界其他地区

世界其他地区除9类农产品出口份额上升以外，其他农产品出口份额均下降。农产品出口市场份额提高由多到少排序依次为：水稻（0.1297%）、肉制品（0.1112%）、乳制品（0.0984%）、其他作物（0.0858%）、林业（0.0343%）、其他食品（0.0313%）、小麦（0.0299%）、饮料和烟草（0.0193%）、菜油和脂肪（0.0182%）；农产品出口市场份额下降由多到少排序依次为：渔业（0.1440%%）、原奶（0.1360%）、植物纤维（0.0976%）、甘蔗和甜菜（0.0693%）、蔬菜水干果（0.0520%）、羊毛蚕茧（0.0512%）、其他谷物（0.0339%）、油籽（0.0154%）、食糖（0.0129%）、畜产品（0.0116%）、大米（0.0071%）。

总之，在发达国家碳关税政策的作用之下，我国大部分农产品在全球出口市场上的份额反而有所增加。主要原因在于相对于采掘业、重工业等高碳部门，农产品生产过程的碳排放强度相对较低，碳关税对我国高碳部门的产出形成负面影响，生产要素挤入至农业部门，导致农产品产出和出口额都有所增加。

碳关税实际上对我国的产业结构形成了一定的影响。在碳关税的作用下，采掘业、重工业等碳排放强度高的部门受碳关税冲击较大，产出出现下降，从这些部门释放出来的生产要素进入农业部门及轻工业部门等碳排放强度相对较低的产业，导致这些部门的产出反而有所增加，这反映出碳关税对我国不同部门影响的复杂性。从一个长期均衡的角度来看，碳关税并不是对我国所有部门的产出都不利，在一个局部均衡下，农业部门在碳关税的冲击下是受损的，但在一般均衡环境下显然不是这样，在高碳部门受损的同时，农业部门的产出实际上是有所增长的。

6.6 本章小结

本章就碳关税对全球农产品贸易的影响进行了定量模拟分析研究。主要内容包括：对碳关税对全球GDP的影响进行了定量模拟测算；对碳关税对全球价格指数（PI）的影响进行测算；对碳关税对全球贸易平衡的影响进行测算；对碳关税将导致的全球贸易条件的变化进行定量模拟测算；就四种情境下，碳关税对全球农产品贸易出口结构的影响进行了测算。研究结果表明：

（1）碳关税的征收对全球GDP的影响较小，中国是最大的受害国

当欧盟、美国和日本同时征收20美元每吨二氧化碳的碳关税时，全球GDP将下降0.0063%。其中受负面影响最为严重的中国、“金砖”国家和东盟地区，其GDP分别将下降0.061%、0.027%和0.006%；欧盟从碳关税中获益最多，GDP增加0.002%。

（2）碳关税的征收将通过提高征税国的进口价格而带来国内价格水平的上涨

通货膨胀输入效应由高到低依次为欧盟、美国和日本。而中国受碳关税的影响，国内价格水平呈下降趋势。

（3）碳关税征收将改善征税国的贸易条件，同时使其他国家的贸易条件恶化

受此及国际贸易联系紧密度的影响，以中国为代表的新兴经济体和落后地区净出口额下降较为严重，而征税国的净出口明显提高。

（4）碳关税征收将使世界农产品出口总额小幅下降，但对改善世界农产品贸易结构具有积极作用

模拟结果显示：碳关税的征收将使世界各类农产品出口总额普遍呈小幅下降趋势（降幅 <0.4124%）。与此同时，欧、美、日开征碳关税以后，由于生产要素向碳排放强度相对较低的农业部门积聚，产生了产

业替代效应，导致发展中国家的大部分农产品在世界农产品出口市场上的份额反而有所增加，这对改善世界农产品贸易的地区结构具有一定的积极意义。

第 7 章

碳关税对中国农产品贸易的影响

本章首先采用 GTAP 模型分析碳关税对中国农产品进口与产量的影响，为探析碳关税对中国农产品出口的影响奠定基础。在碳关税对中国农产品出口贸易影响的研究中，基于美、日、欧在单独或同时向世界其他地区征收碳关税的四种情境下，将会导致的我国农产品贸易的变化情况做了重点研究与探讨。通过 GTAP 模型的定量模拟研究，最终得出碳关税征收将对中国农产品贸易产生的重要影响。

7.1 碳关税对中国农产品进口的影响

7.1.1 欧盟情境下征收碳关税对中国农产品进口的影响

在欧盟单独征收碳关税（“EU_20”）情境下（见图7-1），我国所有农产品进口额都将下降，其中，下降最多的前四位农产品为：乳制品（0.66%）、肉制品（0.555%）、水稻（0.525%）、小麦（0.46%），下降最少的四位农产品分别为：甘蔗和甜菜（0.14%）、原奶（0.118%）、油籽（0.079%）、植物纤维（0.053%）。进口额下降最多的乳制品（0.66%）下降的幅度是下降最少的植物纤维（0.053%）的12.45倍。从中可以看出，当欧盟单独征收碳关税时，对与我国居民日常生活息息相关，可直接食用的消费量大主食性农产品进口额负面影响较大；对作为农产品原料需要深加工的副食性农产品进口额负面影响较小。

所有农产品按负面影响从大到小的顺序分别为（见图7-1）：乳制品（0.66%）、肉制品（0.555%）、水稻（0.525%）、小麦（0.46%）、菜油和脂肪（0.331%）、大米（0.321%）、食糖（0.308%）、其他食品（0.299%）、渔业（0.255%）、饮料和烟草（0.246%）、畜产品（0.243%）、羊毛蚕茧（0.235%）、蔬菜水干果（0.224%）、其他谷物（0.168%）、林业（0.155%）、其他作物（0.154%）、甘蔗和甜菜

(0.14%)、原奶(0.118%)、油籽(0.079%)、植物纤维(0.053%)。

我国农产品进口总额在欧盟单独征收碳关税("EU_20")情境下，下降了0.279%。说明碳关税的征收将会提高世界市场农产品价格，抑制我国居民对进口食品的需求，进而导致进口农产品减少，更多地将依赖于国内农产品供给。

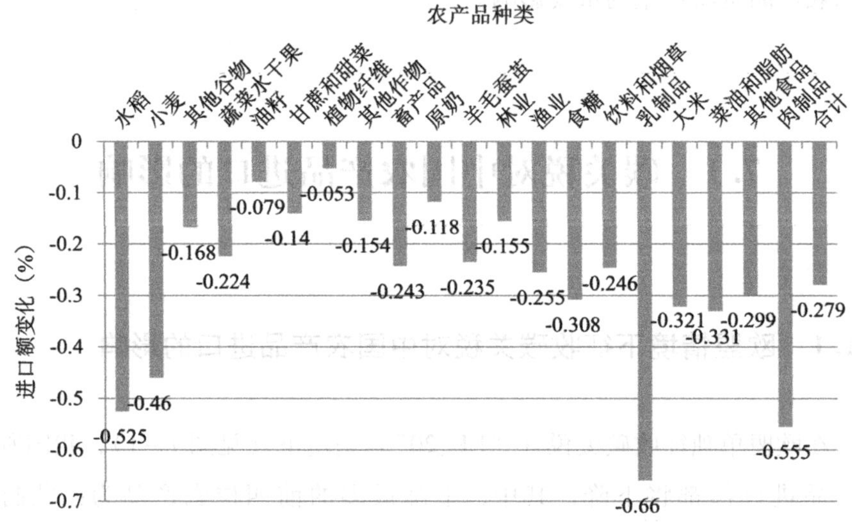

图7-1 欧盟情境下碳关税征收对中国农产品进口额的影响情况

Figure 7-1 The impact of carbon tariff on China's import of agricultural products ("EU_20" scenario)

7.1.2 美国情境下征收碳关税对中国农产品进口的影响

在美国单独征收碳关税("US_20")情境下(见图7-2)，我国所有农产品进口额将下降。其中，下降最多的前四位农产品为肉制品(0.66%)、乳制品(0.564%)、水稻(0.561%)、小麦(0.5%)；下降最少的四位农产品分别为甘蔗和甜菜(0.12%)、原奶(0.068%)、植物纤维(0.03%)、油籽(0.022%)。与欧盟单独征收情景类似，进口额下降最多的前四位与后四位农产品一致，具体排名上稍有不同。进口额下降最多的肉制品（0.66%）下降的幅度是下降最少的油籽（0.022%）的30倍，差距更大。从中可以看出，当美国单独征收碳关税时，与我国居民日常生活息息相关，可直接食用的消费量大主食性农产品进口额下降较多，农产品原料产品下降较少。

所有农产品按负面影响从大到小的顺序分别为：肉制品（0.66%）、乳制品（0.564%）、水稻（0.561%）、小麦（0.5%）、菜油和脂肪（0.318%）、大米（0.305%）、食糖（0.303%）、其他食品（0.302%）、渔业（0.243%）、畜产品（0.24%）、饮料和烟草（0.212%）、蔬菜水干果（0.21%）、羊毛和蚕茧（0.177%）、林业（0.164%）、其他谷物（0.15%）、其他作物（0.124%）、甘蔗和甜菜（0.12%）、原奶（0.068%）、植物纤维（0.03%）、油籽（0.022%）。

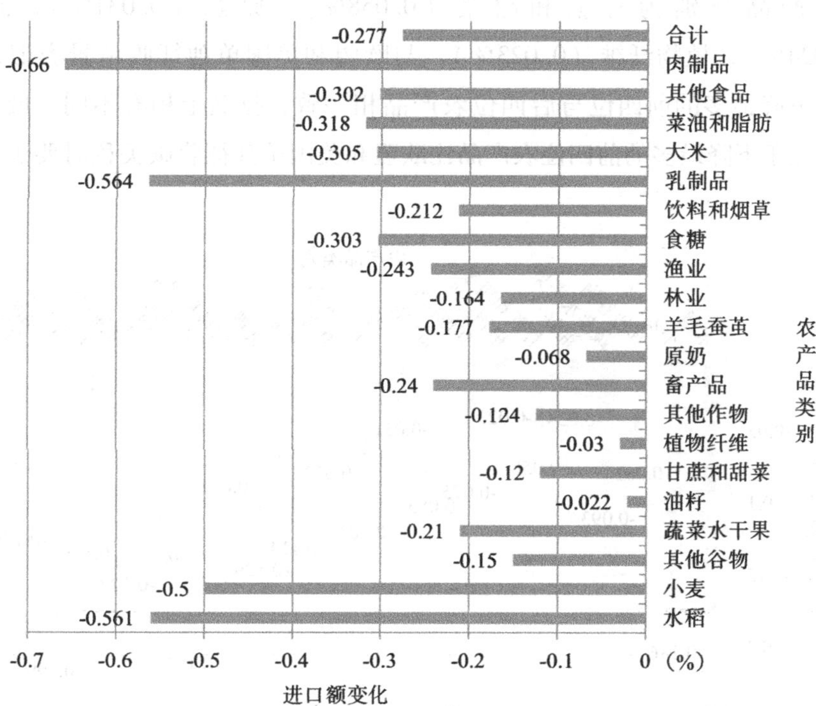

图7-2 美国情境下征收碳关税对中国农产品进口的影响情况

Figure 7-2 The impact of carbon tariff on China's import of agricultural products（"US_20"scenario）

我国农产品进口总额在美国单独征收碳关税（“US_20”）情境下，下降了0.277%（见图7－2），与欧盟单独征收碳关税时大体相当。当欧盟单独征收碳关税的时候，这势必会导致世界农产品市场的价格得以提高，进而会产生联动效应，导致中国农产品进口额出现减少，生活、生产所需的更多农产品将会需要国内市场来进行生产。

7.1.3 日本情境下征收碳关税对中国农产品进口的影响

在日本单独征收碳关税（“JP_20”）情境下（见图7－3），我国所有农产品进口额将下降，其中，下降最多的前四位农产品为水稻（0.23%）、肉制品（0.199%）、乳制品（0.195%）、小麦（0.186%）；下降最少的四位农产品分别为甘蔗和甜菜（0.058%）、原奶（0.031%）、油籽（0.024%）、植物纤维（0.023%）。与欧盟和美国单独征收情景类似，进口额下降最多的前四位与后四位农产品相一致，排名上稍有不同。最大的不同在于下降最多的前四位农产品比欧盟和美国单独征收碳关税时要少2倍

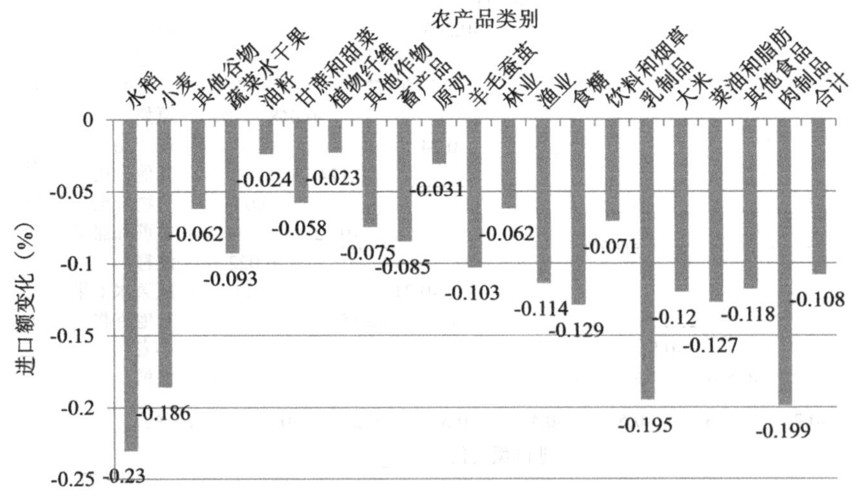

图7－3 日本情境下征收碳关税对中国农产品进口的影响情况

Figure 7－3 The impact of carbon tariff on China's import of agricultural products（“JP_20”scenario）

左右。进口额下降最多的水稻（0.23%）下降的幅度是下降最少的植物纤维（0.023%）的10倍，差距也较小。当日本单独征收碳关税时，主食性农产品进口额下降较多，需要深加工的农产品原材料下降较少。

所有农产品按下降情况从大到小的顺序分别为：水稻（0.23%）、肉制品（0.199%）、乳制品（0.195%）、小麦（0.186%）、食糖（0.129%）、菜油和脂肪（0.127%）、大米（0.12%）、其他食品（0.118%）、渔业（0.114%）、羊毛蚕茧（0.103%）、蔬菜水干果（0.093%）、畜产品（0.085%）、其他作物（0.075%）、饮料和烟草（0.071%）、林业（0.062%）、其他谷物（0.062%）、甘蔗和甜菜（0.058%）、原奶（0.031%）、油籽（0.024%）、植物纤维（0.023%）。

从中可以看出，我国农产品进口总额在日本单独征收碳关税（“JP_20”）情境下，只下降了0.108%，日本单独征收碳关税对我国农产品进口额的影响要比欧盟和美国单独征收碳关税情境下小得多。

7.1.4 同时情境下征收碳关税对中国农产品进口的影响

同时征收碳关税（“All_20”）情境下（见图7-4），我国所有农产品进口额也将下降，其中，下降最多的前四位农产品为乳制品（1.419%）、肉制品（1.414%）、水稻（1.316%）、小麦（1.146%）；下降最少的四位农产品分别为甘蔗和甜菜（0.318%）、原奶（0.216%）、油籽（0.126%）、植物纤维（0.106%）。进口额减少最多的乳制品（1.419%）降低的幅度是进口额减少最小的植物纤维（0.106%）的236.5倍。与前面美、欧、日单独征收情景类似，进口额下降最多的前四位与后四位农产品相一致。最大的不同在于，同时征收情境下所有农产品进口额下降幅度要比美、欧、日三种单独征收情境下下降幅度要大得多，且即便是都在减少，同时情境下的差异也要大一些。

所有农产品按下降情况从大到小的顺序分别为（见图7-4）：乳制品（1.419%）、肉制品（1.414%）、水稻（1.316%）、小麦（1.146%）、菜油和脂肪（0.776%）、大米（0.745%）、食糖（0.74%）、其他食品

(0.719%)、渔业(0.612%)、畜产品(0.569%)、饮料和烟草(0.528%)、蔬菜水干果(0.527%)、羊毛蚕茧(0.515%)、林业(0.382%)、其他谷物(0.38%)、其他作物(0.353%)、甘蔗和甜菜(0.318%)、原奶(0.216%)、油籽(0.126%)、植物纤维(0.106%)。

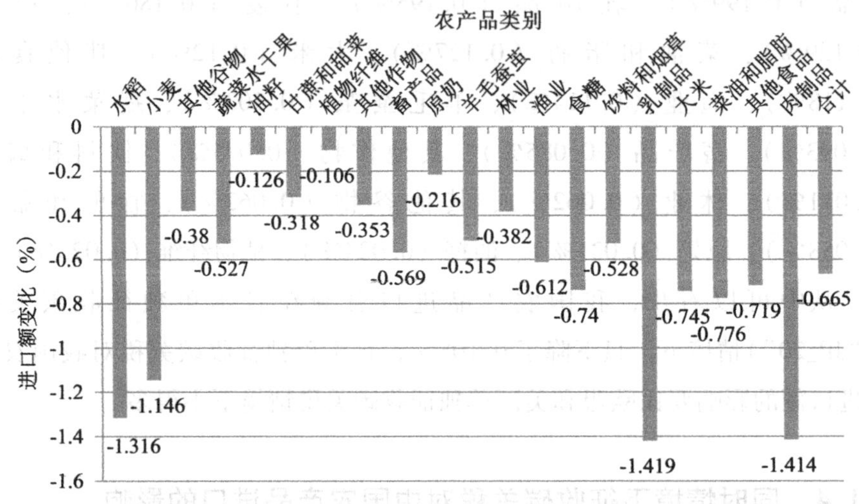

图7-4 同时情境下征收碳关税对中国农产品进口的影响情况

Figure 7-4 The impact of carbon tariff on China's import of agricultural products ("All_20" scenario)

我国农产品进口总额在同时征收碳关税("All_20")情境下,下降了0.665%,比三种单独征收情景都多。这说明,当欧、美、日同时征收碳关税时,将会抬高国际农产品市场的整体价格,导致我国农产品进口减少,我国居民将需要花费更多来购买进口产品,进而导致国民福利水平下降。总体而言,无论是单独征收碳关税还是同时征收碳关税都会对我国农产品的进口产生不利影响。

7.2　碳关税对中国农产品产量的影响

7.2.1　欧盟情境下征收碳关税对中国农产品产量的影响

在欧盟单独征收碳关税（“EU_20”）情境下（见图 7－5），我国大多数农产品的产量都将会出现上升趋势，其中，产量增加最为明显的农产品前四位按顺序从高到低排列分别为羊毛蚕茧（0.19%）、其他作物（0.19%）、植物纤维（0.177%）、林业（0.097%）；增加最少的四位农产品分别为大米（0.011%）、蔬菜水干果（0.01%）、原奶（0.006%）、乳

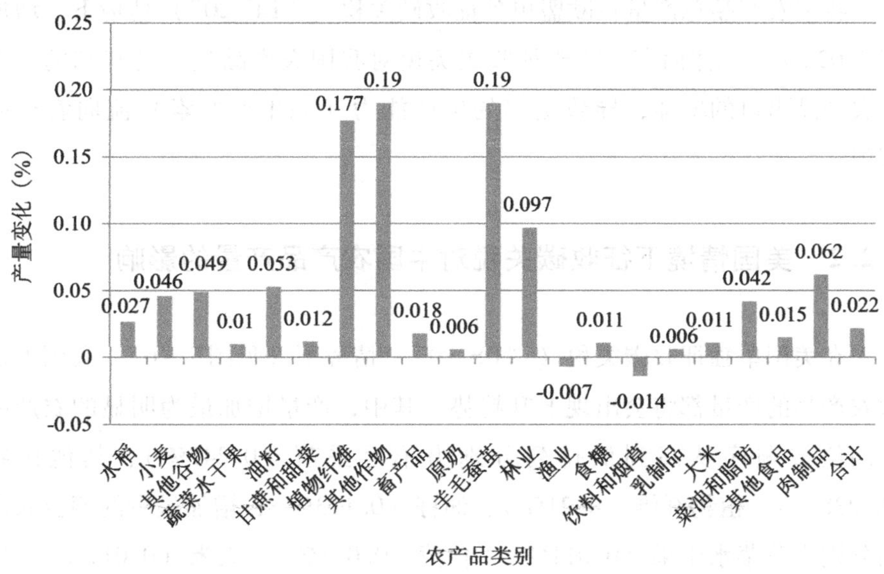

图 7－5　欧盟情境下征收碳关税对中国农产品产量的影响情况

Figure 7－5　The impact of carbon tariff on China's agricultural yield（“EU_20”scenario）

制品（0.006%）；进口额增加最多的羊毛蚕茧（0.19%）和其他作物（0.19%）增加的幅度是增加最少的原奶（0.006%）和乳制品（0.006%）的31.6倍。此外，还有渔业、饮料和烟草等两项农产品的产量将下降，分别下降为0.007%和0.014%。由此可以看出，当欧盟单独征收碳关税时，对我国不同类别的农产品产量的影响差异很大，并且没有像进口额的变化一样能够具体到某一类，呈现出一定的规律性。

所有农产品按产量的增加从大到小的顺序分别为其他作物（0.19%）、羊毛蚕茧（0.19%）、植物纤维（0.177%）、林业（0.097%）、肉制品（0.062%）、油籽（0.053%）、其他谷物（0.049%）、小麦（0.046%）、菜油和脂肪（0.042%）、水稻（0.027%）、畜产品（0.018%）、其他食品（0.015%）、甘蔗和甜菜（0.012%）、食糖（0.011%）、大米（0.011%）、蔬菜水干果（0.01%）、原奶（0.006%）、乳制品（0.006%），渔业、饮料和烟草两类农产品产量将分别下降0.007%和0.014%。

我国农产品总产量在欧盟单独征收碳关税（“EU_20”）情境下，增加了0.022%。总体而言，欧盟征收碳关税对我国农产品生产是有利的，由于农产品出口的增加，导致更多的生产能力（如生产要素）流向农产品部门。

7.2.2 美国情境下征收碳关税对中国农产品产量的影响

在美国单独征收碳关税（“US_20”）情境下（见图7-6），我国大多数农产品的产量都将会出现上升趋势，其中，产量增加最为明显的农产品前四位按顺序从高到低排列分别为羊毛蚕茧（0.247%）、其他作物（0.238%）、植物纤维（0.21%）、油籽（0.113%）；增加最少的四位农产品分别为蔬菜水干果（0.011%）、食糖（0.011%）、大米（0.011%）、原奶（0.001%）、乳制品（0.001%）；产量增加最多的羊毛蚕茧（0.247%）是增加最少的原奶（0.001%）、乳制品（0.001%）的247倍。此外，渔业、饮料和烟草两类农产品的产量将分别下降0.006%和0.018%。由此可以看出，美国单独征收碳关税的结果与欧盟单独征收碳关税的结果比较类似，除了增加最多的第四位农产品由林业变成了油籽，另外就是产量增加最多与增加最少之间的变化来看，美国单独征收碳关税比欧盟单独征收碳关税变化更大。

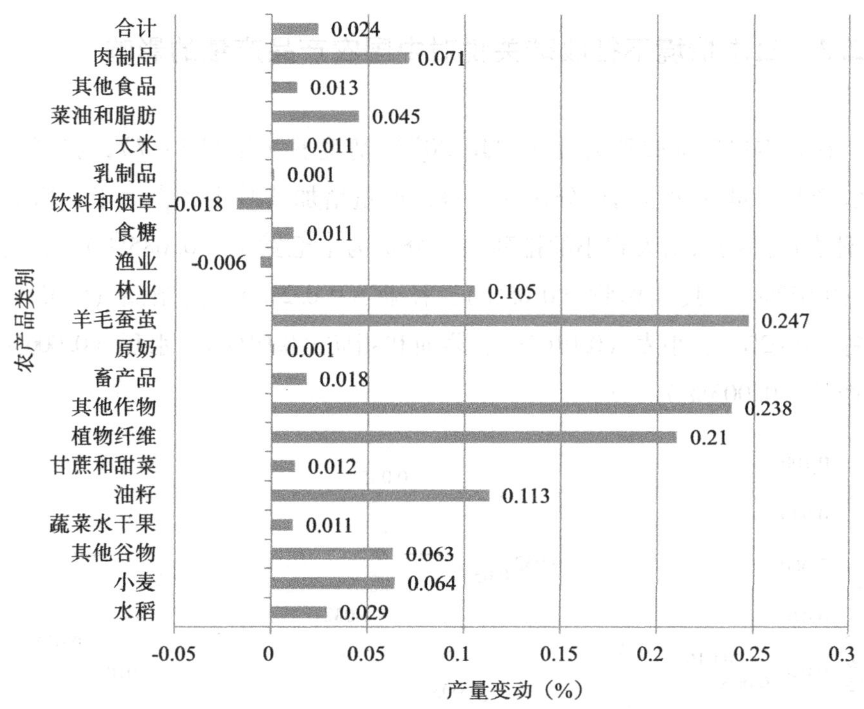

图7-6　美国情境下征收碳关税对中国农产品产量的影响情况

Figure 7-6　The impact of carbon tariff on China's agricultural yield（"US_20"scenario）

所有农产品按产量的增加从大到小的顺序分别为羊毛蚕茧（0.247%）、其他作物（0.238%）、植物纤维（0.21%）、油籽（0.113%）、林业（0.105%）、肉制品（0.071%）、小麦（0.064%）、其他谷物（0.063%）、菜油和脂肪（0.045%）、水稻（0.029%）、畜产品（0.018%）、其他食品（0.013%）、甘蔗和甜菜（0.012%）、蔬菜水干果（0.011%）、食糖（0.011%）、大米（0.011%）、原奶（0.001%）、乳制品（0.001%）；农产品产量减少的有渔业、饮料和烟草，它们分别减少了0.006%和0.018%。

美国单独征收碳关税（"US_20"）情境下，我国农产品总产量增加了

0.024%。总体而言，无论是就单个农产品产量还是所有农产品总量方面而言，美国单独征收碳关税（"US_20"）比欧盟单独征收碳关税（"EU_20"）对我农产品产量的影响更有利一些。

7.2.3 日本情境下征收碳关税对中国农产品产量的影响

在日本单独征收碳关税（"JP_20"）情境下（见图7-7），我国大多数农产品产量变化呈两极分化的态势，产量增加或减少各占一半。增加的10种农产品按照从大到小的排列顺序分别为羊毛蚕茧（0.085%）、植物纤维（0.052%）、其他作物（0.05%）、林业（0.032%）、肉制品（0.021%）、油籽（0.02%）、小麦（0.016%）、菜油和脂肪（0.01%）、水稻（0.006%）、畜产品（0.003%）。

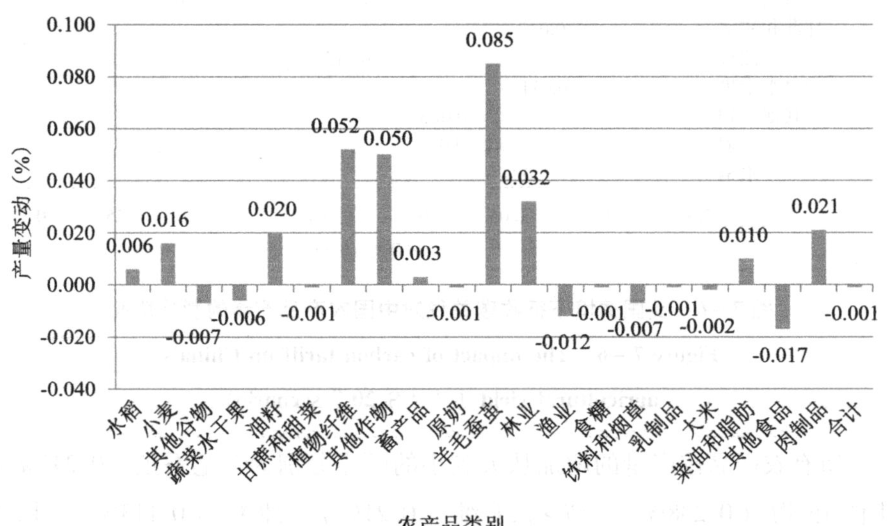

图7-7 日本情境下征收碳关税对中国农产品产量的影响情况

Figure 7-7 The impact of carbon tariff on China's agricultural yield（"JP_20" scenario）

减少的10种农产品按照从多到少的排列顺序情况分别为：其他食品（0.017%）、渔业（0.012%）、饮料和烟草减少（0.007%）、其他谷物

（0.007%）、蔬菜水干果（0.006%）、大米（0.002%）、乳制品（0.001%）、食糖（0.001%）、原奶（0.001%）、甘蔗和甜菜（0.001%）。

总体而言，当日本单独征收碳关税时，我国农产品总产量将减少0.001%。与欧盟单独征收碳关税（增加0.022%）和美国单独征收碳关税（增加0.024%）相比，日本单独征收碳关税对我国农产品产量影响更为不利。

7.2.4　同时情境下征收碳关税对中国农产品产量的影响

在同时征收碳关税（"All_20"）情境下（见图7-8），我国大多数农产品的产量都将会出现上升趋势，其中，产量增加最为明显的农产品前四位按顺序从高到低排列分别为羊毛蚕茧（0.521%）、其他作物（0.477%）、

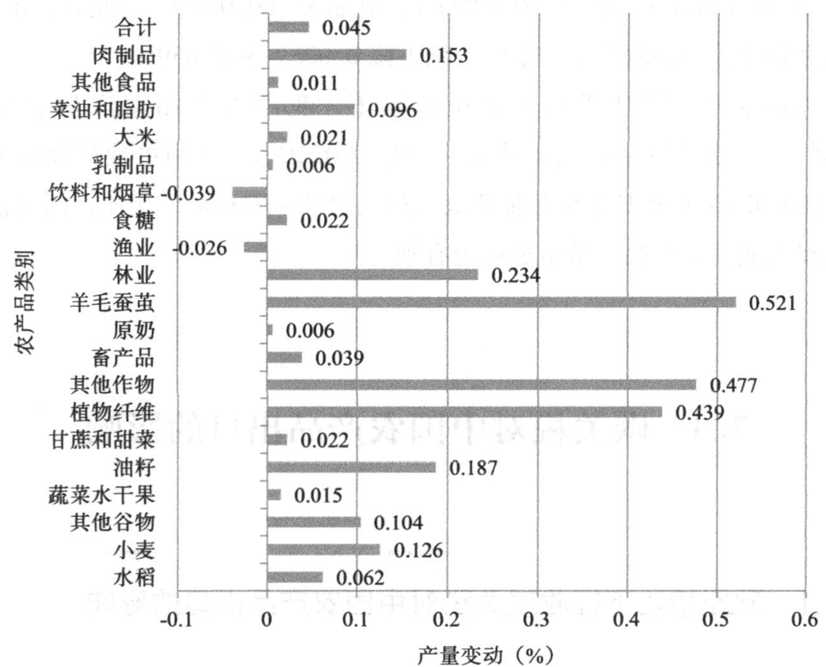

图7-8　同时情境下征收碳关税对中国农产品产量变化的影响情况

Figure 7-8　The impact of carbon tariff on China's agricultural yield（"All_20"scenario）

植物纤维（0.439%）、林业（0.234%）；增加最少的四位农产品分别为蔬菜水干果（0.015%）、其他食品（0.011%）、原奶（0.006%）、乳制品（0.006%）；产量增加最多的羊毛蚕茧（0.521%）是增加最少的原奶（0.006%）、乳制品（0.006%）的86.83倍。此外，还有渔业（0.026%）、饮料和烟草（0.039%）两类农产品的产量将下降。由此可以看出，同时征收碳关税的结果与欧盟单独征收碳关税和美国单独征收碳关税的结果比较类似，与日本单独征收碳关税情景差异很大。

所有农产品按产量的增加从大到小的顺序分别为：羊毛蚕茧（0.521%）、其他作物（0.477%）、植物纤维（0.439%）、林业（0.234%）、油籽（0.187%）、肉制品（0.153%）、小麦（0.126%）、其他谷物（0.104%）、菜油和脂肪（0.096%）、水稻（0.062%）、畜产品（0.039%）、甘蔗和甜菜（0.022%）、食糖（0.022%）、大米（0.021%）、蔬菜水干果（0.015%）、其他食品（0.011%）、原奶（0.006%）、乳制品（0.006%）。此外，渔业、饮料和烟草等两种农产品产量将分别下降0.026%和0.039%。

总体而言，同时征收碳关税情景下，我国农产品总产量将增加0.045%。与欧盟单独征收碳关税（增加0.022%）、美国单独征收碳关税（增加0.024%）和日本单独征收碳关税（减少0.001%）相比，同时征收碳关税对我国农产品产量增加最为有利。

7.3 碳关税对中国农产品出口的影响

7.3.1 欧盟情境下征收碳关税对中国农产品出口的影响

在欧盟单独征收碳关税（“EU_20”）情境下（见图7-9），我国大多数农产品出口额将增加，也有一部分农产品出口额减少。其中，增加最多的前四位农产品为肉制品（0.773%）、原奶（0.529%）、小麦（0.435%）、水稻（0.426%）；出口额减少最多的四位农产品分别为：羊毛蚕茧（减少1.104%）、油籽（减少0.507%）、渔业（减少0.075%）、林业（减少0.071%）。由此可以看出，当欧盟单独征收碳关税时，与我国居民日常生活息息相关，日常消费量大主食性农产品出口额增加较多，作为农产品原料的产品出口额减少较多。

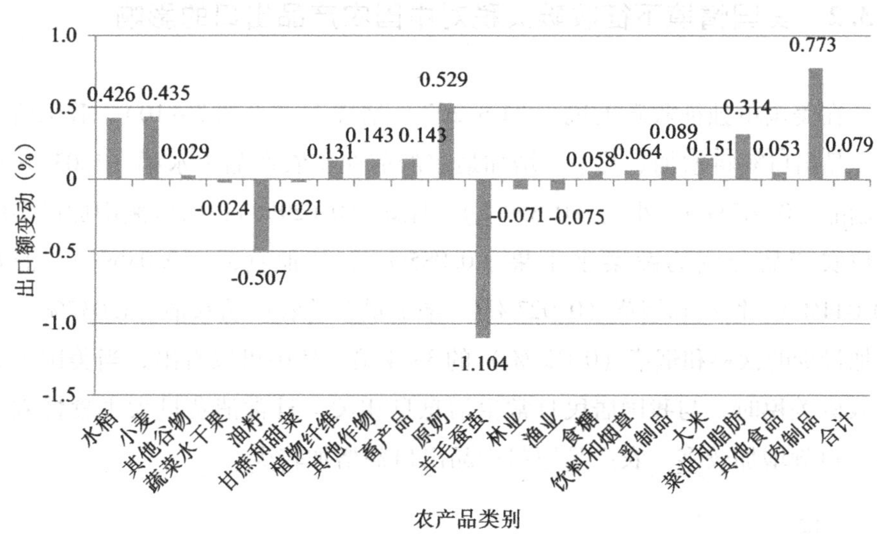

图7-9 欧盟情境下征收碳关税对中国农业部门出口的影响情况

Figure 7-9 The impact of carbon tariff on China's export of agricultural products (“EU_20” scenario)

所有农产品按增加比例从大到小的顺序分别为：肉制品（0.773%）、原奶（0.529%）、小麦（0.435%）、水稻（0.426%）、菜油和脂肪（0.314%）、大米（0.151%）、其他作物（0.143%）、畜产品（0.143%）、植物纤维（0.131%）、乳制品（0.089%）、饮料和烟草（0.064%）、食糖（0.058%）、其他食品（0.053）、其他谷物（0.029%）；另外有六类农产品出口额减少，按减少从大到小顺序分别为：羊毛蚕茧（1.104%）、油籽（0.507%）、渔业（0.075%）、林业（0.071%）、蔬菜水干果（0.024%）、甘蔗和甜菜（0.021%）。

总体来说，我国农产品出口总额在欧盟单独征收碳关税（“EU_20”）情境下，增加了0.079%，这对我国农产品出口是有利的。同时，观察表

7－2不难发现，欧盟征收碳关税后，除原奶和肉制产品两类产品对欧盟出口比例提高外（分别提高0.098和0.029个百分点），我国农产品对欧盟的出口额均呈下降趋势。出口增多的产品主要流向了世界其他地区、美国、日本和非洲地区。

7.3.2 美国情境下征收碳关税对中国农产品出口的影响

在美国单独征收碳关税（“US_20”）情境下（见图7－10），我国所有农产品出口额将增加。其中，增加最多的前四位农产品为水稻（1.037%）、肉制品（0.917%）、小麦（0.899%）、原奶（0.629%）；出口额增加最多的四位农产品分别为蔬菜水干果（0.085%）、其他食品（0.046%）、渔业（0.044%）、饮料和烟草（0.027%）。增加最多的农产品水稻（1.037%）是增加最少的饮料和烟草（0.027%）的38.4倍。从中可以看出，当美国单独征收碳关税时，与我国居民日常生活息息相关，日常消费量大主食性农产品出口额增加较多，农产品原料产品出口额增加较少。

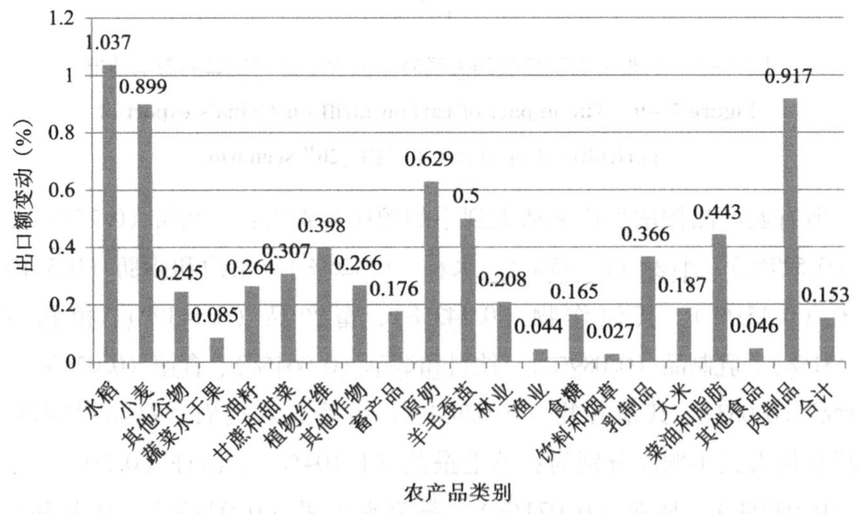

图7－10 美国情境下征收碳关税对中国农业部门出口的影响情况

Figure 7－10 The impact of carbon tariff on China's export of agricultural products（“US_20”scenario）

所有农产品按增加比例从大到小的顺序分别为：水稻（1.037%）、肉制品（0.917%）、小麦（0.899%）、原奶（0.629%）、羊毛蚕茧（0.5%）、菜油和脂肪（0.443%）、植物纤维（0.398%）、乳制品（0.366%）、甘蔗和甜菜（0.307%）、其他作物（0.266%）、油籽（0.264%）、其他谷物（0.245%）、林业（0.208%）、大米（0.187%）、畜产品（0.176%）、食糖（0.165%）、蔬菜水干果（0.085%）、其他食品（0.046%）、渔业（0.044%）、饮料和烟草（0.027%）。

总体而言，在US_20情景下，美国征收碳关税将有利于我国农产品出口，农产品出口总额将增加0.153%。由表7-3可知，尽管美国征收碳关税后，大部分农产品（原奶、肉制品、甘蔗和甜菜三类产品除外）对美国的出口份额都将下降，但是这些农产品出口将更多地流向日本、世界其他地区、非洲和东盟地区，使得这些类别的农产品的出口额出现上升趋势。其中，出口显著上升的农产品按照增加比例的由多到少依次为：水稻（1.037%）、肉制品（0.917%）、小麦（0.899%）、原奶（0.629%）和羊毛和蚕茧（0.5%）。

7.3.3 日本情境下征收碳关税对中国农产品出口的影响

在日本单独征收碳关税（"JP_20"）情境下（见图7-11），我国农产品出口额增减各占一半。其中，增加最多的前四位农产品为肉制品（0.398%）、水稻（0.3%）、原奶（0.292%）、小麦（0.241%）；出口额减少最多的四位农产品分别为植物纤维（减少0.683%）、菜油和脂肪（减少0.218%）、其他食品（减少0.196%）、油籽（减少0.181%）。由此可见，出口额增加最多的主要是与居民消费密切、消费量大的日常消费品和主食性食品，减少的主要是农产品副食品和农产品原料产品。

出口额增多的农产品由大到小排序依次为：肉制品（0.398%）、水稻（0.3%）、原奶（0.292%）、小麦（0.241%）、乳制品（0.224%）、羊毛蚕茧（0.15%）、甘蔗和甜菜（0.146%）、大米（0.119%）、畜产品

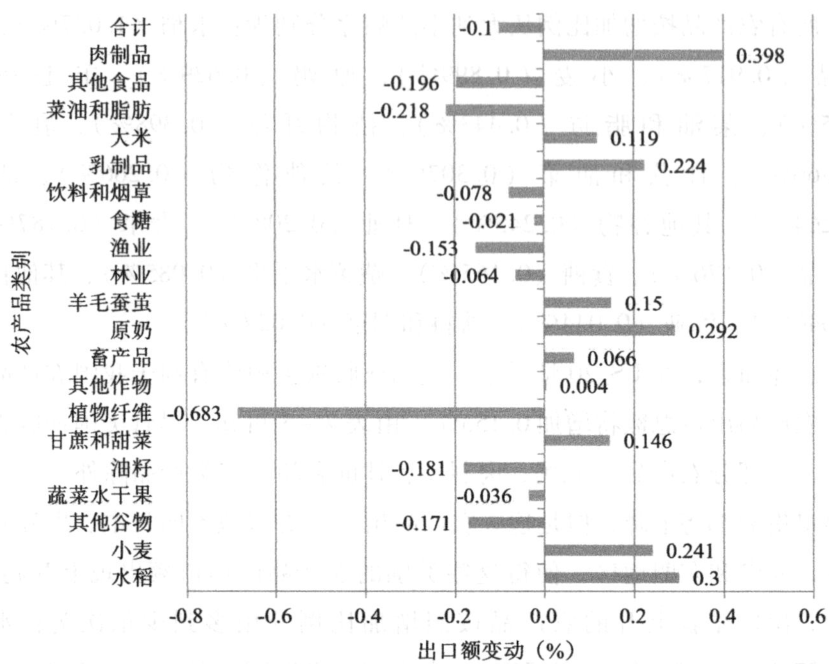

图 7－11 日本情境下征收碳关税对中国农业部门出口的影响情况

Figure 7－11 The impact of carbon tariff on China's export of agricultural products（"JP_20" scenario）

（0.066%）、其他作物（0.004%）；出口额减少的农产品由多到少排序依次为：植物纤维（0.683%）、菜油和脂肪（0.218%）、其他食品（0.196%）、油籽（0.181%）、其他谷物（0.171%）、渔业（0.153%）、饮料和烟草（0.078%）、林业（0.064%）、蔬菜水干果（0.036%）、食糖（0.021%）。

从总体上来看，日本征收碳关税对我国农产品出口将产生负面影响，农产品出口总额将下降 0.1%。表 7－4 模拟结果显示，日本征收碳关税后，我国对日本的水稻、原奶、肉制品出口增加，而其他农产品对日本出口普遍下降。我国农产品出口将转向美国、欧盟、非洲和世界其他地区。

7.3.4　同时情境下征收碳关税对中国农产品出口的影响

在同时征收碳关税（“All_20”）情境下（见图 7－12），我国大多数农产品出口额将增加，也有一小部分农产品出口额减少。其中，增加最多的前四位农产品为肉制品（2.088%）、水稻（1.763%）、小麦（1.575%）、原奶（1.45%）；出口额减少最多的四位农产品分别为羊毛蚕茧（减少 0.454%）、油籽（减少 0.425%）、渔业（减少 0.183%）、植物纤维（减少 0.154%）。由此可见，与欧盟单独征收碳关税和美国单独征收碳关税情况类似，出口额增加最多的主要是与居民消费密切、消费量大的日常消费品和主食性食品，减少的主要是农产品副食品和农产品原料产品。

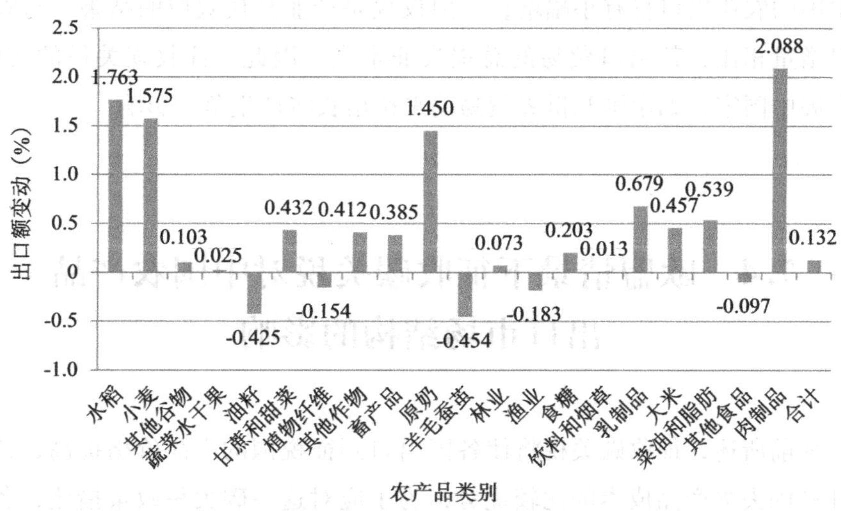

图 7－12　同时情境下征收碳关税对中国农业部门出口的影响情况

Figure 7－12　The impact of carbon tariff on China's export of agricultural products（“All_20”scenario）

出口额增多的农产品由大到小排序依次为：肉制品（2.088%）、水稻（1.763%）、小麦（1.575%）、原奶（1.45%）、乳制品（0.679%）、菜油和脂肪（0.539%）、大米（0.457%）、甘蔗和甜菜（0.432%）、其他作物（0.412%）、畜产品（0.385%）、食糖（0.203%）、其他谷物

(0.103%)、林业(0.073%)、蔬菜水干果(0.025%)、饮料和烟草(0.013%);出口额减少的农产品由多到少排序依次为:羊毛蚕茧(0.454%)、油籽(0.425%)、渔业(0.183%)、植物纤维(0.154%)、其他食品(0.097%)。

总体而言,在欧盟、美国、日本同时征收碳关税的情景下,我国农产品出口总额将增加0.132%,有利于我国农业部门的出口。观察表7-5的模拟结果可以发现,我国农业品出口主要流向世界其他地区和东盟,其次是非洲和“金砖”国家。

综上分析(见表7-1),征收碳关税将对中国农产品出口贸易的现有结构产生非常大的影响。具体来说,这些征收碳关税的发达国家——欧盟、美国和日本将成为赢家,而大多数发展中国家如中国将成为输家。尽管中国的农业出口将有小幅增长,但仅仅是产业替代效应的结果,与农业出口增量相比,其出口贸易的总损失非常大。因此,征收碳关税的实施,对发展中国家,如中国和世界贸易的平衡增长将产生负面影响。

7.4 欧盟情景下征收碳关税对中国农产品出口市场结构的影响

如前所述,征收碳关税将使各国出口到征税国的产品价格提高,使其在征税国失去产品成本的比较优势,为了应对这一碳关税政策措施,各国的出口产品将会自动流向其他非征税国家或地区,由此带来各国出口商品市场结构的变化。出口产品份额增加表示出口品更多地流向这些国家,份额减少意味着出口品更少地流向这些国家。本节我们主要分析欧盟情景下征收碳关税我国农产品出口市场结构的变化情况。在欧盟单独征收碳关税(“EU_20”)情景下,中国农产品出口市场结构变化如下(见表7-2)。

表 7-1 征收碳关税对中国农产品出口、进口和产量的影响情况

Table 7-1 The variations of export, import and output of agricultural sectors in China, responding to the carbon tariff (Unit: %)

（单位:%）

农产品类别 Agri Sub - Sectors	欧盟情景 "EU_ 20" scenario			美国情景 "US_ 20" scenario			日本情景 "JP_ 20" scenario			同时情景 "All_ 20" scenario		
	出口 Export	进口 Import	产量 Output	出口 Export	进口 Import	产量 Output	出口 Export	进口 Import	产量 Output	出口 Export	进口 Import	产量 Output
水稻 pdr	0. 426	-0. 525	0. 027	1. 037	-0. 561	0. 029	0. 300	-0. 230	0. 006	1. 763	-1. 316	0. 062
小麦 wht	0. 435	-0. 460	0. 046	0. 899	-0. 500	0. 064	0. 241	-0. 186	0. 016	1. 575	-1. 146	0. 126
其他谷物 gro	0. 029	-0. 168	0. 049	0. 245	-0. 150	0. 063	-0. 171	-0. 062	-0. 007	0. 103	-0. 380	0. 104
蔬菜水干果 v_ f	-0. 024	-0. 224	0. 010	0. 085	-0. 210	0. 011	-0. 036	-0. 093	-0. 006	0. 025	-0. 527	0. 015
油籽 osd	-0. 507	-0. 079	0. 053	0. 264	-0. 022	0. 113	-0. 181	-0. 024	0. 020	-0. 425	-0. 126	0. 187
甘蔗和甜菜 c_ b	-0. 021	-0. 140	0. 012	0. 307	-0. 120	0. 012	0. 146	-0. 058	-0. 001	0. 432	-0. 318	0. 022
植物纤维 pfb	0. 131	-0. 053	0. 177	0. 398	-0. 030	0. 210	-0. 683	-0. 023	0. 052	-0. 154	-0. 106	0. 439
其他作物 ocr	0. 143	-0. 154	0. 190	0. 266	-0. 124	0. 238	0. 004	-0. 075	0. 050	0. 412	-0. 353	0. 477
畜产品 anl	0. 143	-0. 243	0. 018	0. 176	-0. 240	0. 018	0. 066	-0. 085	0. 003	0. 385	-0. 569	0. 039
原奶 rmk	0. 529	-0. 118	0. 006	0. 629	-0. 068	0. 001	0. 292	-0. 031	-0. 001	1. 450	-0. 216	0. 006
羊毛蚕茧 wol	-1. 104	-0. 235	0. 190	0. 500	-0. 177	0. 247	0. 150	-0. 103	0. 085	-0. 454	-0. 515	0. 521
林业 frs	-0. 071	-0. 155	0. 097	0. 208	-0. 164	0. 105	-0. 064	-0. 062	0. 032	0. 073	-0. 382	0. 234

续表

农产品类别 Agri Sub - Sectors	欧盟情景 "EU_ 20" scenario			美国情景 "US_ 20" scenario			日本情景 "JP_ 20" scenario			同时情景 "All_ 20" scenario		
	出口 Export	进口 Import	产量 Output	出口 Export	进口 Import	产量 Output	出口 Export	进口 Import	产量 Output	出口 Export	进口 Import	产量 Output
渔业 fsh	-0.075	-0.255	-0.007	0.044	-0.243	-0.006	-0.153	-0.114	-0.012	-0.183	-0.612	-0.026
食糖 sgr	0.058	-0.308	0.011	0.165	-0.303	0.011	-0.021	-0.129	-0.001	0.203	-0.740	0.022
饮料和烟草 b_ t	0.064	-0.246	-0.014	0.027	-0.212	-0.018	-0.078	-0.071	-0.007	0.013	-0.528	-0.039
乳制品 Mil	0.089	-0.660	0.006	0.366	-0.564	0.001	0.224	-0.195	-0.001	0.679	-1.419	0.006
大米 Pcr	0.151	-0.321	0.011	0.187	-0.305	0.011	0.119	-0.120	-0.002	0.457	-0.745	0.021
菜油和脂肪 Vol	0.314	-0.331	0.042	0.443	-0.318	0.045	-0.218	-0.127	0.010	0.539	-0.776	0.096
其他食品 Ofd	0.053	-0.299	0.015	0.046	-0.302	0.013	-0.196	-0.118	-0.017	-0.097	-0.719	0.011
肉制品 Mnt	0.773	-0.555	0.062	0.917	-0.660	0.071	0.398	-0.199	0.021	2.088	-1.414	0.153
合计 aggregate	0.079	-0.279	0.022	0.153	-0.277	0.024	-0.100	-0.108	-0.001	0.132	-0.665	0.045

资料来源：作者采用 GTAP 8.0 模拟求解计算而得。

表7-2　欧盟征收碳关税情景下中国农产品向世界主要地区出口份额的变化情况

Table 7-2　Percentage changes of the agricultural sectors' export share from China to each region, responding to the carbon tariff ("EU_20" scenario) (Unit:%)

（单位:%）

农产品类别 Agri Sub-Sectors	美国 US	日本 JPN	欧盟 EU	东盟 ASE	非洲 AFR	"金砖"国家 BRIC	其他地区 XOW
水稻 pdr	0.001	0.006	-0.086	-0.030	0.001	-0.002	0.111
小麦 wht	0.000	0.001	-0.009	0.016	0.003	0.000	-0.010
其他谷物 gro	0.000	0.006	-0.014	-0.006	0.000	0.000	0.015
蔬菜水干果 v_f	0.014	0.018	-0.084	-0.003	0.005	-0.001	0.050
油籽 osd	0.026	0.100	-0.481	0.043	0.020	0.021	0.270
甘蔗和甜菜 c_b	0.000	0.004	-0.138	0.019	0.000	0.008	0.107
植物纤维 pfb	0.000	0.011	-0.083	0.040	0.021	-0.007	0.018
其他作物 ocr	0.014	0.037	-0.171	0.021	0.021	-0.003	0.082
畜产品 anl	0.002	0.000	-0.022	-0.001	0.001	0.001	0.019
原奶 rmk	-0.022	0.000	0.098	0.000	0.000	0.000	-0.076
羊毛蚕茧 wol	0.011	0.119	-0.291	0.001	0.007	0.008	0.145
林业 frs	0.061	0.063	-0.203	0.013	0.004	0.002	0.061
渔业 fsh	0.005	0.017	-0.038	0.001	0.001	0.000	0.013
食糖 sgr	0.010	0.012	-0.067	0.000	0.003	-0.007	0.050
饮料和烟草 b_t	0.014	0.019	-0.088	-0.001	0.003	0.001	0.053
乳制品 Mil	0.061	0.022	-0.658	0.087	0.118	0.013	0.356
大米 Pcr	0.005	0.023	-0.020	0.000	-0.002	-0.005	0.000
菜油和脂肪 Vol	0.017	0.045	-0.071	-0.020	0.002	-0.002	0.029
其他食品 Ofd	0.037	0.047	-0.166	0.008	0.011	0.007	0.057
肉制品 Mnt	0.000	0.007	0.029	-0.013	0.002	-0.005	-0.020

资料来源：作者采用GTAP 8.0模拟求解计算而得。

7.4.1　我国农产品出口份额在美、日、欧市场上的变化

①我国农产品在美国市场上大多数出口份额将有所提高，有5类农产

品市场份额保持不变，仅有原奶出口份额下降。农产品出口到美国市场的市场份额提高由多到少排序依次为：林业（0.0610%）、乳制品（0.0610%）、其他食品（0.0370%）、油籽（0.0260%）、菜油和脂肪（0.0170%）、蔬菜水干果（0.0140%）、其他作物（0.0140%）、饮料和烟草（0.0140%）、羊毛蚕茧（0.0110%）、食糖（0.0100%）、渔业（0.0050%）、大米（0.0050%）、畜产品（0.0020%）、水稻（0.0010%）；农产品出口到美国市场的市场份额保持不变的有：小麦（0.0000%）、其他谷物（0.0000%）、甘蔗和甜菜（0.0000%）、植物纤维（0.0000%）、肉制品（0.0000%）；仅有原奶在美国市场上出口份额下降，其下降份额为0.0220%。

②我国农产品在日本市场上大多数出口份额将有所提高，仅有2类农产品市场份额保持不变。农产品出口到美国市场的市场份额提高由多到少排序依次为：羊毛蚕茧（0.1190%）、油籽（0.1000%）、林业（0.0630%）、其他食品（0.0470%）、菜油和脂肪（0.0450%）、其他作物（0.0370%）、大米（0.0230%）、乳制品（0.0220%）、饮料和烟草（0.0190%）、蔬菜水干果（0.0180%）、渔业（0.0170%）、食糖（0.0120%）、植物纤维（0.0110%）、肉制品（0.0070%）、水稻（0.0060%）、其他谷物（0.0060%）、甘蔗和甜菜（0.0040%）、小麦（0.0010%）；出口到美国市场的农产品市场份额保持不变的有：畜产品（0.0000%）、原奶（0.0000%）。

③我国农产品在欧盟市场上大多数出口份额将有所下降，仅有2类农产品市场份额提高。农产品出口到美国市场的市场份额下降由多到少排序依次为：乳制品（0.6580%）、油籽（0.4810%）、羊毛蚕茧（0.2910%）、林业（0.2030%）、其他作物（0.1710%）、其他食品（0.1660%）、甘蔗和甜菜（0.1380%）、饮料和烟草（0.0880%）、水稻（0.0860%）、蔬菜水干果（0.0840%）、植物纤维（0.0830%）、菜油和脂肪（0.0710%）、食糖（0.0670%）、渔业（0.0380%）、畜产品（0.0220%）、大米（0.0200%）、其他谷物（0.0140%）、小麦（0.0090%）；原奶、肉制品等2类农产品出口份额将提高，出口份额分别提高0.0980%和0.0290%。

7.4.2　我国农产品出口份额在东盟和“金砖”国家市场上的变化

①我国农产品在东盟国家市场上一部分出口份额将有所下降，一部分农产品市场份额将提高，还有一些农产品份额将保持不变。农产品出口到东盟国家市场的市场份额上升由多到少排序依次为：乳制品（0.0870%）、油籽（0.0430%）、植物纤维（0.0400%）、其他作物（0.0210%）、甘蔗和甜菜（0.0190%）、小麦（0.0160%）、林业（0.0130%）、其他食品（0.0080%）、羊毛蚕茧（0.0010%）、渔业（0.0010%）；农产品出口市场份额保持不变的有：原奶（0.0000%）、食糖（0.0000%）、大米（0.0000%）；农产品出口市场份额下降由多到少排序依次为：水稻（0.0300%）、菜油和脂肪（0.0200%）、肉制品（0.0130%）、其他谷物（0.0060%）、蔬菜水干果（0.0030%）、畜产品（0.0010%）、饮料和烟草（0.0010%）。

②我国农产品在“金砖”国家市场上一部分出口份额将有所下降，一部分农产品市场份额将提高，还有一部分将保持不变。农产品出口到“金砖”国家市场的市场份额上升由多到少排序依次为：油籽（0.0210%）、乳制品（0.0130%）、甘蔗和甜菜（0.0080%）、羊毛蚕茧（0.0080%）、其他食品（0.0070%）、林业（0.0020%）、畜产品（0.0010%）、饮料和烟草（0.0010%）；农产品出口市场份额下降由多到少排序依次为：植物纤维（0.0070%）、食糖（0.0070%）、大米（0.0050%）、肉制品（0.0050%）、其他作物（0.0030%）、水稻（0.0020%）、菜油和脂肪（0.0020%）、蔬菜水干果（0.0010%）；农产品出口市场份额保持不变的有：小麦（0.0000%）、其他谷物（0.0000%）、原奶（0.0000%）、渔业（0.0000%）。

7.4.3　我国农产品出口份额在非洲和其他地区市场上的变化

①我国农产品在非洲国家市场上大部分出口份额将有所提高，有3类

农产品市场份额保持不变，仅有大米出口市场份额下降。农产品出口到非洲国家市场的市场份额上升由多到少排序依次为：乳制品（0.1180%）、植物纤维（0.0210%）、其他作物（0.0210%）、油籽（0.0200%）、其他食品（0.0110%）、羊毛蚕茧（0.0070%）、蔬菜水干果（0.0050%）、林业（0.0040%%）、小麦（0.0030%）、食糖（0.0030%）、饮料和烟草（0.0030%）、菜油和脂肪（0.0020%）、肉制品（0.0020%）、水稻（0.0010%）、畜产品（0.0010%）、渔业（0.0010%）；农产品出口市场份额保持不变的有：其他谷物（0.0000%）、甘蔗和甜菜（0.0000%）、原奶（0.0000%）；农产品出口市场份额下降有：大米（下降0.0020%）。

②我国农产品在世界其他地区市场上一部分出口份额将有所提高，另有一类农产品市场份额将下降，仅有大米出口市场份额保持不变。农产品出口到世界其他地区市场的份额上升由多到少排序依次为：乳制品（0.3560%）、油籽（0.2700%）、羊毛蚕茧（0.1450%）、水稻（0.1110%）、甘蔗和甜菜（0.1070%）、其他作物（0.0820%）、林业（0.0610%）、其他食品（0.0570%）、饮料和烟草（0.0530%）、蔬菜水干果（0.0500%）、食糖（0.0500%）、菜油和脂肪（0.0290%）、畜产品（0.0190%）、植物纤维（0.0180%）、其他谷物（0.0150%）、渔业（0.0130%）；农产品出口市场份额下降由多到少排序依次为：原奶（0.0760%）、肉制品（0.0200%）、小麦（0.0100%）；农产品出口市场份额保持不变的有：大米（0.0000%）。

7.5 美国情景下征收碳关税对中国农产品出口市场结构的影响

在美国单独征收碳关税（“US_20”）情景下，中国农产品出口市场结构变化情况如表7-3所示。

表 7－3　美国征收碳关税情景下中国农产品向世界主要地区出口份额的变化情况

Table 7－3　Percentage changes of the agricultural sectors' export share from China to each region, responding to the carbon tariff （"US_20" scenario）

（单位：%）

农产品类别 Agri Sub－Sectors	美国 US	日本 JPN	欧盟 EU	东盟 ASE	非洲 AFR	"金砖"国家 BRIC	其他地区 XOW
水稻 pdr	－0.051	－0.005	－0.006	－0.094	0.000	－0.001	0.156
小麦 wht	－0.004	0.004	0.000	0.002	0.000	0.000	－0.001
其他谷物 gro	－0.001	0.032	－0.001	－0.027	0.000	0.000	－0.002
蔬菜水干果 v_f	－0.096	0.022	0.024	0.000	0.002	0.004	0.043
油籽 osd	－0.102	0.026	0.020	0.006	0.003	0.000	0.046
甘蔗和甜菜 c_b	0.000	0.002	0.009	0.001	0.000	－0.025	0.013
植物纤维 pfb	－0.006	0.015	－0.001	0.022	－0.008	－0.018	－0.004
其他作物 ocr	－0.091	0.030	0.026	0.004	0.004	－0.003	0.030
畜产品 anl	－0.037	0.003	0.018	0.000	0.000	0.000	0.015
原奶 rmk	0.058	0.000	－0.007	0.000	0.000	0.000	－0.050
羊毛蚕茧 wol	－0.001	0.005	－0.012	0.000	0.001	0.000	0.008
林业 frs	－0.131	0.058	0.056	0.002	0.001	－0.001	0.015
渔业 fsh	－0.031	0.008	0.006	0.000	0.000	0.001	0.015
食糖 sgr	－0.104	0.012	0.017	0.013	0.003	0.001	0.058
饮料和烟草 b_t	－0.075	0.019	0.013	0.002	0.002	0.001	0.038
乳制品 Mil	－0.326	0.013	0.077	0.044	0.037	0.004	0.150
大米 Pcr	－0.153	0.068	0.006	0.001	0.024	0.000	0.054
菜油和脂肪 Vol	－0.070	0.049	0.007	－0.010	0.001	－0.001	0.024
其他食品 Ofd	－0.219	0.070	0.061	0.012	0.006	0.008	0.062
肉制品 Mnt	0.003	0.006	0.002	－0.010	－0.001	－0.003	0.003

资料来源：作者采用 GTAP 8.0 模拟求解计算而得。

7.5.1　我国农产品出口份额在美、日、欧市场上的变化

①我国农产品在美国市场上大部分出口份额将有所降低，有 2 类农产品市场份额上升，仅有甘蔗和甜菜出口市场份额保持不变。农产品出口的

份额上升由多到少排序依次为：原奶（0.0580%）、肉制品（0.0030%）；农产品出口市场份额下降由多到少排序依次为：乳制品（0.3260%）、其他食品（0.2190%）、大米（0.1530%）、林业（0.1310%）、食糖（0.1040%）、油籽（0.1020%）、蔬菜水干果（0.0960%）、其他作物（0.0910%）、饮料和烟草（0.0750%）、菜油和脂肪（0.0700%）、水稻（0.0510%）、畜产品（0.0370%）、渔业（0.0310%）、植物纤维（0.0060%）、小麦（0.0040%）、其他谷物（0.0010%）、羊毛蚕茧（0.0010%）；农产品出口市场份额保持不变的有：甘蔗和甜菜（0.0000%）。

②我国农产品在日本市场上大部分出口份额将有所增加，仅原奶市场份额保持不变，水稻出口市场份额下降。农产品出口的份额上升由多到少排序依次为：其他食品（0.0700%）、大米（0.0680%）、林业（0.0580%）、菜油和脂肪（0.0490%）、其他谷物（0.0320%）、其他作物（0.0300%）、油籽（0.0260%）、蔬菜水干果（0.0220%）、饮料和烟草（0.0190%）、植物纤维（0.0150%）、乳制品（0.0130%）、食糖（0.0120%）、渔业（0.0080%）、肉制品（0.0060%）、羊毛蚕茧（0.0050%）、小麦（0.0040%）、畜产品（0.0030%）、甘蔗和甜菜（0.0020%）；原奶（0.0000%）出口份额保持不变；水稻（0.0050%）出口份额下降。

③我国农产品在欧盟市场上大部分出口份额将有所提高，有5类农产品市场份额下降，仅有小麦市场份额保持不变。农产品出口的份额上升由多到少排序依次为：乳制品（0.0770%）、其他食品（0.0610%）、林业（0.0560%）、其他作物（0.0260%）、蔬菜水干果（0.0240%）、油籽（0.0200%）、畜产品（0.0180%）、食糖（0.0170%）、饮料和烟草（0.0130%）、甘蔗和甜菜（0.0090%）、菜油和脂肪（0.0070%）、渔业（0.0060%）、大米（0.0060%）、肉制品（0.0020%）；农产品出口市场份额保持稳定的有：小麦（0.0000%）；农产品出口市场份额下降由多到少排序依次为：羊毛蚕茧（0.0120%）、原奶（0.0070%）、水稻（0.0060%）、植物纤维（0.0010%）、其他谷物（0.0010%）。

7.5.2　我国农产品出口份额在东盟和“金砖”国家市场上的变化

①我国农产品在东盟国家市场上大部分出口份额将有所升高，有 5 类农产品市场份额保持不变，有 4 类农产品市场份额下降。农产品出口的份额上升由多到少排序依次为：乳制品（0.0440%）、植物纤维（0.0220%）、食糖（0.0130%）、其他食品（0.0120%）、油籽（0.0060%）、其他作物（0.0040%）、小麦（0.0020%）、林业（0.0020%）、饮料和烟草（0.0020%）、甘蔗和甜菜（0.0010%）、大米（0.0010%）；农产品出口市场份额保持不变的有：蔬菜水干果（0.0000%）、畜产品（0.0000%）、原奶（0.0000%）、羊毛蚕茧（0.0000%）、渔业（0.0000%）；农产品出口市场份额下降由多到少排序依次为：水稻（0.0940%）、其他谷物（0.0270%）、肉制品（0.0100%）、菜油和脂肪（0.0100%）。

②我国农产品在“金砖”国家市场上有 6 类出口市场份额上升，有 6 类农产品出口市场份额保持不变，还有 7 类农产品出口份额将有所降低。农产品出口的份额上升由多到少排序依次为：其他食品（0.0080%）、蔬菜水干果（0.0040%）、乳制品（0.0040%）、渔业（0.0010%）、食糖（0.0010%）、饮料和烟草（0.0010%）；农产品出口市场份额保持不变的有：小麦（0.0000%）、其他谷物（0.0000%）、油籽（0.0000%）、畜产品（0.0000%）、原奶（0.0000%）、羊毛蚕茧（0.0000%）、大米（0.0000%）；农产品出口市场份额下降由多到少排序依次为：甘蔗和甜菜（0.0250%）、植物纤维（0.0180%）、肉制品（0.0030%）、其他作物（0.0030%）、菜油和脂肪（0.0010%）、林业（0.0010%）、水稻（0.0010%）。

7.5.3　我国农产品出口份额在非洲和其他地区市场上的变化

①我国农产品在非洲国家市场上大多数出口份额将有所提高，有 7 类农产品市场份额保持稳定，仅有 2 类农产品市场份额下降。农产品出口的

份额上升由多到少排序依次为：乳制品（0.0370%）、大米（0.0240%）、其他食品（0.0060%）、其他作物（0.0040%）、油籽（0.0030%）、食糖（0.0030%）、蔬菜水干果（0.0020%）、饮料和烟草（0.0020%）、羊毛蚕茧（0.0010%）、林业（0.0010%）、菜油和脂肪（0.0010%）；农产品出口市场份额保持稳定的有：水稻（0.0000%）、小麦（0.0000%）、其他谷物（0.0000%）、甘蔗和甜菜（0.0000%）、畜产品（0.0000%）、原奶（0.0000%%）、渔业（0.0000%）；产品出口市场份额下降的仅有肉制品、植物纤维，其下降份额分别为0.0010%和0.0080%。

②我国农产品在世界其他地区市场上大部分出口份额将有所提高，仅有4类农产品市场份额下降。农产品出口的份额上升由多到少排序依次为：水稻（0.1560%）、乳制品（0.1500%）、其他食品（0.0620%）、食糖（0.0580%）、大米（0.0540%）、油籽（0.0460%）、蔬菜水干果（0.0430%）、饮料和烟草（0.0380%）、其他作物（0.0300%）、菜油和脂肪（0.0240%）、畜产品（0.0150%）、林业（0.0150%）、渔业（0.0150%）、甘蔗和甜菜（0.0130%）、羊毛蚕茧（0.0080%）、肉制品（0.0030%）；产品出口市场份额下降由多到少排序依次为：原奶（0.0500%）、植物纤维（0.0040%）、其他谷物（0.0020%）、小麦（0.0010%）。

7.6 日本情景下征收碳关税对中国农产品出口市场结构的影响

在日本单独征收碳关税（“JP_20”）情景下，我国农产品出口市场结构变化情况如表7-4所示。

7.6.1 我国农产品出口份额在美、日、欧市场上的变化

①我国农产品在美国市场上大部分出口份额将有所提高，有4类农产

品市场份额保持稳定，仅有1类农产品市场份额下降。农产品出口的份额上升由多到少排序依次为：其他食品（0.0570%）、林业（0.0290%）、菜油和脂肪（0.0180%）、其他作物（0.0170%）、油籽（0.0110%）、蔬菜水干果（0.0100%）、渔业（0.0090%）、食糖（0.0090%）、饮料和烟草（0.0090%）、乳制品（0.0050%）、畜产品（0.0020%）、原奶（0.0020%）、水稻（0.0010%）、植物纤维（0.0010%）、羊毛蚕茧（0.0010%）；农产品出口市场份额保持稳定的有：小麦（0.0000%）、其他谷物（0.0000%）、甘蔗和甜菜（0.0000%）、大米（0.0000%）；农产品出口市场份额下降的仅有肉制品，其下降份额为0.0010%。

②我国农产品在日本市场上大部分出口份额将有所降低，有2类农产品市场份额上升，仅原奶有市场份额保持稳定。农产品出口的份额下降由多到少排序依次为：植物纤维（0.6980%）、菜油和脂肪（0.2600%）、油籽（0.2580%）、其他食品（0.2360%）、其他谷物（0.1700%）、其他作物（0.1490%）、食糖（0.1430%）、林业（0.1420%）、渔业（0.1310%）、羊毛蚕茧（0.1110%）、饮料和烟草（0.1100%）、蔬菜水干果（0.0940%）、乳制品（0.0520%）、小麦（0.0250%）、畜产品（0.0170%）、大米（0.0030%）、甘蔗和甜菜（0.0010%）；农产品出口的份额上升由多到少排序依次为：肉制品（0.0330%）、水稻（0.0020%）；农产品出口市场份额保持稳定的仅有原奶（0.0000%）。

③我国农产品在欧盟市场上大部分出口份额将有所提高，仅有2类农产品市场份额保持稳定。农产品出口的份额提高由多到少排序依次为：羊毛蚕茧（0.0940%）、油籽（0.0920%）、林业（0.0680%）、其他食品（0.0630%）、其他作物（0.0410%）、菜油和脂肪（0.0300%）、蔬菜水干果（0.0180%）、乳制品（0.0170%）、植物纤维（0.0120%）、食糖（0.0120%）、饮料和烟草（0.0120%）、畜产品（0.0100%）、渔业（0.0100%）、甘蔗和甜菜（0.0030%）、水稻（0.0020%）、其他谷物（0.0020%）、原奶（0.0010%）、大米（0.0010%）；农产品出口市场份额保持稳定的仅有小麦（0.0000%）和肉制品（0.0000%）。

7.6.2 我国农产品出口份额在东盟和“金砖”国家市场上的变化

①我国农产品在东盟国家市场上大部分出口份额将有所提高，有 4 类农产品市场份额保持稳定，仅有 2 类农产品市场份额下降。农产品出口的份额提高由多到少排序依次为：植物纤维（0.3000%）、菜油和脂肪（0.0500%）、其他谷物（0.0300%）、其他作物（0.0270%）、食糖（0.0270%）、油籽（0.0210%）、其他食品（0.0190%）、蔬菜水干果（0.0170%）、饮料和烟草（0.0130%）小麦（0.0100%）、林业（0.0060%）、渔业（0.0040%）、乳制品（0.0010%）；农产品出口市场份额保持稳定的有：畜产品（0.0000%）、原奶（0.0000%）、羊毛蚕茧（0.0000%）、大米（0.0000%）；农产品出口的份额下降由多到少排序依次为：水稻（0.0230%）、甘蔗和甜菜（0.0010%）、肉制品（0.0070%）。

②我国农产品在“金砖”国家市场上大部分出口份额将有所提高，有 5 类农产品市场份额保持不变，仅有 2 类农产品市场份额下降。农产品出口的份额提高由多到少排序依次为：植物纤维（0.0970%）、其他食品（0.0150%）、蔬菜水干果（0.0110%）、油籽（0.0110%）、其他作物（0.0060%）、菜油和脂肪（0.0050%）、林业（0.0040%）、渔业（0.0040%）、食糖（0.0040%）、饮料和烟草（0.0040%）、其他谷物（0.0010%）、羊毛蚕茧（0.0010%）、乳制品（0.0010%）；农产品出口市场份额保持稳定的有：水稻（0.0000%）、小麦（0.0000%）、畜产品（0.0000%）、原奶（0.0000%）、大米（0.0000%）；农产品出口的份额下降的仅有甘蔗和甜菜、肉制品等两类农产品，其份额分别下降 0.0060% 和 0.0010%。

7.6.3 我国农产品出口份额在非洲和其他地区市场上的变化

①我国农产品在非洲国家市场上大部分出口份额将有所降低，有 6 类农产品市场份额保持稳定，仅有 2 类农产品市场份额下降。农产品出口的

份额提高由多到少排序依次为：植物纤维（0.0660%）、油籽（0.0080%）、其他作物（0.0080%）、其他食品（0.0080%）、乳制品（0.0060%）、食糖（0.0030%）、菜油和脂肪（0.0030%）、蔬菜水干果（0.0020%）、饮料和烟草（0.0020%）、羊毛蚕茧（0.0010%）、林业（0.0010%）、渔业（0.0010%）；农产品出口市场份额保持稳定的有：水稻（0.0000%）、小麦（0.0000%）、其他谷物（0.0000%）、甘蔗和甜菜（0.0000%）、畜产品（0.0000%）、原奶（0.0000%）；农产品出口的份额下降仅有大米和肉制品，下降幅度均为0.0010%。

②我国农产品在世界其他地区市场上大部分农产品出口份额将有所提高，仅有2类农产品市场份额下降。农产品出口的份额提高由多到少排序依次为：植物纤维（0.2230%）、菜油和脂肪（0.1540%）、其他谷物（0.1370%）、油籽（0.1160%）、渔业（0.1030%）、食糖（0.0880%）、其他食品（0.0730%）、饮料和烟草（0.0700%）、其他作物（0.0510%）、蔬菜水干果（0.0360%）、林业（0.0340%）、乳制品（0.0230%）、水稻（0.0170%）、小麦（0.0150%）、羊毛蚕茧（0.0140%）、甘蔗和甜菜（0.0050%）、畜产品（0.0050%）、大米（0.0020%）；农产品出口的份额下降的仅有肉制品和原奶两类农产品，下降份额分别为0.0220%和0.0040%。

表7-4 日本征收碳关税情景下中国农产品向世界主要地区出口份额的变化情况

Table 7-4 Percentage changes of the agricultural sectors' export share from China to each region, responding to the carbon tariff ("JP_20" scenario)

（单位:%）

农产品类别 Agri Sub-Sectors	美国 US	日本 JPN	欧盟 EU	东盟 ASE	非洲 AFR	"金砖"国家 BRIC	其他地区 XOW
水稻 pdr	0.001	0.002	0.002	-0.023	0.000	0.000	0.017
小麦 wht	0.000	-0.025	0.000	0.010	0.000	0.000	0.015
其他谷物 gro	0.000	-0.170	0.002	0.030	0.000	0.001	0.137
蔬菜水干果 v_f	0.010	-0.094	0.018	0.017	0.002	0.011	0.036
油籽 osd	0.011	-0.258	0.092	0.021	0.008	0.011	0.116

续表

农产品类别 Agri Sub – Sectors	美国 US	日本 JPN	欧盟 EU	东盟 ASE	非洲 AFR	“金砖”国家 BRIC	其他地区 XOW
甘蔗和甜菜 c_b	0.000	–0.001	0.003	–0.001	0.000	–0.006	0.005
植物纤维 pfb	0.001	–0.698	0.012	0.300	0.066	0.097	0.223
其他作物 ocr	0.017	–0.149	0.041	0.027	0.008	0.006	0.051
畜产品 anl	0.002	–0.017	0.010	0.000	0.000	0.000	0.005
原奶 rmk	0.002	0.000	0.001	0.000	0.000	0.000	–0.004
羊毛蚕茧 wol	0.001	–0.111	0.094	0.000	0.001	0.001	0.014
林业 frs	0.029	–0.142	0.068	0.006	0.001	0.004	0.034
渔业 fsh	0.009	–0.131	0.010	0.004	0.001	0.004	0.103
食糖 sgr	0.009	–0.143	0.012	0.027	0.003	0.004	0.088
饮料和烟草 b_t	0.009	–0.110	0.012	0.013	0.002	0.004	0.070
乳制品 Mil	0.005	–0.052	0.017	0.001	0.006	0.001	0.023
大米 Pcr	0.000	–0.003	0.001	0.000	–0.001	0.000	0.002
菜油和脂肪 Vol	0.018	–0.260	0.030	0.050	0.003	0.005	0.154
其他食品 Ofd	0.057	–0.236	0.063	0.019	0.008	0.015	0.073
肉制品 Mnt	–0.001	0.033	0.000	–0.007	–0.001	–0.001	–0.022

资料来源：作者采用GTAP 8.0模拟求解计算而得。

7.7 同时情景下征收碳关税对中国农产品出口市场结构的影响

在美国、日本和欧盟同时征收碳关税（“All_20”）情景下，中国农产品出口市场结构变化情况如表7–5所示。

7.7.1　我国农产品出口份额在美、日、欧市场上的变化

①我国农产品在美国市场上大部分出口份额将有所降低，有 3 类农产品市场份额上升，仅有 1 类农产品市场份额保持稳定。农产品出口的份额降低由多到少排序依次为：乳制品（0.2580%）、大米（0.1460%）、其他食品（0.1250%）、食糖（0.0860%）、蔬菜水干果（0.0720%）、油籽（0.0650%）、其他作物（0.0610%）、饮料和烟草（0.0520%）、水稻（0.0480%）、林业（0.0420%）、菜油和脂肪（0.0350%）、畜产品（0.0330%）、渔业（0.0160%）、植物纤维（0.0050%）、小麦（0.0040%）、其他谷物（0.0010%）；农产品市场份额保持稳定的有：甘蔗和甜菜（0.0000%）；农产品出口的份额提高由多到少排序依次为：原奶（0.0370%）、羊毛蚕茧（0.0110%）、肉制品（0.0020%）。

②我国农产品在日本市场上大部分出口份额将有所降低，有 5 类农产品市场份额上升，仅有 1 类农产品市场份额保持稳定。农产品出口的份额降低由多到少排序依次为：植物纤维（0.6670%）、菜油和脂肪（0.1640%）、油籽（0.1320%）、其他谷物（0.1310%）、食糖（0.1180%）、其他食品（0.1180%）、渔业（0.1050%）、其他作物（0.0810%）、饮料和烟草（0.0720%）、蔬菜水干果（0.0540%）、小麦（0.0200%）、林业（0.0200%）、乳制品（0.0170%）、畜产品（0.0140%）；农产品出口的份额提高由多到少排序依次为：大米（0.0880%）、肉制品（0.0450%）、羊毛蚕茧（0.0110%）、甘蔗和甜菜（0.0050%）、水稻（0.0030%）；农产品市场份额保持稳定的仅有原奶（0.0000%）。

③我国农产品在欧盟市场上大部分出口份额将有所降低，仅有 3 类农产品市场份额上升。农产品出口的份额降低由多到少排序依次为：乳制品（0.5600%）、油籽（0.3680%）、羊毛蚕茧（0.2070%）、甘蔗和甜菜（0.1250%）、其他作物（0.1040%）、水稻（0.0890%）、林业（0.0790%）、植物纤维（0.0720%）、饮料和烟草（0.0630%）、其他食品（0.0430%）、蔬菜水干果（0.0420%）、食糖（0.0380%）、菜油和脂肪

(0.0330%)、渔业(0.0210%)、其他谷物(0.0130%)、大米(0.0130%)、小麦(0.0090%);农产品出口的份额提高由多到少排序依次为:原奶(0.0910%)、肉制品(0.0310%)、畜产品(0.0050%)。

7.7.2 我国农产品出口份额在东盟和“金砖”国家市场上的变化

①我国农产品在东盟国家市场上大部分出口份额将有所提高,仅有2类农产品市场份额上升,仅有1类农产品市场份额保持稳定。农产品出口的份额提高由多到少排序依次为:植物纤维(0.3600%)、乳制品(0.1310%)、油籽(0.0710%)、其他作物(0.0510%)、食糖(0.0400%)、其他食品(0.0390%)、小麦(0.0260%)、林业(0.0210%)、甘蔗和甜菜(0.0190%)、菜油和脂肪(0.0180%)、蔬菜水干果(0.0140%)、饮料和烟草(0.0140%)、渔业(0.0050%)、羊毛蚕茧(0.0020%)、原奶(0.0000%);农产品出口的份额降低由多到少排序依次为:水稻(0.1450%)、肉制品(0.0300%)、其他谷物(0.0040%)、畜产品(-0.0010%);农产品市场份额保持稳定的仅有大米(0.0000%)。

②我国农产品在“金砖”国家市场上大部分出口份额将有所提高,有4类农产品市场份额保持稳定,有5类农产品市场份额下降。农产品出口的份额提高由多到少排序依次为:植物纤维(0.0710%)、油籽(0.0320%)、其他食品(0.0300%)、乳制品(0.0180%)、蔬菜水干果(0.0150%)、羊毛蚕茧(0.0080%)、饮料和烟草(0.0060%)、渔业(0.0050%)、林业(0.0040%)、菜油和脂肪(0.0020%)、畜产品(0.0010%);农产品市场份额保持稳定的有:小麦(0.0000%)、其他谷物(0.0000%)、其他作物(0.0000%)、原奶(0.0000%);农产品出口的份额降低由多到少排序依次为:甘蔗和甜菜(0.0230%)、肉制品(0.0080%)、大米(0.0060%)、水稻(0.0030%)、食糖(0.0020%)。

7.7.3 我国农产品出口份额在非洲和其他地区市场上的变化

①我国农产品在非洲国家市场上大部分出口份额将有所提高,仅有4

类农产品市场份额保持稳定。农产品出口的份额提高由多到少排序依次为：乳制品（0.1600%）、植物纤维（0.0790%）、其他作物（0.0330%）、油籽（0.0310%）、其他食品（0.0250%）、大米（0.0210%）、蔬菜水干果（0.0100%）、羊毛蚕茧（0.0090%）、食糖（0.0090%）、饮料和烟草（0.0070%）、林业（0.0060%）、菜油和脂肪（0.0060%）、小麦（0.0030%）、渔业（0.0030%）、水稻（0.0010%）、畜产品（0.0010%）；农产品市场份额保持不变的有：其他谷物（0.0000%）、甘蔗和甜菜（0.0000%）、原奶（0.0000%）、肉制品（0.0000%）。

②我国农产品在世界其他地区市场上大部分出口份额将有所提高，仅有2类农产品市场份额下降。农产品出口的份额提高由多到少排序依次为：乳制品（0.5250%）、油籽（0.4320%）、水稻（0.2810%）、植物纤维（0.2350%）、菜油和脂肪（0.2050%）、食糖（0.1950%）、其他食品（0.1920%）、羊毛蚕茧（0.1660%）、其他作物（0.1610%）、饮料和烟草（0.1600%）、其他谷物（0.1480%）、渔业（0.1310%）、蔬菜水干果（0.1290%）、甘蔗和甜菜（0.1240%）、林业（0.1100%）、大米（0.0560%）、畜产品（0.0390%）、小麦（0.0030%）；农产品出口的份额降低由多到少排序依次为：原奶（0.1280%）、肉制品（0.0390%）。

表7-5　欧、美、日同时征收碳关税情景下中国农产品向世界主要地区出口份额的变化情况

Table 7-5　Percentage changes of the agricultural sectors' export share from China to each region, responding to the carbon tariff ("All_20" scenario)

（单位:%）

农产品类别 Agri Sub-Sectors	美国 US	日本 JPN	欧盟 EU	东盟 ASE	非洲 AFR	"金砖"国家 BRIC	其他地区 XOW
水稻 pdr	-0.048	0.003	-0.089	-0.145	0.001	-0.003	0.281
小麦 wht	-0.004	-0.020	-0.009	0.026	0.003	0.000	0.003
其他谷物 gro	-0.001	-0.131	-0.013	-0.004	0.000	0.000	0.148
蔬菜水干果 v_f	-0.072	-0.054	-0.042	0.014	0.010	0.015	0.129
油籽 osd	-0.065	-0.132	-0.368	0.071	0.031	0.032	0.432

续表

农产品类别 Agri Sub - Sectors	美国 US	日本 JPN	欧盟 EU	东盟 ASE	非洲 AFR	“金砖”国家 BRIC	其他地区 XOW
甘蔗和甜菜 c_b	0. 000	0. 005	-0. 125	0. 019	0. 000	-0. 023	0. 124
植物纤维 pfb	-0. 005	-0. 667	-0. 072	0. 360	0. 079	0. 071	0. 235
其他作物 ocr	-0. 061	-0. 081	-0. 104	0. 051	0. 033	0. 000	0. 161
畜产品 anl	-0. 033	-0. 014	0. 005	-0. 001	0. 001	0. 001	0. 039
原奶 rmk	0. 037	0. 000	0. 091	0. 000	0. 000	0. 000	-0. 128
羊毛蚕茧 wol	0. 011	0. 011	-0. 207	0. 002	0. 009	0. 008	0. 166
林业 frs	-0. 042	-0. 020	-0. 079	0. 021	0. 006	0. 004	0. 110
渔业 fsh	-0. 016	-0. 105	-0. 021	0. 005	0. 003	0. 005	0. 131
食糖 sgr	-0. 086	-0. 118	-0. 038	0. 040	0. 009	-0. 002	0. 195
饮料和烟草 b_t	-0. 052	-0. 072	-0. 063	0. 014	0. 007	0. 006	0. 160
乳制品 Mil	-0. 258	-0. 017	-0. 560	0. 131	0. 160	0. 018	0. 525
大米 Pcr	-0. 146	0. 088	-0. 013	0. 000	0. 021	-0. 006	0. 056
菜油和脂肪 Vol	-0. 035	-0. 164	-0. 033	0. 018	0. 006	0. 002	0. 205
其他食品 Ofd	-0. 125	-0. 118	-0. 043	0. 039	0. 025	0. 030	0. 192
肉制品 Mnt	0. 002	0. 045	0. 031	-0. 030	0. 000	-0. 008	-0. 039

资料来源：作者采用 GTAP 8. 0 模拟求解计算而得。

7.7.4 碳关税对我国工业部门的影响

征收碳关税后对各国某一部门商品价格的提升幅度与该部门商品在生产过程中的碳排放强度有关。从图 7 - 13 中可以看出，除电力部门以外（能源转换部门不征收碳关税），采掘业（extraction）的排放强度最高，达 0. 5354 t CO_2/thousand \$（吨二氧化碳每千美元）（Mt/Bill. \$ 等价换算）；其次为重工业，为 0. 2515 t CO_2/thousand \$；而轻工业的排放强度较低。

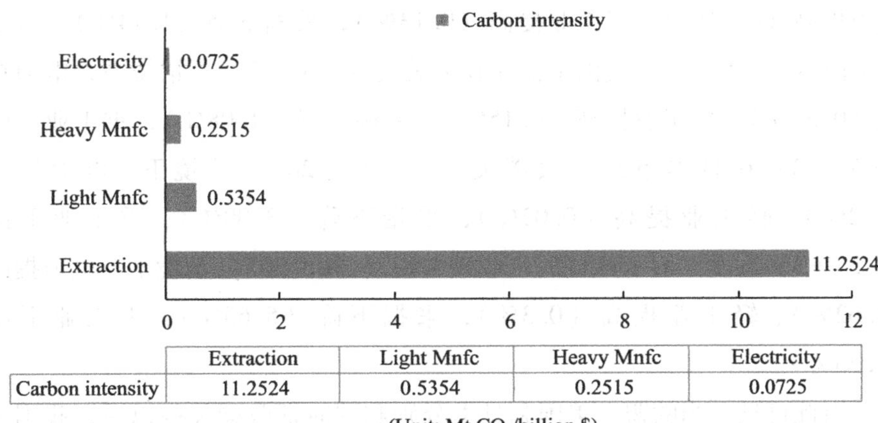

	Extraction	Light Mnfc	Heavy Mnfc	Electricity
Carbon intensity	11.2524	0.5354	0.2515	0.0725

(Unit: Mt CO_2/billion $)

图 7－13　征收碳关税四种情境下我国工业部门碳排放强度

Figure 7－13　the carbon intensity of industrial sectors（descending）

（1）我国工业部门出口额变动情况

碳关税通过价格因素影响我国的出口需求，带来工业产品出口各部门的相应变动（见图 7－14）：在欧盟单独征收碳关税（“EU_20”）情境下，

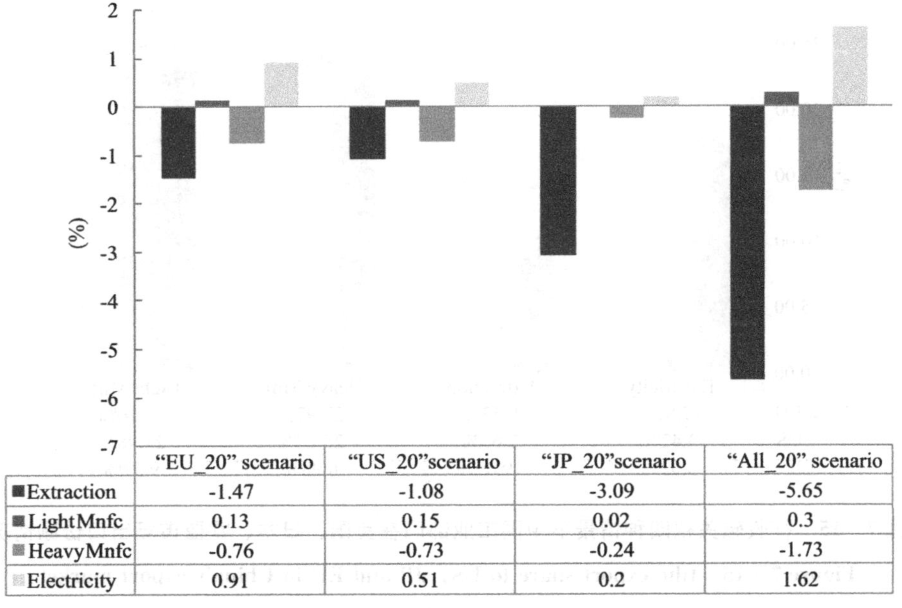

	“EU_20” scenario	“US_20”scenario	“JP_20”scenario	“All_20” scenario
Extraction	-1.47	-1.08	-3.09	-5.65
LightMnfc	0.13	0.15	0.02	0.3
HeavyMnfc	-0.76	-0.73	-0.24	-1.73
Electricity	0.91	0.51	0.2	1.62

图 7－14　征收碳关税四种情景下我国工业部门出口额的变化情况

Figure 7－14　The variation of export of industrial sectors in China, responding to the carbon tariff

电力提高（0.91%），轻工业提高（0.13%），采掘下降（1.74%），重工业下降（0.76%）；在美国单独征收碳关税（“US_20”）情境下，电力提高（0.51%）、轻工业提高（0.15%），采掘下降（1.08%），重工业下降（0.73%）；在日本单独征收碳关税（“US_20”）情境下，电力提高（0.2%），轻工业提高（0.02%），采掘下降（3.09%）、重工业下降（0.24%）；在美、日、欧同时征收碳关税（“US_20”）情境下，电力提高（1.62%）、轻工业提高（0.3%），采掘下降（5.65%），重工业下降（1.73%）。

由此可见，当欧盟、美国和日本分别和同时征收碳关税以后，我国采掘业和重工业两个部门的出口额呈下降趋势，而其他两个部门——电力和轻工业部门由于排放强度较低，因而所受的负面影响较小。其中，采掘业部门在“JP_20”情景下的出口额下降最为明显，降低3.09%；其次是在“EU_20”情景下，降低了1.47%；在“US_20”情景下的降低幅度最低，为1.08%。与图7-15的出口份额数据比照可以发现，这与我国采掘

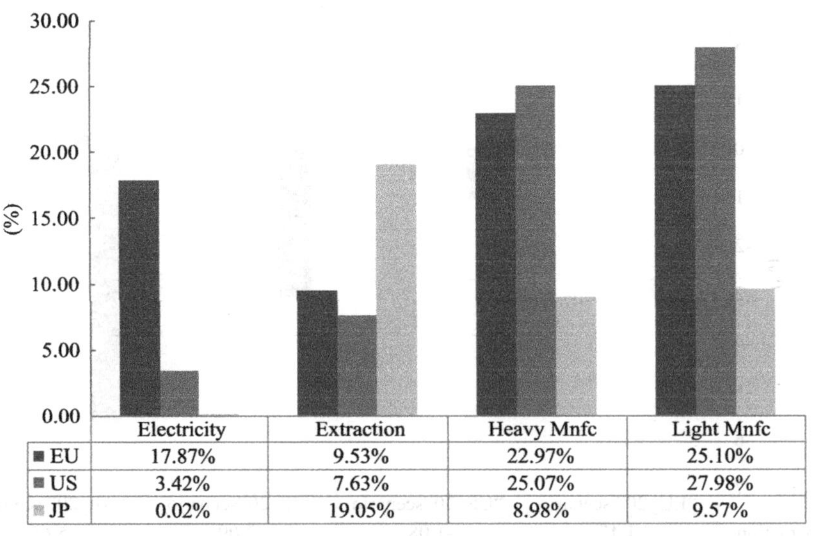

	Electricity	Extraction	Heavy Mnfc	Light Mnfc
■ EU	17.87%	9.53%	22.97%	25.10%
■ US	3.42%	7.63%	25.07%	27.98%
■ JP	0.02%	19.05%	8.98%	9.57%

图7-15　征收碳关税四种情景下中国工业部门在美国、日本、欧盟市场出口份额情况

Figure 7-15　tthe export share to US, JP and EU in China's export market of industrial sectors

业出口到这些国家的出口份额相一致：出口到日本的比重高于欧盟和美国。同样地，重工业出口在“EU_20”和“US_20”情景下征收碳关税后的降低幅度要高于在“JP_20”情景下。值得注意的是，由于电力和轻工业部门的排放强度很低，碳关税在遏制高碳部门生产的同时将使低碳部门的相对优势显现出来，因此，我国电力和轻工业部门的出口在所有情景中均呈增长的趋势。而且“US_20”情景对应的增幅最大，其次为欧盟和日本征收碳关税的“EU_20”和“JP_20”情景。

（2）我国工业部门进口额变动情况

由于碳关税的溢价特征和不同市场的联动性，在所有碳排放情景中，国际市场价格都将上涨，带来我国进口需求下降。在所有碳关税情景下，我国工业部门的进口额均呈现下降趋势（见图7－16）。在欧盟单独征收碳关税（“EU_20”）情境下，中国所有工业产品按负面影响从大到小的顺序分别为：轻工业（0.51%）、电力（0.48%）、重工业（0.37%）、采掘（0.36%）；在美国单独征收碳关税（“US_20”）情境下，中国所有工业产品按负面影响从大到小的顺序分别为：轻工业（0.44%）、电力（0.41%）、采掘（0.35%）、重工业（0.33%）；在日本单独征收碳关税（“JP_20”）情境下，中国所有工业产品按负面影响从大到小的顺序分别为：轻工业（0.17%）、采掘（0.16%）、电力（0.14%）、重工业（0.13%）；在美、日、欧同时征收碳关税（“All_20”）情境下，中国所有工业产品按负面影响从大到小的顺序分别为：轻工业（1.12%）、电力（1.04%）、采掘（0.87%）、重工业（0.83%）。由此可见，在所有征收碳关税情景中，中国工业产品进口额的变动幅度在欧盟情景（“EU_20”）下略高于美国情景（“US_20”），明显高于日本情景（“JP_20”），这与我国从征税主体——欧盟、美国和日本进出口的份额有关：欧盟高于美国和日本。

我国工业部门进口额的变动幅度与出口额恰恰相反，以“EU_20”情景为例：排放强度最低的轻工业部门的进口额下降最多，为0.51%；其次为重工业，下降0.37%；排放强度最高的采掘业部门进口额下降0.36%，降幅最小。这一现象反映了进口品和国内产品的替代效应：当高排放强度部门（如采掘业）因碳关税征收造成出口严重下降时，其产量下降，多余的生产能力（如生产要素）流向低排放强度部门，带来这些部门产出增多，这部分增加的产出可以更多地满足国内需求，致使进口需求下降程度高于高排放强度部门。

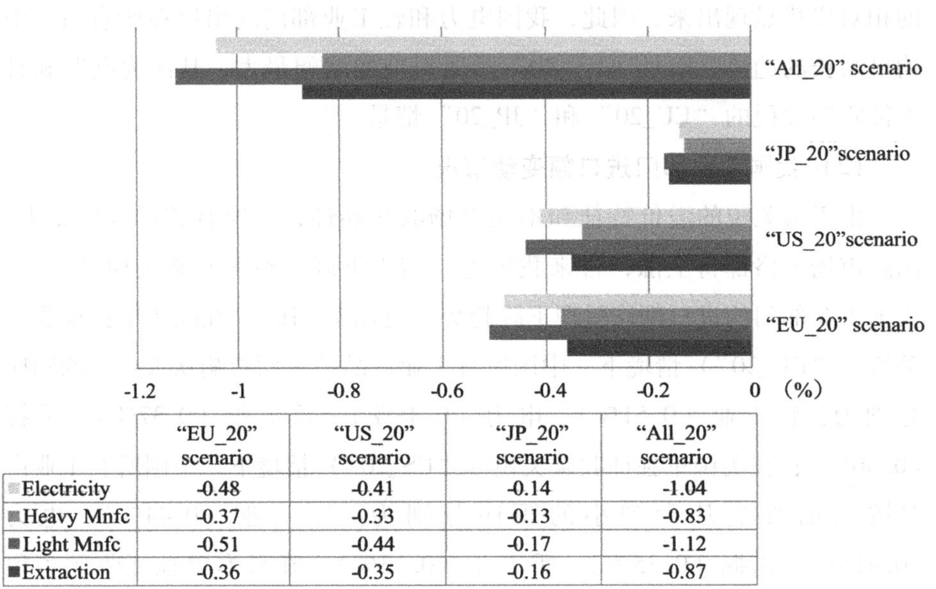

	"EU_20" scenario	"US_20" scenario	"JP_20" scenario	"All_20" scenario
Electricity	-0.48	-0.41	-0.14	-1.04
Heavy Mnfc	-0.37	-0.33	-0.13	-0.83
Light Mnfc	-0.51	-0.44	-0.17	-1.12
Extraction	-0.36	-0.35	-0.16	-0.87

图7-16　征收碳关税四种情景下我国工业部门进口额的变化情况

Figure 7-16　The variation of import and of industrial sectors in China, responding to the carbon tariff

(3) 我国工业部门产量变动情况

碳关税通过价格因素影响我国的进出口需求，进而影响国内需求，带来各部门产出的相应变动（见图7-17）：在欧盟单独征收碳关税（"EU_20"）情境下，轻工业提高（0.14%），采掘提高（0.04%），重工业下降（0.07%），电力下降（0.02%）；在美国单独征收碳关税（"US_20"）情境下，轻工业提高（0.14%），采掘提高（0.03%），重工业下降（0.08%），电力下降（0.02%）；在日本单独征收碳关税（"US_20"）情境下，轻工业提高（0.04%），重工业下降（0.01%），采掘和电力保持稳定（0.00%）；在美、日、欧同时征收碳关税（"US_20"）情境下，轻工业提高（0.32%），采掘提高（0.06%），重工业下降（0.15%），电力下降（0.04%）。

由此可见，轻工业的产量有比较明显的增多，在“EU_20”情景和“US_20”情景中均提高了0.14%，在“JP_20”情景下提高0.04%。采掘业的出口受到较大负面影响，进口受到的负面影响较小，但总产出表现为小幅增多的现象，在“EU_20”和“US_20”情景分别增加0.04%和0.03%，而在“JP_20”情景中没有明显的变化。我国重工业、电力部门的产量出现下降的趋势。其中，重工业部门的产量下降最为显著，三种情景下分别下降0.07%、0.08%和0.01%；电力部门在“EU_20”和“US_20”情景下均下降0.02%，在“JP_20”情景下没有明显变化。

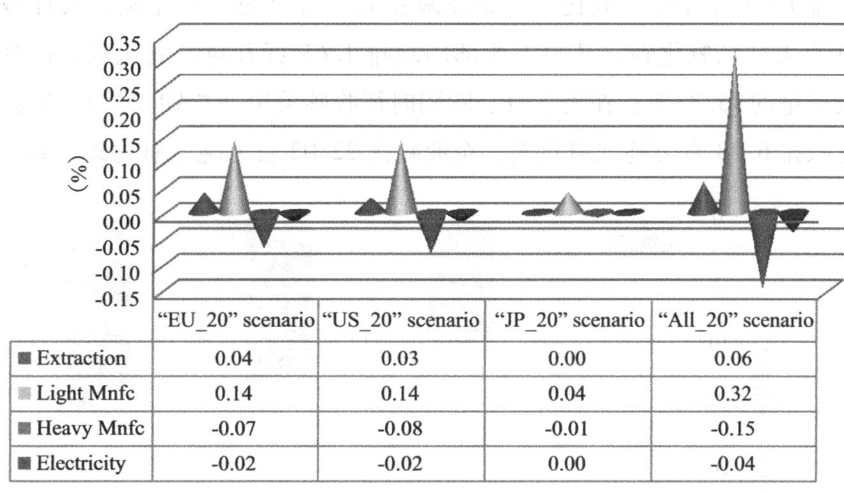

	“EU_20” scenario	“US_20” scenario	“JP_20” scenario	“All_20” scenario
Extraction	0.04	0.03	0.00	0.06
Light Mnfc	0.14	0.14	0.04	0.32
Heavy Mnfc	-0.07	-0.08	-0.01	-0.15
Electricity	-0.02	-0.02	0.00	-0.04

图 7－17　征收碳关税四种情景下我国工业部门产量的变化情况

Figure 7－17　The variation of output of industrial sectors in China, responding to the carbon tariff

（4）碳关税对我国工业部门碳减排的影响

通过征收碳关税，可以在一定程度上减缓全球的碳排放量。在 GTAP 8.0 中，二氧化碳的排放主要来自生产过程和居民消费。碳关税的征收将改变产品的生产成本和市场价格，使得各国产品在国际市场的价格发生变化，进而改变各国产品在国际市场上的市场份额，迫使生产者相应调整其产品的市场结构，降低能源密集型产品（高碳产品）的生产；同时刺激家庭消费者转向非能源密集产品（低碳产品）的消费，两者均能实现降低二氧化碳排放的目标。

如图 7 – 18 所示，在欧盟单独征收碳关税（“EU_20”）情境下，家庭减排 2.65 百万吨二氧化碳，企业减排 9.89 百万吨二氧化碳，共计减排 12.54 百万吨二氧化碳，其中工业部门减排 13.3 百万吨二氧化碳，占到了总减排量的 106.06%；在美国单独征收碳关税（“US_20”）情境下，家庭减排 2.66 百万吨二氧化碳，企业减排 11.43 百万吨二氧化碳，共计减排 14.09 百万吨二氧化碳，其中工业部门减排 14.96 百万吨二氧化碳，占到了总减排量的 106.17%；在日本单独征收碳关税（“JP_20”）情境下，家庭减排 1.03 百万吨二氧化碳，企业减排 0.7 百万吨二氧化碳，共计减排 1.73 百万吨二氧化碳，其中工业部门减排 1.65 百万吨二氧化碳，占到了总减排量的 95.38%；在美、日、欧同时征收碳关税（“All_20”）情境下，家庭减排 6.33 百万吨二氧化碳，企业减排 22.02 百万吨二氧化碳，共

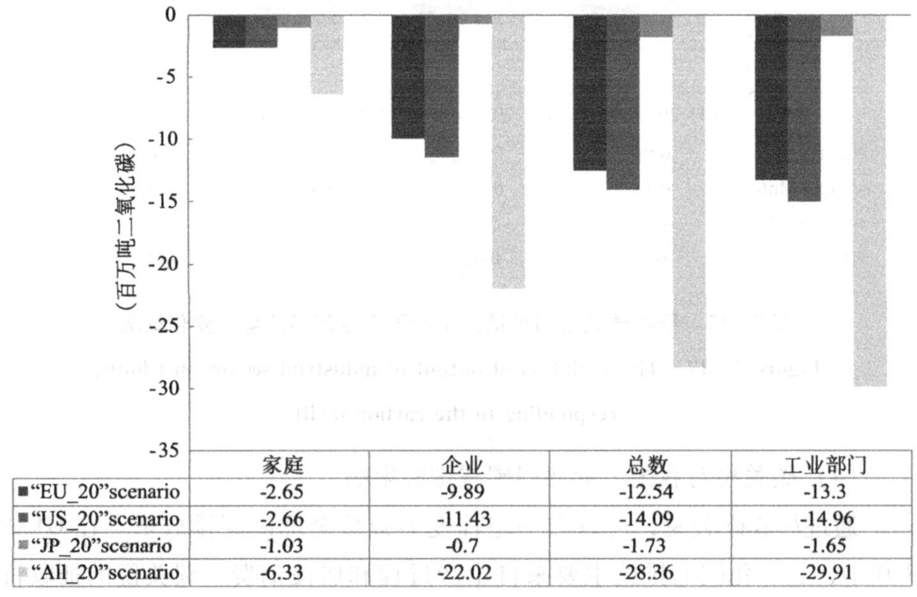

	家庭	企业	总数	工业部门
“EU_20”scenario	-2.65	-9.89	-12.54	-13.3
“US_20”scenario	-2.66	-11.43	-14.09	-14.96
“JP_20”scenario	-1.03	-0.7	-1.73	-1.65
“All_20”scenario	-6.33	-22.02	-28.36	-29.91

图 7 – 18　征收碳关税后对我国工业部门碳减排效果

Figure 7 – 18　Carbon reductions by imposing carbon tariff of china’s industrial sectors

计减排 28. 36 百万吨二氧化碳，其中工业部门减排 29. 91 百万吨二氧化碳，占到了总减排量的 105. 47%；由此可见，在“EU_20”和“US_20”两种情景下，不论是美国还是欧盟征收碳关税都将对我国工业部门产生巨大冲击，由于我国能源利用效率较低和在国际产业分工中制造业大国的定位，碳关税导致成本增加将降低我国出口产品的价格优势，进而使我国工业部门的生产活动受到抑制。

7.8　本章小结

本章是全书最重要的一章。全章系统地实证研究了碳关税对中国农产品贸易的影响。主要内容包括：就碳关税征收对中国农产品进口的影响进行定量模拟测算；就碳关税征收对中国农产品产量的影响进行定量模拟测算；就碳关税征收对中国农产品出口的影响进行定量模拟测算；就四种征税情境下，碳关税对中国农产品出口市场结构的影响进行定量模拟测算。研究结果表明：

①我国农业各部门的进口需求下降，在欧盟单独征收碳关税（“EU_20”）和美国单独征收碳关税（“US_20”）情景下，多数农业部门的产量将提高，在日本单独征收碳关税（“JP_20”）情景下，除其他食品等 10 个部门产量小幅下降以外，其余农业部门产量均将增加。

②我国农产品对碳关税征收国的出口多数表现为减少，但其出口通过流向其他国家抵消了部分负面影响。欧盟和美国征收碳关税反而使我国农产品出口总额分别提高 0. 079% 和 0. 153%，日本的碳关税政策将致使我国农产品出口总额下降 0. 1%。美、欧、日同时征收时我国农产品出口总额将增加 0. 132%。

③欧盟单独征收碳关税（“EU_20”）将导致我国 6 类农产品出口额下降；美国征收碳关税（“US_20”）有利于我国所有农业部门出口，出口额增加；日本征收碳关税（“JP_20”）后，出口额下降的农产品类别将增至

10个，但影响幅度相对欧盟和美国的碳关税政策普遍较小。主要的出口受益部门为肉制品、水稻、小麦、原奶、乳制品、菜油和脂肪、大米等；出口受损部门主要有油籽、渔业、羊毛和蚕茧等部门。

④当欧盟（“EU_20”）、美国（“US_20”）、日本（“JP_20”）单独或者同时征收碳关税（“All_20”）后，我国多数农产品市场份额将下降，仅有原奶、肉制品等两类农产品征税后的出口份额不降反升，而这两种农产品在除了征税国以外的所有其他市场上保持稳定或减少。当在主要征税国的市场上份额减少的同时，就会在东盟国家、非洲国家和“金砖”国家以及世界其他地区的市场上份额增加。

第 8 章

结论与展望

8.1　研究结论

本书构建了碳关税对农产品贸易影响的理论模型，并基于情景分析和定量模拟测算了美、日、欧单独征收和同时征收碳关税对农产品贸易的影响。通过理论分析与定量模拟，得出以下结论：

（1）征收碳关税后，原来农产品贸易李嘉图理论模型内涵将发生改变

李嘉图的比较优势理论是以2×2×1模型来进行研究的，它的含义是指两个国家、两种产品和一种生产要素（通常是劳动）来进行分析的。本书的研究表明，在沿用国际贸易李嘉图关于比较优势的经典案例的前提下的两个国家两种农产品，通过将考察对象由劳动变为碳要素，得出原有的比较优势会变成比较劣势，原来的比较劣势反而成为比较优势。一国大量生产并出口其具有比较优势的产品，大量进口其具有比较劣势的产品，在充分考虑碳要素的前提下，农产品国际贸易格局就发生了根本性的变化。

（2）征收碳关税后，原来农产品贸易H－O理论模型下不同国家比较优势将发生逆转

赫克歇尔—俄林（H－O）的要素禀赋理论在进行比较优势理论分析时，往往采用的是2×2×2模型进行分析，即两个国家生产两种产品采用两种不同的生产要素（通常是劳动和资本）。本研究在借鉴前人经典案例、不改变前两种要素的情况下，将第三种要素——碳要素加入进来，采用与原先相同的分析策略进行对比研究。研究表明，加入第三种要素以后原来的比较优势将发生变化，原来在生产这种产品上具有的比较优势反而变成了比较劣势。

（3）全球减排背景下，农产品国际贸易比较优势理论模型应进行动态调整

本书研究表明，任何一种理论总是随着人类实践的发展而不断更新。实际上人类也是在不断完善和丰富理论的过程中，通过用理论指导实践，从而不断推动人类自身的发展。在当今世界环境压力不断增加的背景下，传统生产要素的比较优势理论已显过时。它没有将碳要素作为一种生产要素加以分析，没有充分考虑环境压力下，碳要素的成本问题，从而夸大或掩盖了一些国家真正的比较优势。将碳要素变量纳入比较优势理论，才能更好地解释和指导农业生产活动。

（4）碳关税的征收将对全球农产品贸易环境产生巨大影响，征税国受益，中国、东盟等发展中国家受损

GTAP模拟结果显示：

首先，碳关税将对世界经济均衡增长产生负面影响，受影响最大的是中国、“金砖”和东盟国家。在碳关税对全球GDP的影响方面，在所有情景下，欧盟都是碳关税征收的受益者，而中国都是最大的受害者。其中，同时情景下对全球GDP的负面影最大，受负面影响最为严重的是中国、“金砖”国家和东盟地区。通过研究碳关税征收对全球价格指数的影响发现，碳关税的征收将会使得被征税国出口产品价格提高。当欧盟、美国和日本同时征税时，国内商品价格得以提高，而受到碳关税冲击，商品出口难度加大，使中国、“金砖”国家和东盟地区国内商品价格将普遍下降。

其次，碳关税征收将使得世界贸易利益格局和贸易结构得以改变，征收碳关税的发达国家获益，发展中国家利益受损。第一，碳关税的征收会让被征收碳关税的发展中国家净出口减少，而使得征收国的净出口额上升。当美国、日本和欧盟等发达经济体同时征收碳关税的时候，中国的净出口额下降最为显著；然后为东盟地区和“金砖”国家，并且美、日、欧等征税国的净出口将会增加，三者之中又以欧盟的增加最为显著。第二，碳关税的征收将会极大地改善美、日、欧等发达国家的贸易条件，而使得中国、东盟地区、“金砖”国家、非洲国家以及世界其他地区的贸易条件出现不同程度的恶化。这充分说明了征收碳关税会使得征税国成为赢家，而被征税国将会处于利益受损的位置。

（5）征收碳关税将使得全球农产品出口额小幅下降，美、日、欧同时征收碳关税对世界农产品出口负面影响最大

GTAP模拟结果显示：当美、日、欧等发达经济体单独或同时开征碳关税以后，会出现全球不同种类的农产品出口额普遍呈小幅下降趋势。仅有欧盟单独征收（“EU_20”）情境下，饮料和烟草、其他食品、肉制品出口额不降反升，分别增加0.0565%、0.0156%和0.0357%。比较而言，当美、日、欧等发达经济体同时开征碳关税的时候，其对全球农产品出口份额产生的负面影响要比单独征收碳关税情境下大很多。单独征收碳关税的三种情境下，欧盟征收碳关税对全球农产品出口额负面影响最大，日本征收碳关税对全球农产品出口额负面影响最小，美国居中。结合第3章对全球农产品贸易的分析来看，这可能与他们在全球农产品贸易中的地位有关。

（6）碳关税将使征税国全球农产品出口份额下降，发展中国家的农产品出口份额反而增加，对改善全球农产品贸易结构具有积极作用

GTAP模拟结果显示，无论是美国、日本、欧盟单独征收碳关税还是同时征收碳关税，这三个征税体的农产品出口份额基本上呈下降趋势。同时征收碳关税对征税国出口市场份额的负面影响大于单独征收对征税国出口市场份额。在四种征收情境下，美国出口市场份额的降幅明显要高于日本和欧盟；而发展中国家的农产品出口份额大部分呈增加趋势。在同时征收碳关税（“All_20”）情境下，除油籽和其他食品外，中国的农产品均不同程度提高；东盟地区除其他谷物、渔业、食糖以及饮料和烟草外的大多数农产品出口份额将有所提高；非洲国家除小麦、原奶和大米外的农产品出口份额均有所提高；“金砖”国家的大部分农产品也呈增加趋势。与此同时，当美、日、欧开征碳关税后，主要是因为大量的生产要素将向二氧化碳排放强度相对比较低的农产品部门汇聚，由此将会产生产业的替代效应，进而将使得广大发展中国家的许多农产品在全球农产品贸易市场上的份额有所提高，这势必对全球农产品贸易区域结构的改善产生非常积极的影响。

（7）碳关税将使中国农产品进口额下降，产量和出口额反而小幅增加

GTAP模拟结果显示，无论是美国、日本、欧盟单独征收碳关税还是同时征收碳关税的情境下，中国所有农产品的进口总额无一例外都将下降。同时征收碳关税情境下，对我国农产品进口额的负面影响要远远大于单独征收碳关税对我国农产品进口造成的负面影响。当美、日、欧同时征收碳关税（“All_20”）的时候，我国农产品的出口份额和产量将分别增加 0.132%和 0.045%，同时，我国农产品的进口额将会减少 0.665%。出现这个现象的主要原因在于碳关税的征收会导致中国的大量生产要素向二氧化碳排放量比较低的农业部门转移，结果产生了行业替代效应，进一步使得农产品的产量和份额都将有所上升。与此同时，征收碳关税将会增加全球农产品的价格，也会在某种意义上减少中国对许多农产品进口的需要。

(8) 征收碳关税将会对中国农产品出口的市场结构产生十分重大的影响，我国的农产品向征收国出口的市场份额将会下降，进而更多地向非征税国家和地区流去

GTAP 模拟结果显示，当欧盟、美国、日本单独或者同时对中国农产品出口征收碳关税时，除了原奶、肉制品出口到征税国的市场份额不降反升外，我国向征税国出口农产品的份额均显著下降，同时征收碳关税情境下对农产品出口市场份额的负面影响最大。我国在除征税国以外的世界其它区域内农产品市场上的份额均有不同程度增加。这充分说明了美、日、欧征收碳关税将会使得中国农产品出口的市场产生巨大变化，我国农产品将会在征税国的市场份额减少，在非征税国的市场份额增加。

8.2 政策建议

基于上述研究结论，本书提出以下政策建议：

(1) 全面改善我国农产品贸易的环境

从 GTAP 模型定量模拟的结果来看，不论美、日、欧是单独还是同时征收碳关税，皆会造成我国农产品贸易环境变差，对此，必须从中国农产品贸易的大环境着手开始改善这一现状。就政府层面而言，一方面，需要全面完善和制定更切合实际的法律法规来大力改善农业环境恶化的问题。另一方面，可以效仿西方发达国家，设立农业低碳基金，为我国低碳农业事业的发展提供全面的资金资助，并且进一步提高科研和技术支撑力度来降低农业生产和贸易的碳排放。从我国农产品企业方面来看，一方面，需要积极配合政府制定的相关政策努力向低碳农业生产模式的方向转变；另一方面，还应该努力改变传统的农业耕作方式，积极改善农产品企业的生产管理模式来减少化石能源的大量消耗，建立低碳环保、无公害的生态园区和绿色优质的农产品生产基地。

（2）积极扩大内需，减少我国农产品的外贸依存度

市场经济环境下，出口、投资和消费是拉动经济增长的三驾马车，这三驾马车并驾齐驱，缺一不可。当前，我国的农产品外贸依存度依然比较高，国内农产品的消费在拉动经济增长中的贡献远远落后于主要发达国家。对外依存度过高也不利于我国国家安全。由此，我国应该积极扩大国内需求，将对国外产品出口的依赖变成对国内产品的需求，本国消费掉本国生产的大量农产品，以此来减轻当碳关税征收给我国出口带来的不利影响。一旦开征碳关税肯定会对我国农产品外贸出口造成不利后果，我国外贸出口必然遭受巨大冲击，我们要把扩大国内需求作为提高农村经济发展水平的重点方向，减少对西方发达国家出口的过度依赖。

（3）加强新兴市场的开发以实现我国农产品贸易战略的多元化

通过前面对中国农产品贸易出口国家的分析可知，一直以来，与我国进行农产品贸易的主要是美、日、欧等发达国家。我国农产品出口对这些发达经济体的依赖程度特别高，而他们的环境制度又特别严苛，由 GTAP 8.0 的模拟分析可知，一旦开征碳关税，将会对我国的农产品贸易产生很大的负面影响。因此，我国应积极调整农产品贸易的市场结构，不应该把“所有鸡蛋放在同一个篮子里”，要更加积极开展多元外交，积极开发新的国际农产品贸易市场，减少西方发达国家调整贸易政策对我国造成的伤害。还要充分结合我国当前的实际情况，努力寻找外贸新兴市场的突破口，争取做到未雨绸缪，尽快抢占未来国际农产品出口市场的制高点。

（4）重点推进对国内农产品出口企业开征碳税

目前，英国、挪威、瑞典、芬兰等西方发达国家已经积极开始征收碳关税了。另外，当前西方发达国家酝酿在国际贸易中对发展中国家出口产品征收碳关税，一旦实施，将会给我国的农产品出口贸易带来极大的负面影响。世界贸易组织的相关法律里规定，不能够同时对同一征税对象在外贸出口过程中进行双重征税。因此，一旦我国对本国农产品出口企业征收了碳关税的话，其他国家就不得再次征收碳关税。所以，与其让西方发达国家来对我国农产品出口企业征收碳关税，倒不如我们首先在国内开征碳关税，使这笔财富不至于流失到国外。因此，应该调整国内的税收政策，尽快在国内开征碳税。

(5) 大力调整我国农产品贸易的产品结构

根据GTAP模型定量模拟分析的结果可知，当西方发达国家对我国征收碳关税时，受碳关税对我国农产品贸易的影响，我国农产品的出口额以及出口市场结构都会发生不同程度的变化。因此，当前我国应以农产品供给侧改革为契机，加大对农产品的生产、供应和出口结构调整力度，大力调整农产品贸易的产品结构。对于农产品的产品结构方面调整主要着眼于出口的重点转向低碳农产品，适量地减少碳排放量较高的农产品出口规模，以确保我国在农产品出口贸易过程中获得收益。

8.3 主要创新点

本书旨在探究碳关税对农产品出口贸易的影响，首先基于文献综述对碳关税相关文献进行了梳理；其次，对农产品贸易的发展现状从纵横两个方向进行了对比分析；再次，探析并构建了全球减排背景下碳关税影响农产品出口贸易的理论模型，最后运用情境实验，采用GTAP模型就碳关税对世界和中国农产品贸易影响进行定量分析；最后为政府提供了有关政策建议。具体来说，本书的创新点在于：

(1) 探析并构建了全球碳减排背景下碳关税对农产品贸易影响的理论模型

本书基于经典国际贸易比较优势理论和H-O理论模型，采用理论推演和对比分析相结合的方法，全面分析了加入碳要素后的李嘉图理论模型和H－O理论模型。与时俱进，拓展了传统的李嘉图理论模型和H－O理论模型，丰富和发展了农产品国际贸易的比较优势理论。

（2）开展了中国农产品贸易比较优势的变化趋势及其原因的实证分析

本书运用显性比较优势RCA指数分析法，首先，依据对农产品比较优势RCA指数的公式，对我国农产品贸易比较优势发展趋势进行了分析。其次，将RCA指数的变化从结构效应方面进行分解，来分析农产品贸易比较优势变化的原因。最后，将RCA的变化从竞争效应方面进行分解，来分析我国农产品贸易比较优势变化的原因。

（3）基于GTAP模型定量模拟了征收碳关税将对全球和中国农产品贸易的影响

采用最新版的GTAP 8.0数据库，基于当前全球经济的基本格局，并且考虑到本书的研究实际需要，将全球划分为八大区域，为了突出本书关注的焦点，对非农产品部门进行了归并，最终将各国的经济划分为六大部门。根据碳关税税率与碳排放量的关系构建了碳关税对农产品贸易影响的计算模型。采用情景分析的办法，分别测算了在20美元/每吨二氧化碳的碳关税税率条件下，美国、日本、欧盟单独征收碳关税和同时征收碳关税对世界和中国农产品贸易的影响。

8.4 研究局限与展望

本书采用GTAP模型模拟碳关税全球和中国对农产品贸易的影响，其中也存在一些不足：

①GTAP模型是基于静态层面的定量模拟研究。实际上，碳关税在具体的实施过程中将会受到许多动态因素变化的影响，比如，出口配额的设置、整体关税的调整以及其他可能出现的农产品贸易环境的改变，然而这些，都没有在本书中具体考虑。

②本书主要就碳关税征收对农产品贸易影响的短中期效应进行研究，然而，从长远发展的角度来考虑，随着低碳技术的进一步发展，碳关税对农产品贸易的影响是逐渐减弱的。

③本书模拟分析是基于 GTAP 8.0 版数据库展开的，尽管该数据已是目前最新版本，但距离当前经济均衡面已经存在一定距离。不过，目前主要是在进行试验论证阶段，论证结果受数据版本的影响不会太大。

以上都是本书研究中存在的局限性。为了进一步探讨碳关税征收将对我国农产品贸易的影响，在后续的工作中，笔者将采用动态 GTAP 模型（GTAP - Dyn）来进行模拟或者在定量模拟前先对变动的变量进行一定调整。使得研究能够更好地契合农产品贸易的实际情况，进一步可以详细分析碳关税征收将对我国农产品贸易和社会经济影响的时间路径，以期从事前预测角度为我国农产品贸易的发展提供相应的政策建议和策略。同时，鉴于笔者的知识水平和能力所限，在本书的写作过程中不可避免地存在一些考虑不全面的地方，敬请谅解。

参考文献

[1] IPCC, 2007. Climate Change 2007: Mitigation. Contribution of Working Group Ⅲ to the Fourth Assessment Report of the Intergovernment Panel on Climate Change (Metz B et al.) [M]. Cambridge and New York, Cambridge University Press 2007.

[2] WTO, 2014. International Trade Statistics 2014, World Trade Organization, Geneva, Available at: http//www. wto. org/english/res _ e/statis _ e/its2014_e/its2014_e. pdf.

[3] 李颖，葛颜祥，梁勇. 农业碳排放与农业产出关系分析 [J]. 中国农业资源与区划，2013 (6): 60 -65.

[4] 温家宝. 温家宝总理在哥本哈根气候变化会议领导人会议上的讲话，2009，12. 18，http: //news. xinhuanet. com/world/2009 - 12/18/content_12668033. htm.

[5] 宋海英，岑颖. 碳关税影响国际贸易的研究述评 [J]. 浙江教育学院学报，2010 (4): 8 -13.

[6] World Bank. The world bank annual report 2014 year in review [R]. Washington DC, World Bank, 2014.

[7] 习近平.《携手构建合作共赢、公平合理的气候变化治理机制——习近平在气候变化巴黎大会开幕式上的讲话》，2015 年 11 月 30 日，法国巴黎.

[8] Lockwood B, Whalley J. Carbon Motivated Border Tax Adjustments: Old Wine in Green Bottles? [J]. NBER. Woking Paper, May, 2008, No. 14025.

[9] 沈可挺. 碳关税争端及其对中国制造业的影响 [J]. 中国工业经济, 2010 (1): 65 -74.

[10] 朱鹏飞. WTO视野中美国碳关税制度的合法性——以GATT一般例外条款为中心的分析 [A]; 2012年全国环境资源法学研究会（年会）论文集 [C]; 2012: 6.

[11] 王俊. 从制度设想到贸易政策: 美国碳关税蜕变之路障碍分析 [J]. 世界经济与政治, 2011, (1): 77 -98 +157.

[12] 王鑫, 陈迎. 碳关税问题刍议——基于欧盟案例的分析 [J]. 欧洲研究, 2010 (6): 44 -58 +159.

[13] 俞海山, 郑凌燕. 碳关税的合规性及合理性分析 [J]. 财贸经济, 2011 (12): 97 -101.

[14] 张秀娥, 杜青春. 碳关税对全球贸易体系及我国经济的影响与对策 [J]. 学术交流, 2013 (1): 107 -111.

[15] 叶波. 美国碳关税制度的法律和政治简析 [J]. 法学评论, 2011 (4): 106 -110.

[16] 王祥修. WTO机制下的碳关税探析 [J]. 理论导刊, 2011 (9): 104 -106.

[17] 周跃雪. "碳关税" 的法律分析——兼论WTO环境规则 [J]. 商业时代, 2011 (9): 106 -107.

[18] 刘天姿, 陈彬. "碳关税" 措施在GATT/WTO体制中的合法性研究 [J]. 国际经贸探索, 2011 (4): 34 -39.

[19] 沈木珠. 多边法律体制下碳关税的合法性新析 [J]. 国际贸易问题, 2011 (5): 149 -156.

[20] 苑路佳. WTO框架下 "碳关税" 条款刍议 [J]. 法学杂志, 2010 (8): 139 -141.

[21] 王祥修. 碳关税的违法性及其应对 [J]. 企业经济, 2011 (8): 160 -162.

[22] 何代欣. 碳关税: 机制困境、政治纠葛与经济悖论 [J]. 中国行政管理, 2010 (10): 68 -72.

[23] 王慧．美国气候安全法中的碳关税条款及其对我国的影响——兼论我国的诉讼对策 [J]．法商研究，2010 (5)：21 -30.

[24] 张昕宇．论碳关税与 WTO 宗旨的契合与冲突 [J]．前沿，2011 (22)：100 -103.

[25] 张昕宇．碳关税的基础理论探析 [J]．商业时代，2012 (6)：105 -107.

[26] 王志华．美国碳关税的合法性审核与中国应对思考 [J]．理论学刊，2010 (12)：96 -99.

[27] 李威．碳关税的国际法与国际机制研究 [J]．国际政治研究，2009 (4)：40 -53 +195.

[28] Seymore R, Mabugu M, vanHeerden, JH. The welfare effects of Reversed Border Tax Adjustments as a remedy under unilateral environmental taxation [J]. Energy & Environment, 2012, 23 (8): 1209 -1220.

[29] Mongelli I, Tassielli G, Notarnicola B. Global warming agreements, international trade and energy/carbon embodiments: an input - output approach to the Italian case [J]. Energy policy, 2006, 34 (1): 88 -100.

[30] 马翠萍，刘小和．GATT 第 20 条争端案例下的碳关税征收合法性分析 [J]．国际贸易问题，2012 (3)：147 -153.

[31] 彭光明．碳关税的博弈与环境贸易措施的新趋向 [J]．前沿，2010 (19)：90 -93.

[32] 周亚越，俞海山．碳关税：发达国家实施的可能性及中国的应对策略 [J]．生态经济，2012 (8)：67 -70.

[33] 韩利琳．我国企业应对碳关税贸易壁垒的对策研究 [J]．中国商贸，2010 (22)：207 -208.

[34] 杨飞龙．碳关税视阈下中国产业结构的调整 [J]．福建师范大学学报（哲学社会科学版），2011 (5)：20 -26.

[35] 曹明德，王慧．从 GATT 第 20 条的解释看环境税的合法性[J]．学习与探索，2010 (5)：132 -136.

[36] 朱鹏飞．后京都时代的碳关税制度及其对我国的启示 [J]．新

疆社会科学，2011（5）：61－66＋167.

［37］朱振民．碳关税的合法性分析——以GATT第20条为视角［J］．财会研究，2014（6）：18－20.

［38］黄文旭．碳关税的合法性分析——以WTO为视角［J］．时代法学，2010（6）：108－114.

［39］邬展霞，王周伟，陈云．碳关税壁垒下的碳排放权交易会计问题研究［J］．会计之友，2011（3）：24－25.

［40］詹艳．碳关税和碳税：何去何从？［J］．湖南社会科学，2010（6）：212－214.

［41］赵玉焕，郭付强．碳关税与WTO规则的相符性研究——基于WTO对相关贸易与环境争端处理的分析［J］．国际商务（对外经济贸易大学学报），2013（3）：83－89.

［42］Lockwood B，Whalley J. Carbon Motivated Border Tax Adjustments：Old Wine in Green Bottles？［R］．Cambridge，MA 02138，NBER Working Paper 14025，May 2008.

［43］Veel P E. Carbon Tariffs and the WTO：An Evaluation of Feasible Policies［J］．Journal of International Economic Law，2009，12（3）：1－52.

［44］Irfanoglu Z B，Sesmero J P，Golub A. Potential of border tax adjustments to deter free riding in international climate agreements［J］. Environmental Research Letters，2015，10（2）：1－14.

［45］Biermann F，Brohm R. Implementing the Kyoto Protocol without the USA：the strategic role of energy tax adjustments at the border［J］．Climate Policy，2005，4（3）：289－302.

［46］Weber R H. Border Tax adjustment－legal perspective［J］. Climatic Change，2015，133（3）：407－417.

［47］贾利军，仝晓婷．碳关税的演化博弈分析［J］．学术交流，2014（11）：101－105.

［48］陈红彦．碳关税的合法性分析——以边境税收调整的适格性为视角［J］．法商研究，2013（4）：87－94.

[49] 谢来辉，陈迎．中国对碳关税问题过度担忧了吗？[J]．国际经济评论，2010 (4)：135－146＋6.

[50] 梁咏．WTO 框架下碳关税可能引致的贸易争端与解决 [J]．法学，2010 (7)：76－84.

[51] 魏圣香．碳关税条款研究：基本理论、立法模式与应对之策 [J]．甘肃政法学院学报，2011 (6)：92－100.

[52] 蔡高强，胡斌．论 WTO 体制下的碳关税贸易措施及其应对[J]．湘潭大学学报（哲学社会科学版），2010 (3)：34－39.

[53] 张学博．国际竞争视野下的碳关税理论研究——评克拉瑞·布瑞迪碳关税理论 [J]．北京行政学院学报，2013 (2)：93－96.

[54] 韩利琳．碳关税贸易壁垒对中国的影响及对策研究 [J]．人文杂志，2010 (5)：91－95.

[55] 马其家．碳关税及中国的应对策略研究 [J]．社会科学战线，2010 (11)：173－177.

[56] 王谋．碳关税命题辨析及其国际治理模式 [J]．中国人口·资源与环境，2014 (4)：6－10.

[57] 张曙霄，郭沛．"碳关税"的两重性分析 [J]．经济学家，2010 (12)：35－41.

[58] 刘勇，朱瑜．碳关税与全球性碳排放交易体制 [J]．现代国际关系，2010 (11)：25－32.

[59] 高凛．多边贸易体制下碳关税的法律分析 [J]．南京工业大学学报（社会科学版），2013 (2)：37－43.

[60] 王燕．论"共同但有区别的责任"对碳关税贸易措施的约束 [J]．国际经贸探索，2012 (10)：102－113.

[61] Weber C L, Peters G P. Climate Change Policy and International Trade: Policy Considerations in the US [J]. Energy Policy, 2009, 37 (2): 432－440.

[62] 沈可挺，李钢．碳关税对中国工业品出口的影响——基于可计算一般均衡模型的评估 [J]．财贸经济，2010 (1)：75－82＋136－137.

[63] 鲍勤，汤铃，杨列勋．美国征收碳关税对中国的影响：基于可计算一般均衡模型的分析 [J]. 管理评论，2010 (6)：25－33＋24.

[64] 朱永彬，王铮．碳关税对我国经济影响评价 [J]. 中国软科学，2010 (12)：36－42＋49.

[65] 袁嫣．基于CGE模型定量探析碳关税对我国经济的影响 [J]. 国际贸易问题，2013 (2)：92－99.

[66] 于玲玲．碳关税对中国出口贸易的影响及对策研究 [D]. 沈阳：辽宁大学，2012.

[67] 王有鑫．征收碳关税对中国出口贸易和国民福利的影响——基于中美贸易和关税数据的实证研究 [J]. 国际贸易问题，2013 (7)：119－127.

[68] 叶莉，翟静霞．碳关税对出口贸易影响研究综述 [J]. 生态经济，2011 (11)：122－126＋129.

[69] 丘兆逸．碳规制对中国产品内贸易的影响研究 [J]. 中南财经政法大学学报，2014 (5)：118－124.

[70] 徐斌，李彦江，吴千羽．碳关税对中国高耗能商品及能源市场影响——基于可计算一般均衡模型分析 [J]. 产业经济研究，2015 (2)：23－32.

[71] 鲍勤，汤铃，汪寿阳，乔晗．美国碳关税对我国经济的影响程度到底如何？——基于DCGE模型的分析 [J]. 系统工程理论与实践，2013 (2)：345－353.

[72] 马翠萍，史丹，丛晓男．产业隐含碳排放与贸易结构匹配下的碳关税研究——以中美贸易为例 [J]. 上海财经大学学报，2014 (2)：51－58.

[73] 夏晓华，高文，杨鹏艳．美国碳关税对我国纺织品出口的影响及对策 [J]. 社会科学家，2013 (3)：59－63.

[74] 马晓微，孔祥民，李彬．欧盟征收碳关税对我国出口贸易影响研究 [J]. 北京理工大学学报（社会科学版），2014 (6)：14－19.

[75] 丛晓男，马翠萍，王铮．地缘政治经济框架下碳关税影响的多区域CGE模拟 [J]. 世界地理研究，2014 (3)：1－11.

[76] 马翠萍. 产业关联视角下的碳关税征收对我国产业经济的影响[J]. 科技进步与对策, 2012 (7): 83-87.

[77] 魏纪林, 刘国龙. 碳关税本质及其对我国国际贸易的影响[J]. 学术交流, 2013 (12): 67-71.

[78] 邵建春. 碳关税的贸易保护本质及其对发展中经济体出口的影响[J]. 经济经纬, 2011 (4): 81-85.

[79] 尹希果, 孙惠. 碳关税征收对双边贸易的预期影响——基于中美两个碳经济大国的微观分析方法[J]. 国际经贸探索, 2010 (10): 4-9.

[80] 李祝平, 班慧芳, 欧阳强. "碳关税"开征对湖南出口贸易的影响及对策研究[J]. 湖南科技大学学报(社会科学版), 2015 (7): 81-88.

[81] Moore M O. Implementing Carbon Tariffs: A Fool's Errand? [J]. The World Economy, 2011, 34 (10): 1679-1702.

[82] Cosbey A. Border carbon adjustment [C] IISD Background Paper for the Trade and Climate Change Seminar, June. 2008: 18-20.

[83] KasterineA, Vanzetti D. The Effectiveness, Efficiency and Equity of Market-based and Voluntary Measures to Mitigate Greenhouse Gas Emissions from the Agri-food Sector [C]. Trade and Environmental Review, UNCTAD, Geneva, 2010.

[84] McKibbin W J, Wilcoxen P J. The Economic and Environmental Effects on Border Tax Adjustments for Climate Policy [R]. Australian National University, Center for Applied Macroeconomic Analysis, CAMA Working Papers, 2009.

[85] Ghosh M, Luo Deming, Siddiqui M S, Zhu Y. Border tax adjustments in the climate policy context: CO_2 versus broad-based GHG emission targeting [J]. Energy Economics, 2012 (34): S154-S167.

[86] Bruvoll A, Larsen B M. Greenhouse gas emissions in Norway: do carbon taxes work? [J]. Energy Policy, 2004 (32): 493-505.

[87] Liang Q M, Wang T, Xue M M, Addressing the competitiveness

effects of taxing carbon in China: domestic tax cuts versus border tax adjustments [J]. Journal of Cleaner Production, 2015 (1): 1-14.

[88] Hoel M. Should a carbon tax be differentiated across sectors? [J]. Journal of Public Economics, 1996, 59 (1): 17-32.

[89] McKibbin W J, Wilcoxen P J, Braathen N A, et al. The economic and environmental effects of border tax adjustments for climate policy [with comments] [C] //Brookings Trade Forum. Brookings Institution Press, 2008: 1-34.

[90] 李继峰，张亚雄．基于 CGE 模型定量分析国际贸易绿色壁垒对我国经济的影响——以发达国家对我国出口品征收碳关税为例 [J]．国际贸易问题，2012 (5): 105-118.

[91] 潘辉．美国碳关税政策的政治经济学分析——基于美国国内利益集团与政府博弈的视角 [J]．亚太经济，2011 (3): 61-66.

[92] 张沛．碳关税对我国制造业长期影响效应分析 [J]．宏观经济研究，2011 (10): 51-56.

[93] 陈松洲．碳关税对我国外贸出口的双重影响与应对策略 [J]．河北经贸大学学报，2013 (4): 91-95.

[94] 邱嘉锋，梁宵．"碳关税"对我国外贸出口的影响及对策建议 [J]．经济学动态，2012 (8): 42-45.

[95] 郭而郛，鞠美庭．浅议碳关税及其对中国工业化进程的影响 [J]．生态经济，2013 (5): 129-131+139.

[96] 周长荣．碳关税对中国工业品出口贸易的影响与对策 [J]．河北学刊，2013 (2): 137-140.

[97] 张国军．碳关税对中国高碳排放企业发展的影响及对策 [J]．企业经济，2013 (5): 22-25.

[98] 余进．征收碳关税对中国出口贸易的影响分析 [J]．湖南社会科学，2011 (2): 131-135.

[99] 余玲．碳关税对我国国际收支"双顺差"的影响 [J]．生态经济，2011 (2): 57-60.

[100] 詹晶．“碳关税”对农产品出口贸易的经济效应分析［J］．经济与管理，2011（3）：78－81.

[101] 王厚双，于玲玲．碳关税对中国外贸可持续发展的影响及对策［J］．中国经贸导刊，2011（24）：67－68.

[102] 宋建新，崔连标．发达国家碳关税征收对我国的影响究竟如何——基于多区域 CGE 模型的定量评估［J］．国际经贸探索，2015（6）：72－86.

[103] Springmanna M. Carbon tariffs for financing clean development [J]. Climate Policy, 2013, 13 (1): 20－42.

[104] Mathiesen L, Maestad O. Climate Policy and the Steel Industry: Achieving Global Emission Reductions by an Incomplete Climate Agreement [J]. Energy Journal, 2004 (25): 91－114.

[105] Dissou Y, Eyland T. Carbon control policies, competitiveness, and border tax adjustments [J]. Energy Economics, 2011, 33 (3): 556－564.

[106] Keena M, Kotsogiannis C. Coordinating climate and trade policies: Pareto efficiency and the role of border tax adjustments [J]. Journal of International Economics, 2014, 94 (1): 119－128.

[107] 蓝庆新．国际碳关税发展趋势析论［J］．现代国际关系，2010（9）：1－6＋26.

[108] 魏文轩．碳关税壁垒对我国工业品出口的影响及对策研究[J]．生态经济，2011（8）：120－122＋132.

[109] 牛君．碳关税与战略性自主创新政策［J］．科技进步与对策，2012（6）：104－107.

[110] 朱阿丽．低碳时代我国应对“碳关税”贸易的路径思考［J］．商业时代，2011（3）：38－39.

[111] 王磊．美国碳关税政策对中美贸易的影响［J］．财经科学，2010（12）：114－120.

[112] 帅传敏，张钰坤．中国农产品应对碳关税策略的理论分析[J]．中国人口·资源与环境，2013（8）：33－41.

[113] 詹政. 碳关税、出口补贴与发展中国家企业国际竞争力——基于Bertrand模型的研究 [J]. 国际经贸探索, 2015 (3): 54-63.

[114] 黄晓凤, 鲁志坚. 贸易保护主义的新变化对中国出口企业的影响及应对 [J]. 湖南大学学报 (社会科学版), 2010 (6): 67-71.

[115] 王静, 张西征. 碳关税的特点与应对——与反倾销的比较研究 [J]. 国际经济合作, 2012 (4): 39-42.

[116] 胡晓红. 少数民族地区产品出口的潜在影响因素及应对——以碳关税制度与青海产品出口为例 [J]. 青海民族研究, 2012 (3): 33-37.

[117] 俞海山. 应对碳关税: 基于政府、企业两个视角的分析 [J]. 江汉论坛, 2012 (10): 33-36.

[118] 余玲. 低碳规则对我国国际收支的潜在影响 [J]. 亚太经济, 2011 (1): 133-137.

[119] 刘歌与, 李迎旭. 中国出口企业应对世界发展低碳经济要求的策略分析 [J]. 贵州财经学院学报, 2011 (2): 83-86.

[120] 卢晓晴. 低碳经济背景下的中国外贸发展 [J]. 中国商贸, 2010 (14): 170-171.

[121] 李平, 李淑云, 沈得芳. 碳关税问题研究: 背景、征收标准及应对措施 [J]. 国际金融研究, 2010 (9): 71-78.

[122] 温丹辉. 美国碳关税政策影响及中国对策分析——基于可计算一般均衡模型 [J]. 系统工程, 2012 (12): 1-9.

[123] 崔连标, 朱磊, 范英. 碳关税背景下中国主动减排策略可行性分析 [J]. 管理科学, 2013 (1): 101-111.

[124] 林伯强, 李爱军. 碳关税的合理性何在? [J]. 经济研究, 2012 (11): 118-127.

[125] 王军. 国际贸易视角下的低碳经济 [J]. 世界经济研究, 2010 (11): 50-55+88.

[126] 林伯强, 李爱军. 碳关税对发展中国家的影响 [J]. 金融研究, 2010 (12): 1-15.

[127] 温丹辉. 不同碳排放计算方法下碳关税对中国经济影响之比较——以欧盟碳关税为例 [J]. 系统工程, 2013 (9): 84-92.

[128] Dong Y, Whalley J. How Large are the Impacts of Carbon Motivated Border Tax Adjustments [R]. Cambridge, MA 02138, Working Paper 15613, December 2009.

[129] Dong Y, Whalley J. Carbon Motivated Regional Trade Arrangements: Analytics and Simulations [R]. Cambridge, MA 02138, NBER Working Paper 14880, April 2009.

[130] Winchesterl N, Paltsev S, Reilly J M. Will Border Carbon Adjustments Work? [J]. The B. E. Journal of Economic Analysis & Policy, 2011, 11 (1): 432-440.

[131] Li A J, Zhang A Z, Ca H B, Li X F, Peng S S. How large are the impacts of carbon - motivated border tax adjustments on China and how to mitigate them? [J]. Energy Policy, 2013 (63): 927-934.

[132] Zhou X, Yano T, Kojirna S. Proposal for a national inventory adjustment for trade in the presence of border carbon adjustment: Assessing carbon tax policy in Japan [J]. Energy Policy, 2013 (63): 1098-1110.

[133] Veenendaal P. Border tax adjustment and the EU - ETS, a quantitative assessment [R]. CPB Netherlands Bureau for Economic Policy Analysis, 2008.

[134] Bordoff J E. International trade law and the economics of climate policy: Evaluating the legality and effectiveness of proposals to address competitiveness and leakage concerns [C]. Brookings Trade Forum. Brookings Institution Press, 2009, 2008 (1): 35-68.

[135] Frankel J A, Rose A K. Is trade good or bad for the environment? Sorting out the causality [J]. Review of Economics and Statistics, 2005, 87 (1): 85-91.

[136] Lockwood B, Whalley J. Carbon - motivated Border Tax Adjustments: Old Wine in Green Bottles? [J]. The World Economy, 2010, 33 (6): 810-819.

[137] Kuik O, Hofkes M. Border adjustment for European emissions trading: Competitiveness and carbon leakage [J]. Energy Policy, 2010, 38 (4): 1741 – 1748.

[138] Weitzel M, Hübler M, Peterson S. Fair, optimal or detrimental? Environmental vs. strategic use of border carbon adjustment [J]. Energy Economics, 2012.

[139] Hubler M, Carbon tariffs on Chinese exports: Emissions reduction, threat, or farce? [J]. Energy Policy, 2012 (50): 315 – 327.

[140] 牛玉静，陈文颖，吴宗鑫. 全球多区域CGE模型的构建及碳泄漏问题模拟分析 [J]. 数量经济技术经济研究，2012 (11): 34 – 50.

[141] 赵春明，陈开军. 碳关税对我国出口贸易的影响效应及对策分析 [J]. 国际经济合作，2012 (8): 10 – 15.

[142] Demailly D, Quirion P. CO_2 abatement, competitiveness and leakage in the European cement industry under the EU ETS: grandfathering versus output – based allocation [J]. Climate Policy, 2006, 6, (1): 93 – 113.

[143] Eyland T, Zaccour G. Carbon tariffs and cooperative outcomes [J]. Energy Policy, 2014, 65: 718 – 728.

[144] Demailly D, Quirion P. European Emission Trading Scheme and competitiveness: A case study on the iron and steel industry [J]. Energy Economics, 2008, 30 (4): 2009 – 2027.

[145] Grubb M, Neuhoff K. Allocation and competitiveness in the EU emissions trading scheme: policy overview [J]. Climate Policy, 2006, 6 (1): 7 – 30.

[146] Ismer R, Neuhoff K. Border tax adjustment: a feasible way to support stringent emission trading [J]. European Journal of Law and Economics, 2007, 24 (2): 137 – 164.

[147] Naghavi A. Can R&D – inducing green tariffs replace international environmental regulations? [J]. Resource and Energy Economics, 2007, 29 (4): 284 – 299.

[148] Courchene T J, Allan JR. Climate change: The case for a carbon tariff/tax [J]. Policy Options Montreal, 2008, 29 (3): 59.

[149] Vlassis N. The welfare consequences of pollution – tax harmonization [J]. Environmental and Resource Economics, 2013 (56): 227 –238.

[150] Fischer C, Fox A. Combining rebates with carbon taxes: optimal strategies for coping with emissions leakage and tax interactions [J]. 2009, 9 –12.

[151] Ian S, Steve M. Climate policy and border tax adjustments: Might industrial organization matter? [J]. Econo Quantum. 2012, 9 (2): 7 –28.

[152] Manders A J G, Veenendaal P J J. Border tax adjustments and the EU – ETS: A quantitative assessment [M]. CPB, Centraal Planbureau, 2008.

[153] Helm D, Hepburn C, Ruta G. Trade, climate change, and the political game theory of border carbon adjustments [J]. Oxford Review of Economic Policy, 2012, 28 (2): 368 –394.

[154] Alexeeva – Talebi V, Löschel A, Mennel T. Climate policy and the problem of competitiveness: Border tax adjustments or ntegrated emission trading? [J]. ZEW – Centre for European Economic Research Discussion Paper, 2008 (8): 61.

[155] 杨仕辉, 翁蔚哲. 气候政策的微分博弈及其环境效应分析[J]. 国际经贸探索, 2013 (5): 39 –51.

[156] 张茉楠. 加快经济转型 全面应对碳关税冲击 [J]. 开放导报, 2011 (4): 27 –31.

[157] 黄永明, 游海燕. 全球性公共物品、碳关税与温室气体减排 [J]. 财政研究, 2011 (10): 72 –74.

[158] 袁海勇. 全球气候变化法律应对及"后京都时代"我国的对策 [J]. 新疆社会科学, 2010 (4): 72 –77 +141 –142.

[159] 杨仕辉, 熊竞邦. 碳关税贸易效应的博弈分析 [J]. 首都经济贸易大学学报, 2015 (2): 59 –66.

[160] Böhringer C, Bye B, Fæhn T, Rosendahl K E. Alternative designs

for tariffs on embodied carbon: A global cost - effectiveness analysis [J]. Energy Economics 2012 (34): S143 - S153.

[161] Antimiania A, CostantinibV, Martinib C, Salvaticib L, Tommasinoc M C. Assessing alternative solutions to carbon leakage [J]. Energy Economics 2013, 36 (2): 299 - 311.

[162] Chang N. Sharing responsibility for carbon dioxide emissions: A perspective on border tax adjustments [J]. Energy Policy, 2013 (59): 850 - 856.

[163] 曲如晓，吴洁．论碳关税的福利效应 [J]. 中国人口·资源与环境，2011 (4): 37 - 42.

[164] 姜鸿，陈曦．碳关税和碳税经济效应局部均衡比较分析 [J]. 商业研究，2014 (1): 8 - 14.

[165] 周长荣．碳排放与碳关税的经济效应 [J]. 企业经济，2013 (4): 20 - 23.

[166] 杨仕辉，魏守道．碳关税对中美两国影响的博弈分析 [J]. 中国管理科学，2013 (S2): 634 - 640.

[167] 王有鑫．征收碳关税对中国出口贸易和国民福利的影响——基于中美贸易和关税数据的实证研究 [J]. 国际贸易问题，2013 (7): 119 - 127.

[168] 刘静，刘召山．碳关税征收对中美两国带来的福利效应分析 [J]. 中国商贸，2014 (29): 122 - 123.

[169] 曲如晓，吴洁．论碳关税的福利效应 [J]. 中国人口·资源与环境，2011 (4): 37 - 42.

[170] 王明喜，王明荣，汪寿阳．碳关税对发展中国家的经济影响及对策分析 [J]. 系统科学与数学，2011 (2): 187 - 196.

[171] 吴莉莉．美国碳关税政策将对中国农产品出口产生的影响及应对策略 [J]. 对外经贸实务，2015 (11): 47 - 50.

[172] Gros D. Gobal Welfare Implications of Carbon Border Taxes [R]. CESIFO Working Paper, No. 2790, 2009.

[173] Böhringer C, Carbone J C, Rutherford T F. Embodied Carbon Tariffs [R]. Cambridge, MA 02138, Working Paper 17376, August 2011.

[174] Springmann M. A look inwards: Carbon tariffs versus internal improvements in emissions - trading systems [J]. Energy Economics, 2012, 34 (S2): 228 -239.

[175] Yomogida M, Tarui N. Emission Taxes and Border Tax Adjustments for Oligopolistic Industries [J]. Pacific Economic Review, 2013, 18 (5): S644 - S673.

[176] Burniaux J M, Chateau J, Duval R. Is there a case for carbon - based border tax adjustment? An applied general equilibrium analysis [J]. Applied Economics, 2012, 45 (16): 2231 -2240.

[177] Gros D, Egenhofer C, Fujiwara N, et al. Climate Change and Trade: Taxing carbon at the border? [J]. 2010.

[178] Böhringer C, Carbone J C, Rutherford T F. Embodied carbon tariffs [J]. 2011.

[179] Nimubona A D, Rus HA. Green Technology Transfers and Border Tax Adjustments [J]. Environmental and Resource Economics, 2015, 62 (1): 189 -206.

[180] 栾昊，杨军．美国征收碳关税对中国碳减排和经济的影响[J]. 中国人口·资源与环境，2014 (1): 70 -77.

[181] 黄庆波，王孟孟，薛金燕，李焱．碳关税对中国制造业出口结构和社会福利影响的实证研究 [J]. 中国人口·资源与环境，2014 (3): 5 -12.

[182] 黄凌云，李星．美国拟征收碳关税对我国经济的影响——基于GTAP 模型的实证分析 [J]. 国际贸易问题，2010 (11): 93 -98.

[183] 杨立强，马曼．碳关税对我国出口贸易影响的 GTAP 模拟分析 [J]. 上海财经大学学报，2011 (5): 75 -81.

[184] 栾昊，杨军，黄季焜．工资刚性下美国征收碳关税对中国的减排与经济影响 [J]. 资源科学，2014 (1): 120 -128.

[185] Dong Y, Whalley J. Carbon, trade policy, and carbon free trade areas [R]. National Bureau of Economic Research, 2008.

[186] Giles A. Trade in "virtual carbon": Empirical results and implications for policy [J]. Global Environmental Change, 2011, 21 (2): 563 – 574.

[187] 孙克. 比较优势理论在虚拟水贸易中的应用——以中美农作物产品贸易为例 [J]. 开发研究, 2007 (10): 53 – 56.

[188] 刘哲, 李秉龙. 虚拟水贸易理论及其政策化研究进展 [J]. 中国人口·资源与环境, 2010 (5): 134 – 138.

[189] 刘波. 虚拟水战略背景下我国农产品贸易发展对策 [J]. 企业经济, 2009 (4) 155 – 157.

[190] 田贵良. 虚拟水战略的经济学解释——比较优势理论的一个分析框架 [J]. 经济学家, 2008 (5): 39 – 47.

[191] 马超, 许长新, 田贵良. 中国农产品国际贸易中的虚拟水流动分析 [J]. 资源科学. 2011 (4): 729 – 735.

[192] Allan J A. Virtual water: a strategic resource global solutions to regional deficits [J]. Ground Water, 1998, 36 (4): 27 – 40.

[193] Wichelns D. The role of virtual water in efforts to Achieve food security and other national goals, with an example form Egypt [J]. Agricultural Water Management, 2001 (49): 126 – 140.

[194] 王玉婧. 当比较优势理论遭遇资源环境要素约束 [J]. 河南商业高等专科学校学报. 2010 (2): 11 – 14.

[195] 张云. 附加环境变量的比较优势理论 [J]. 石家庄学院学报, 2005 (2): 10 – 15.

[196] 曹慧平, 陈清萍. 环境要素约束下 H – O 模型的理论与实证检验 [J]. 国际贸易问题, 2011 (11): 148 – 156.

[197] Xing Y Q, Kolstad C D. Environment and trade: a re – view of theory and issues [M]. University of California, Santa Barbara, WP02/96.

[198] Sibert H. Environmental protection and international specialization [J]. Review of World Economics. 1974 (3): 494 – 508.

［199］杨青龙．基于“可持续性”要素的比较优势理论拓展［J］．中国人口·资源与环境，2012（7）：85－91.

［200］曹华，刘渝琳．基于外部性的要素禀赋理论对我国贸易战略的影响［J］．世界经济研究，2005（7）：55－59.

［201］陈丹宇．知识要素与H－O贸易理论的拓展［J］．国际贸易问题，2003（7）：9－13.

［202］樊增强，尚涛．组织资本的引入——对比较优势理论的一个拓展［J］．当代经济研究，2006（7）：18－23.

［203］Heckscher E F. The Effect of Foreign Trade on the Distribution of Income［J］. Ekononisk Tidsknift，1919（21）：113－126.

［204］Ohlin B. Interregional and International Trade［M］. Cambridge：Harvard University Press，1933.

［205］Amman H M，Kendrick D A. Computing the steady state of linear quadratic optimization models with rational expectations［J］. Economics Letters，1998，58（2）：185－191.

［206］丛晓男，面向地缘政治经济分析的全球多区域CGE建模、开发与应用［D］．北京：中国科学院研究生院，2012.

［207］Narayanan B G，Walmsley T L. Global trade，assistance，and production：the GTAP 7 data base［J］. Center for global trade analysis，Purdue University，2008，134.

［208］Hertel T W，Hertel T W. Global trade analysis：modeling and applications［M］. Cambridge university press，1997.

［209］刘铁芳．警惕“碳关税”给环保蒙上保护主义阴影［J］. http：//news. xinhuanet. coin. cn，2009－12－ 09.